Peter Fischer

SmartBooks
Computer-Lexikon

A
B
C
D
E
F
G
H
I
J
K
L
M
N
O
P
Q
R
S
T
U
V
W
X
Y
Z
etc.

Peter Fischer

SmartBooks
Computer-Lexikon

über 2500 Definitionen

für Studium & Praxis

A B C D E F G H I J K L M N O P Q R S T U V W X Y Z etc.

SMART BOOKS

SmartBooks Computer-Lexikon

Seestrasse 182, CH-8802 Kilchberg
Tel. 0041 (1) 716 14 24, Fax 0041 (1) 716 14 25
http://www.smartbooks.ch

ISBN 3-908488-14-1

1. Auflage 1997

Konzeption und Koordination: SmartBooks Publishing AG
Lektorat/Layout: Peter Wolf
Gestaltung: Christof Täschler

Der Autor
Peter Fischer, geboren 1952, ist von der Ausbildung her Sekundarlehrer phil. II und heute tätig als Dozent an der Wirtschaftsinformatikschule/HWV in Luzern.
In unzähligen Kursen und Publikationen (Lehrmittel und Sachbücher) war es schon immer sein Anliegen, dem Publikum die Informatik verständlich zu machen, ihr den elitären Lack abzukratzen – und damit die Informatik vor allem den Informatikern zu entreissen! Der Autor weiss aus langjähriger Erfahrung, dass heute jede und jeder im Berufsleben ständig Lernender ist. Die Verquickung von pädagogischer Erfahrung mit einem ständig aufgefrischten Wissen in Informatik garantiert seinen lexikalischen Publikationen seit über zehn Jahren Erfolg.

Als vor zehn Jahren mein erstes Informatik-Lexikon entstand, geschah dies aufgrund pädagogischer Erkenntnisse:

- Die Informatik gibt sich zwar gerne logisch und strukturiert. Viele erleben sie aber erst einmal als dornenvolle Faktenbeigerei. Viele Zertifikate in der Erwachsenenbildung belegen dies!
- Langjährige Unterrichtserfahrung zeigt, dass ein organisch wachsendes, didaktisches Konzept in der Informatik leider nicht möglich ist. Immer wieder muss irgendwo Vorwissen vorausgesetzt werden.
- Unterricht kann nur einen minimalen Teil des letztlich notwendigen Wissens abdecken. Der Rest ist eigenständiges Lesen und Diskutieren.
- Neue Begriffe kommen auf jeder Kenntnisstufe und täglich hinzu. Sehr oft genügt zu ihrem Verständnis jedoch ein schnelles Einordnen-Können in die schon vorhandene Begriffswelt.

Mein Lexikon setzt auf diesen Erkenntnissen auf: Es will allen mit Informatik Berührten helfen – mit knappen Definitionen, durch die Verwendung vieler Querverweise, mit dem Verzicht auf kurzlebige Kilos, Nanos und Megas.

Informatik ist zunehmend Daten- und Telekommunikation. Und in diesem Bereich erlebten wir jüngst einen Entwicklungsschub wie rund um den Computer überhaupt noch nie! Wirklich? Schätzen Sie: Wie lange gibt es den Netscape Navigator schon? Und lesen Sie die erstaunliche Antwort im Lexikon! So hat auch mein Lexikon eine Erweiterung erfahren wie noch nie in einer Überarbeitung zuvor.

Ich habe zu danken. Einmal meinen Studierenden und Kursbesuchenden für die vielen Anregungen, Verbesserungsvorschläge und Hinweise auf Lücken. Das Lexikon lebt von Rückmeldungen aus dem Kreise der Lesenden! Ich hatte das seltene Glück, in der Person von Herrn Peter Wolf einen sowohl sprachlich wie auch fachlich versierten Lektor zu finden. Ihm gebührt – stellvertretend für das ganze SmartBooks-Team – ein aufrichtiger und herzlicher Dank für die angenehme Zusammenarbeit.

Ich wünsche Ihnen, liebe Leserin, lieber Leser viel Erfreuliches mit Informatik!

Horw, im November 1996
Peter Fischer
100572.2215@compuserve.com

Hinweise zum Arbeiten mit dem SmartBooks Computer-Lexikon

- **Einfach und komplex** Die Definitionen aus den Bereichen des Grundwissens sind hoffentlich einfach gehalten. Andererseits kommen Definitionen aus fortgeschrittenen Anwendungsgebieten nicht mehr ohne eine gewisse Komplexität aus.

- **Viel und unscheinbar** Viele Querverweise helfen beim begrifflichen Einordnen. Dennoch haben wir uns bemüht, durch typografische Reduktion der Querverweis-Pfeilchen (↗) den Lesefluss nicht zu hemmen.

- **Abkürzung und Klartext** Wir waren bestrebt, auch viele, vor allem in der Produktekommunikation auftauchende, Abkürzungen aufzunehmen. Ob nun eine Definition bei der Abkürzung oder der klartextlichen Langform anzubringen sei, haben wir aufgrund der Usanzen – und der Sprachpflege – entschieden. Will heissen: Eine Auflösung drücken wir selbst umgangssprachlich in *dpi* aus. Hingegen ist der Datenträger nicht eine *HD*, sondern eine *Harddisk* – oder …

- **Deutsch und englisch** …noch lieber eine *Festplatte*! Die schöne deutsche Sprache erlaubt uns eine ebenso präzise Ausdrucksweise wie die englische. Wir geben dem deutschen *Drucker* deshalb den Vorzug vor dem *Printer*. Und: Und wir haben Anglizismen dann verwendet, wenn die Eindeutschung holprig oder unpräzise daherkommt.

- **So und anders** Bei unterschiedlichen Schreibweisen (*PC-Card* oder *PC Card*?) haben wir oft alle Varianten aufgenommen – oder uns frech auf eine festgelegt.

- **Ernst und Unernst** Sollte zwischendurch eine witzige Bemerkung hineingerutscht sein, dann deshalb, weil wir meinen, Informatik sollte weniger verbissen, weniger gläubig betrieben werden.

- **Weiblich und männlich** Wir haben über Jahre hinweg alles durchprobiert. *Anwenderinnen und Anwender, Anwender/innen und AnwenderInnen*. Und wir sind vornehmlich wieder bei der männlichen Form gelandet. Ein fauler und unehrlicher Kompromiss, fürwahr! Pochen wir doch endlich bei den Linguistinnen und Linguisten darauf, sie mögen uns helfen, eine Form zu finden, die ehrlich und lesbar ist. Einstweilen bitten wir Sie um Nachsicht und Verständnis!

Unsere E-Mail-Adresse (100572.2215@compuserve.com) steht Ihnen zur Verfügung für Aufmunterungen, Kritiken und Verbesserungsvorschläge!

A/D-Wandler
↗Analog / ↗digital-Wandler

A20
Adressleitung mit Nummer 20, also 21. ↗Adressleitung, die immer dann aktiv werden muss, wenn ↗MS-DOS einen Adressenüberlauf um bis 64 KBytes feststellt und zyklisch wieder an den Fuss des ↗konventionellen Speichers adressieren möchte: Leitung 21 sorgt dann dafür, dass «hinter dem Rücken» von MS-DOS in die ↗HMA geschrieben wird

Abacus, Abakus
1. Sammelbegriff für zählrahmenförmige Rechenhilfen der Antike bis in die Gegenwart; 2. Abacus: Produktname

Abbruch
Möglichkeit zum Stoppen einer Aktivität durch Drücken einer speziellen Taste (↗ESC) bzw. in ↗Dialogboxen (oft auch: «Zurück», «Beenden», ↗«Cancel», ↗«Abort», ...)

Abend
1. Die ruhigste Zeit zum ↗Programmieren oder ↗Surfen...; 2. ↗Kommando, ↗Knopf oder Schaltfläche für den Abbruch

Abfrage, Abfragesprache
1. Maske zur einfachen Formulierung einer ↗Datenbankabfrage; 2. ↗Algorithmus oder Programmiersprache und Bedienungsschnittstelle zur optimierten ↗Datenbankabfrage mit niedriger Lernschwelle; siehe auch ↗Query by Example

Abgleich
Wegen des mobilen Computings immer wichtiger werdende Tätigkeit des aufeinander Abstimmens von ↗Datenbeständen, die auf unterschiedlichen ↗Arbeitsstationen bearbeitet werden und miteinander in Einklang gebracht werden müssen

ABIOS
Advanced BIOS; eines der zwei ↗BIOS im ↗PS/2 ab Modell 50; ↗Adressenraum bis 16 ↗MByte und ↗Multitasking im ↗Protected Mode; das A. wird durch ↗OS/2 ab ↗Diskette geladen

Ablaufplan
Grafische Darstellung eines ↗Algorithmus, z.B. als ↗Programmablaufplan oder ↗Struktogramm

Ablenkung
Zeilenweise Führung des Elektronenstrahls über die ↗Kathodenstrahlröhre

A B C D E F G H I J K L M N O P Q R S T U V W X Y Z etc.

Abort
↗Abbruch eines ↗Programms, ↗Kommandos usw.

Above Board
1. Produktname von ↗Intel für die eigene ↗EMS-Lösung; 2. oft als Synonym für EMS-Lösungen überhaupt verwendet

Absatz
Textpartie zwischen zwei Zeilenschaltungen

Abschnitt
Teil eines Dokuments in der ↗Textverarbeitung oder im ↗Desktop Publishing, welcher mit einheitlichen Seitenparametern, Kopf- und Fusszeilen usw. versehen ist; in aller Regel haben Textdokumente einen A.

Absturz
1. Durch Störungen in der Energieversorgung, Fehler in der ↗Hardware oder ↗Software bedingte Blockierung des ↗Computers; 2. häufige psychische Reaktion beim Arbeiten am vermeintlich perfekten ↗Computer

AC
Alternating Current; Wechselspannung und -strom

Accelerator
↗Hardware- oder ↗Software-Lösung zur Geschwindigkeitssteigerung

Access
1. ↗Zugriff; 2. Produktename von ↗Microsoft

Account
1. Zugangsberechtigung in einem ↗Netzwerk; 2. Summe aller persönlichen Einträge einer Benutzerin, eines Benutzers für den ↗Netzwerk-↗Zugriff: ↗Identifikation, ↗Passwort, ↗Zugriffsberechtigungen

ACE
Advanced Computing Environment; Sammlung von Standards einiger Hersteller zur Vereinheitlichung von ↗Hardware und ↗Software im Bereich der Hochleistungs-↗Arbeitsstationen

ACK, Acknowledge
1. ↗ASCII-Zeichen 06(H) (6): Acknowledge; bestätigendes Signal eines ↗Peripheriegerätes, dass ↗Daten oder ↗Kommandos empfangen wurden; 2. Bestätigung des ↗Mikroprozessors für den Empfang einer ↗Interrupt-Anfrage

ActiveX

Technologie von ↗Microsoft für die ↗Programmierung, Bearbeitung und Anwendung interaktiver, multimedialer Elemente im ↗WWW oder ↗Intranet; die Objekte, sog. ActiveX-Controls lassen sich in vielen Umgebungen entwickeln und in fertige Applikationen einpflanzen, z.B. in WWW-↗Browser; ihre Aktivierung ruft vom ↗Server Teil-↗Applikationen her (siehe auch Client/Server); bezweckt werden optische und akustische Effekte sowie die schnelle Interaktion

ADA

Höhere ↗Programmiersprache für ↗Real Time-↗Anwendungen; offizielle Programmiersprache im US-Verteidigungsbereich; benannt nach Augusta Ada Byron, Countess of Lovelace (1815-1852), Assistentin von Charles Babbage, welcher als einer der Väter des ↗Computers bezeichnet wird

Adapter

↗Hardware, seltener ↗Software-Komponente zur Anpassung eines ↗Computer-↗Systems an spezielle Bedürfnisse (z.B. Mess-A.); bei ↗Kleincomputern mit ↗Bus- oder ↗Mikrokanal-↗Architektur sind damit die Erweiterungs-↗Karten gemeint

ADB

↗Apple Desktop Bus

Add In, Add-In

Optional zuladbare Teile einer ↗Applikation mit einer in sich geschlossenen Aufgabe; z.B. der «Solver» in Excel; gleichbedeutend: ↗Plug In

Addierer

Teil des ↗Mikroprozessors (↗ALU), welcher ↗binäre Zahlen addiert und damit indirekt auch die anderen Rechenoperationen vollzieht

ADF

Adapter Definition File; ↗Datei, welche mit jedem ↗Adapter zum ↗PS/2 ausgeliefert wird und der Selbst-↗Konfiguration dient

ADMD

Administration Management Domain; öffentlicher ↗X.400-Anbieter mit Knotenfunktion, Dienstleister für verschiedene ↗PRMDs und Länder; die PTT-Organisationen sowie grosse Hersteller treten als A. auf

Adressbus

Kanal, auf welchem die ↗Adressen für den ↗Zugriff auf ↗Daten codiert sind; die Breite des A. wird in n ↗Bit angegeben und gibt darüber Auskunft, wie gross der Adressenraum S für Daten in ↗Bytes ist: $S = 2^n$

Adresse
Markierung, Identifikation eines ↗Bytes im ↗Arbeitsspeicher oder auf dem ↗Massenspeicher zwecks Wiederfindung der ↗Daten

Adventure
Abenteuer; besonders beliebte Kategorie von Spiel-↗Programmen mit ↗Interaktion; in Text-A. findet der ↗Dialog rein textlich statt (Fragen und Antworten), grafische A. arbeiten mit Bildern und Texten; die Spielerin oder der Spieler manövriert sich oft durch geheimnisvolle Welten und beeinflusst mit den eigenen Entscheidungen den Spielverlauf; siehe auch ↗Jump and Run

Affengriff
Die aus einer verkrampften Situation erlösende, verkrampfte Betätigung der Tasten Alt-Ctrl-Del zum ↗Warmstart ...

Affenschwanz
↗Klammeraffe

Aggregation
Zusammenzug mehrerer ↗Klassen zu einer komplexen ↗Objekt-↗Struktur in der ↗objektorientierten ↗Programmmierung

AIX
↗Unix-↗Derivat von ↗IBM

Akku
Abkürzung für Akkumulator; gemeint ist dann jedoch nicht das ↗Akkumulator-↗Register, sondern die wiederaufladbare «Batterie»

Akkumulator
↗Register im ↗Rechenwerk mit dem ↗Operanden oder dem Ergebnis

Akronym
Abkürzung, die als Wort geschrieben selber eine semantische Bedeutung erhält; Informatiker investieren besonders viel Energie in die Erzeugung neuer A., was nicht zwangsläufig zu einer Bereicherung der Sprache führt; Beispiele sind A. wie ↗BLOB oder ↗CODASYL

Aktenkoffer
Gemeinsame, zentrale Ablage von ↗Dateien, die an verschiedenen Orten bearbeitet werden, in ↗Windows 95; mit diesem praktischen Instrument lassen sich Dateien sehr einfach abgleichen

Aktivlautsprecher, Aktivbox
Lautsprecher-Einheit mit eingebautem Endverstärker zum Anschluss an ↗Audio-Ausgänge mit niedrigem Ausgangspegel, z.B. am ↗Multimedia-↗Computer

Aktivmatrix
In der Technik von ↗Flüssigkristallanzeigen: der Bildaufbau wird direkt hinter den Kristallen berechnet und diesen deshalb wesentlich beschleunigt unterlegt; aktiv weist darauf hin, dass auch der Abbau des Bildes nicht passiv geschieht, indem sich die Kristalle in ihre Ruhelage begeben, sondern dass sie aktiv zurückgedreht werden; siehe auch ↗Passivmatrix, ↗TN

Aktuator
Mechanismus zur Positionierung der Schreib-/Leseköpfe mittels ↗Schrittmotor oder Linearmotor

Akustikkoppler
↗Peripheriegerät zur Umwandlung ↗analoger ↗Informationen in akustische Signale und umgekehrt; ermöglicht die ↗Datenfernübertragung per ↗Telefonapparat

Akzeptanz
Annehmbarkeit; Aufnahme eines Produktes oder einer Dienstleistung in der Öffentlichkeit oder bei der Kundschaft

ALGOL
ALGOrithmic Language; höhere ↗Programmiersprache mit technisch-wissenschaftlichem Schwerpunkt; A. gilt als die erste ↗strukturierte prozedurale Sprache, sie wurde in den Jahren 1957 bis 1960 durch eine internationale Arbeitsgruppe von Informatikern entwickelt

Algorithmus
Problemlösungsverfahren mittels einer endlichen Folge von eindeutig bestimmten Teilhandlungen; wird ein A. in eine für Maschinen verständliche Folge von Anweisungen ↗codiert, dann liegt ein ↗Programm vor

Alias, Aliasname
Möglichkeit von ↗Betriebssystemen oder ↗Applikationen, diverse, inhaltlich zusammengehörige ↗Entitäten oder ↗Funktionen unter einem ↗mnemotechnisch sinnvollen Ersatznamen zusammenzufassen; das Aktivieren des Alias wird sämtliche damit verbundenen ↗Entitäten aktivieren

Aliasing
«Treppcheneffekt», welcher dann entsteht, wenn eine schräge Linie auf einem punktorientierten Ausgabemedium reproduziert wird

All-in-one
Alles in einem; Komplettlösung; bei der ↗Hardware: ↗Kompaktgeräte wie z.B. ↗Apples ↗Mac Plus, SE und Classic aber auch neuere Geräte der unteren Preisklasse von diversen Herstellern; bei der ↗Software: ↗Integrierte Pakete oder andere Kompaktlösungen

Allocation
Zuordnung, Zuweisung; meist gemeint als Zuweisung von ↗Speicherraum auf einem ↗Datenträger

Alpha AXP
Name des bahnbrechenden 64 ↗Bit breiten (siehe ↗Wort) ↗Mikroprozessors von Digital Equipment Corporation

alphanumerisch
Bei ↗Daten: aus Buchstaben und/oder Ziffern bestehend und mit rein textlichem Charakter; auch wenn in a. Daten Ziffern vorkommen, kann der ↗Computer damit nicht rechnen, weil jede einzelne Ziffer als ↗Zeichen (↗ASCII) und nicht die Ziffergruppe als mathematischer Wert (↗BCD) ↗binär ↗codiert vorliegt

Alt
Alternate; ↗Kombinationstaste auf der ↗Macintosh- und der ↗PC-↗Tastatur

ALU
Arithmetic Logic Unit; ↗Rechenwerk und ↗Logikwerk in einem ↗Computer

America Online
Privater und kommerzieller ↗Online-Dienst, vorerst für eine amerikanische Kundschaft; durch Bertelsmann mit grossem Erfolg nach Deutschland und später nach ganz Europa gebracht; im Gegensatz zu ↗CompuServe evtl. etwas mehr auf die Heimanwender ausgerichtet und aggressiver im Marketing

Ampersand
Sonderzeichen «&» in ↗Programmier- und ↗Skriptsprachen sowie ↗Benutzeroberflächen, z.B. um Zeichenketten zusammenzufügen (↗Concatenation)

analog
Zum Messwert einer Grösse proportional abgebildetes Signal zwecks Visualisierung oder Verarbeitung; Beispiel: der Anstieg der Quecksilbersäule ist analog, «entsprechend» der Höhe des Blutdrucks

Analyse
Analysis (gr./lat.); Zerlegen eines Ganzen in seine Teile; Sammelbegriff für alle Tätigkeiten in der Umsetzung einer Aufgabenstellung in ↗Algorithmen und ↗Datenstrukturen

Analyst
Sammelbegriff für ↗Informatik-Berufe im Bereich der ↗Analyse

Analytiker-Programmierer
↗Informatik-Beruf

AND
↗Logische Verknüpfung: C ist dann und nur dann wahr, wenn A und auch B wahr sind; Konjunktion

Änderungsdaten
↗Datenbestände, welche ↗Stammdaten mutieren; siehe auch ↗Bewegungsdaten

Animation
Präsentation, Projektion oder Druck von mit ↗Computer-Unterstützung entstandenen Grafiken, Diagrammen, Zeichnungen, Reproduktionen, Trickfilmen, Bewegungsabläufen usw.; die lateinische Herkunft des Wortes weist auf eine beabsichtigte emotionale Wirkung hin

Anker
Anfangs-Marke beim Abstecken von ein- oder zwei-↗dimensionalen ↗Daten-↗Feldern in der ↗Tabellenkalkulation

Anlagenchef
↗Informatik-Beruf

anmelden
Dem ↗Betriebssystem oder einer ↗Applikation mitteilen, in welchem ↗Laufwerk oder ↗Verzeichnis die Daten zu ↗laden und/oder zu ↗sichern sind

ANSI
1. American National Standards Institute; Amerikanisches Institut für die technische Normengebung in Industrie und Handel; Mitglied der ↗ISO; viele Programmiersprachen werden vom A. standardisiert; 2. durch ↗Windows 3.x Applikationen zum Teil verwendeter, erweiterter Zeichensatz, dessen ↗Zeichen ab ↗Code 128 unterschiedlich zu ↗ASCII sind; 3. ↗Treiber ↗ANSI.SYS

A B C D E F G H I J K L M N O P Q R S T U V W X Y Z etc.

ANSI.SYS
↗Treiber, welcher in früheren ↗Versionen von ↗MS-DOS von Millionen Anwendern devot installiert wurde, ohne jemals richtig Aufschluss zu erhalten, was er soll: Aktivieren eines erweiterten ↗Zeichensatzes mit Grafikzeichen und ↗Kommandos (↗Escape-Sequenzen) zur Steuerung des ↗Bildschirms sowie der ↗Tastatur

Answer
Status bei ↗Modems: abheben und beantworten

anti glare
Blendfrei (Reflexionsarmut von Bildschirmen)

Anti-Aliasing
Verhinderung des «Treppcheneffektes», des sogenannten ↗Aliasing, beim ↗Plotten oder ↗Drucken von schrägen Linien; Anti-A. passiert gelegentlich auf der Seite des ↗Computers und seiner ↗Software (z.B. ↗DTP-Systeme), häufiger aber noch in der ↗Firmware des Druckers

Antiqua Schrift
In der Typografie: Schrift mit ↗Serifen; siehe auch ↗Grotesk

Anweisung
Mal synonym für ↗Kommando, mal als Sammelbegriff für Kommandos oder ↗Funktionen und andere interaktive Elemente der ↗Mensch-Maschine-Schnittstelle verwendet

Anwendung, Anwendungsprogramm
Zunehmend durch ↗«Applikation» verdrängter Begriff

AOL
↗America Online

APA
All points adressable; Hinweis auf die ↗punktorientierte Grafikfähigkeit bestimmter ↗Hardware oder ↗Software

APD
Aldus Printer Description; ↗Drucker-↗Treiber für ↗Applikationen des Herstellers Aldus

Apfel, Apfelmenü
Durch einen A. symbolisiertes und jederzeit verfügbares ↗Menü in der ↗Benutzeroberfläche des ↗Macintosh mit ↗Schreibtischzubehör, bzw. ab ↗System 7 des ↗Mac OS mit allen beliebigen Objekten

A B C D E F G H I J K L M N O P Q R S T U V W X Y Z etc.

API
Application Programming Interface; 1. ↗Anwendungs-↗Programmier-↗Schnittstelle, mit denen Anbieter führender Produkte fremden Entwicklern ermöglichen, ↗kompatible Zusatzprogramme, Erweiterungen, Anwendungen usw. zu entwerfen; 2. ↗Software-Schnittstelle zwischen der Grossapplikation im ↗Server (z.B. Abteilungsrechner) und den ↗zugreifenden Anwendungen im ↗Client (z.B. ↗PC) in einer ↗Client/Server-Umgebung

APM
Advanced Power Management; ↗Hardware- und ↗Software-Gesamtlösung zur Reduktion des Energiekonsums; bei ↗Notebook-↗Computern geht es um die Schonung des ↗Akkus bei Nichtgebrauch des ↗Systems

APPC
Sammlung von ↗Spezifikationen und ↗Schnittstellen zur Anbindung von ↗PCs und deren ↗Programmen an Gross-Systeme der ↗IBM ↗SNA-Welt

Append
Anhängen; meist gebraucht im Zusammenhang mit dem Koppeln von ↗Dateien auf einem ↗Datenträger oder in der ↗Datenkommunikation

Apple
Am 1. April 1976 gegründeter Hersteller des Apple I (1976), Apple II (1977), der ↗Lisa (1983) und des ↗Macintosh (ab 1984), welcher überaus erfolgreich wichtige (zum Teil nicht von A. erfundene) Neuerungen in der Bedienung eines ↗Personal Computers implementierte und vermarktete; eine weitere Pioniertat folgte 1993 mit der Lancierung ↗RISC-basierender Macintosh-↗Systeme

Apple Desktop Bus
↗Serielle, langsame ↗Schnittstelle für ↗Maus, ↗Tastatur und andere Eingabegeräte wie ↗Grafiktabletts usw. beim ↗Macintosh; die Eingabegeräte lassen sich verkettet anschliessen, der ADB wurde nach dem Macintosh Plus zum Standard

AppleLink
Weltweiter, geschlossener und beitragspflichtiger ↗Online-Dienst von ↗Apple für Distributoren, Wiederverkäufer, Entwickler, Publizisten usw.; sollte 1995 zugunsten der viel ↗offeneren ↗eWorld abgelöst werden, welche ihrerseits aber 1996 stillgelegt wurde

AppleScript
Effiziente ↗Makrosprache von ↗Apple ab ↗Mac OS 7.5, welche eine frühere, wesentlich aufwendigere Sprache ablöste

AppleShare
↗Server-↗Software, ↗Netzwerksoftware von ↗Apple

Applet
Dynamisch in eine ↗WWW-↗Applikation einbindbares ↗Java-Modul, welches ähnlich ↗OLE oder Apple ↗Events eine Aktivität auslöst; wird vor allem bei ↗multimedialen WWW-Applikationen verwendet; A. sind dadurch etwas in Verruf geraten, weil sie ungefragt daherkommen und ebenso ungefragt ihre Aktivität im Computer entfalten; die Anwendenden tun gut daran, A. zu deaktivieren oder zu überwachen

AppleTalk
↗Netzwerkkonzept von ↗Apple sowie Netzwerk-↗Protokoll für den ↗Macintosh: die Netzwerk-↗Software heisst AppleShare und das Kabelsystem LocalTalk; das ↗OSI-fähige A. ist Bestandteil jedes ↗Macintosh-Computers; die ↗Adressierung von Netzwerkteilnehmern oder ↗Peripherie (Drucker) erfolgt über anwenderdefinierte ↗logische Namen

Applikation
Käufliches oder selbst geschriebenes ↗Programm zur Bearbeitung eines speziellen Anliegens, z.B. für die ↗Textverarbeitung, für das kaufmännische Kalkulieren, die Lohnbuchhaltung; ↗integrierte A. sind multifunktionale A.

APPN
Advanced Peer-to-Peer Networking; 1986 von ↗IBM angekündigte ↗Netzwerkarchitektur, welche im Zeichen der Dezentralisierung in kleineren Einheiten arbeitet (Abteilungsrechner) und diese sowie die verschiedensten Kopfstationen (↗PCs, ↗Workstations usw.) besser einbindet als das «alte», auf ↗Mainframes ausgerichtete ↗SNA

APU
Arithmetic Processing Unit; ↗ALU

Arbeitsmappe
Möglichkeit in jüngeren ↗Versionen von ↗Tabellenkalkulationen, unter einem Dateinamen nicht mehr nur ein Kalkulationsblatt, sondern eine ganze Menge solcher abzulegen

Arbeitsplatz
Im englischen Original von ↗Windows 95 «My Computer»: ↗PC-↗Ikone mit dem ↗Wurzelverzeichnis aller ↗Datenträger, welche auf der ↗Arbeitsstation zur Verfügung stehen

Arbeitsspeicher
Elektronischer ↗Speicher im ↗Computer mit lesender und schreibender ↗Zugriffsmöglichkeit; auch Hauptspeicher; zu vermeiden ist der Begriff «Kernspeicher», weil es sich bei diesem um einen elektromagnetischen Speicher aus den 50er Jahren handelt

Arbeitsstation
↗Intelligentes, hochleistungsfähiges Einplatz-↗System; basierend auf einem 32 ↗Bit-↗Prozessor mit einem ↗Datenbus entsprechender Breite; weitere Eigenschaften sind ↗Multitasking sowie die Orientierung in Richtung Grafik (↗CAD, ↗Animation) und ↗Netzwerke, ↗Unix

Arbitration
Schiedsgericht; Vergabe von Prioritäten für die Benutzung von ↗Bus-Zeit im ↗Mikrokanal; Teil der Benutzer-↗Konfiguration

ARC
↗Dateinamens-↗Erweiterung für ↗Binärdateien, welche mit dem ↗Programm PKXarc ↗komprimiert wurden; Autorin ist die Firma System Enhancement Associates; oft wird ihr Kompressionsprogramm auch einfach ARC genannt

Archie
Programm, welches periodisch alle ↗FTP-↗Server im ↗Internet absucht und die Ergebnisse – oft allerdings nur wenigsagende Dateinamen – in sogenannten Archie-Servern ablegt; diese ↗Server können dann per ↗Telnet angefragt und mit einem Suchauftrag versehen werden

Architektur
Organisation der ↗Hardware oder deren Komponenten in einem ↗Computer oder ↗Netzwerk

Archive
Archiv, Langzeit-↗Backup; 1. Paket ↗komprimierter ↗Dateien; 2. «a» ist das Datei-↗Attribut für Dateien, welche seit der letzten ↗Datensicherung geändert wurden

Arcnet
Attached Resource Computer Network; kommerzielles ↗Netzwerk mit einer ↗Übertragungsrate von 2.5 ↗mbps; Arcnet steht weltweit etwa an dritter Stelle nach ↗Ethernet und ↗Token-Ring und ist seit 1992 durch ↗ANSI normiert; als ↗Topologien kommen Verbunde von ↗Sternen und der ↗Bus in Frage, als Verkabelung ↗Koax, ↗verdrillte Leitungen und ↗Glasfaserkabel

A B C D E F G H I J K L M N O P Q R S T U V W X Y Z etc.

arCom 400

Dienstleistung der Schweizerischen Telecom PTT für ↗E-Mail auf der Basis von ↗X.400

Argument

↗Parameter, Eingabewert in einer ↗Funktion

ARJ

↗Dateinamens-↗Erweiterung für ↗Binärdateien, welche mit dem ↗Shareware-Programm ARJ ↗komprimiert wurden

ARLL

Advanced Run Length Limited; ↗Algorithmus und Aufzeichnungsverfahren bei magnetischen ↗Datenträgern, mit 33 ↗Sektoren besonders dicht; Vorgänger: ↗RLL

Arpanet

Advanced Research Project Agency Network; Vorläufer des ↗Internet, ursprünglich ein Projekt des US-Verteidigungsministeriums aus dem Jahre 1969; mit A. und dem ↗Protokoll ↗TCP/IP wollte das Ministerium der Verletzlichkeit zentral unterhaltener Netze durch Nuklearbomben mittels Dezentralisierung ausweichen; das A. wurde 1990 stillgelegt

Array

Bereich von ↗Daten (↗Software) oder Bauteilen (↗Hardware) mit vergleichbaren Eigenschaften; in einigen ↗Programmiersprachen eine ↗Anweisung zum Aufbau ein- oder mehr-↗dimensionaler ↗Datenfelder

Artificial Intelligence, AI

↗Künstliche Intelligenz, KI

AS/400

Umfangreiche Familie von ↗Computer-↗Systemen der ↗mittleren Datentechnik, sog. ↗Minicomputer

ASA

American Standards Association, amerikanischer Normengeber

ASC

↗Dateinamens-↗Erweiterung für ↗ASCII-↗Dateien in ↗MS-DOS

ASCII

American Standard Code for Information Interchange; 7 ↗Bit-Norm zur Darstellung von ↗Zeichen, Sonderzeichen und ↗Kommandos in Form von 8-Bit-Mustern (= 1 ↗Byte) zwecks ↗Speicherung im ↗Arbeitsspeicher oder auf ↗Datenträgern bzw. zur Übermittlung der ↗Information; Standard-A. benutzt im Byte die sieben «niederwertigen» Bits

ASIC
Application Specific Integrated Circuit; ↗IC, welcher vom Hersteller speziell für eine ↗Anwendung oder für einen Kunden hergestellt wurde

ASM
↗Dateinamens-↗Erweiterung für ↗Assembler-Dateien

Assembler
Monteur; ↗Programm zur Übersetzung von der ↗Assemblersprache in die ↗Maschinensprache

Assemblersprache
Niedere, also maschinennahe ↗Programmiersprache, bei welcher die ↗binären ↗Codes durch symbolhafte Abkürzungen repräsentiert werden; die A. steht zwischen der ↗Maschinensprache und den höheren ↗Programmiersprachen und ist ↗prozessorspezifisch

Assign(ment)
Zuweisen, Zuweisung

Assistent
Bezeichnung von ↗Microsoft für interaktive ↗online-Hilfsprogramme, welche häufig wiederkehrende Aktivitäten der Anwenderin / des Anwenders «vorausahnen» und ihm abnehmen

Asterisk
Sonderzeichen «*» in ↗Programmiersprachen und ↗Benutzeroberflächen, z.B. in ↗MS-DOS als ↗Joker

ASUT
Schweizerische Vereinigung von Fernmeldebenützern; etwas verwirrlicher Name für eine vorwiegend aus Firmen bestehende Schweizerische Vereinigung, welche vor allem im Hinblick auf die Deregulierung des Fernmeldewesens im Jahre 1998 aktiv wurde

asynchron
Modus der ↗Datenkommunikation: Sender und Empfänger sind auf die Datenübertragung nicht durch «Gleichtakt» vorbereitet; der Sender initialisiert die Übertragung mit einem ↗Startbit und schliesst mit einem ↗Stopbit; einfacher: ereignisgesteuert; siehe auch ↗synchron

AT
Advanced Technology; an sich unverbindlicher Name, der zum Begriff für ↗IBM ↗kompatible ↗PCs mit dem ↗Prozessor 80286 (80386) und dem ↗ISA-↗Bus geworden ist

AT-Kommando

Vorspann eines klartextlichen ↗Kommandos vom ↗DTE an einen Hayes-↗kompatiblen ↗Modem; AT steht für «Attention» und veranlasst den Modem, auf das nachfolgende Kommando durch die ↗Kommunikations-↗Software zu warten

AT/IDE, AT-IDE

↗IDE

ATA, Fast ATA

AT-Attachment; ↗ANSI-normierte ↗IDE-↗Festptlatten-↗Laufwerke; Fast ATA steht für ↗EIDE

ATAPI-IDE

AT-Attachment Packet Interface; junge Spezifikation für ein Befehls-↗Protokoll auf ↗Festplatten-↗Controllern, damit an deren ↗Schnittstellen auch ↗CD-ROM-↗Laufwerke angeschlossen werden können

Atkinson, Bill

Genialer Programmierer in der ↗Macintosh-Welt: Autor von MacPaint, ↗HyperCard, ↗QuickDraw, Mitautor von ↗Finder

ATM

1. Adobe Type Manager; ↗Treiber, welcher für die Wiedergabe von ↗Schriften am ↗Bildschirm die zugehörigen ↗Drucker-↗Dateien benutzt und damit höher ↗auflösende ↗Bitmap-Muster ausgibt; 2. Asynchronous Transfer Mode: herstellerunabhängige, oft als ↗Backbone verwendete und sehr schnelle Vermittlungstechnik für den Transport von Daten aller Art durch ein ↗Glasfasernetz; ATM integriert alle gängigen ↗Netzwerk- und ↗Telekommunikations-↗Protokolle; die ↗Daten werden in Zellen zu 53 ↗Bytes transportiert, wovon 48 Bytes ↗Information sind; ATM wird breitbandiges ↗ISDN ermöglichen und ist für ↗interaktives Fernsehen vorgesehen

ATP

Adaptive Tolerant Protocol; Technologie vieler ↗Modemhersteller zur ↗Integration aller bestehenden Standards

Attach

Ankoppeln; meist gebraucht im Zusammenhang mit dem Anhängen von ↗Dateien an eine elektronische Mitteilung

Attribut

↗Datei-Markierung im ↗Datenträger; bekannt sind in ↗MS-DOS die A. r (read only), h (↗hidden), s (↗system), a (↗archive), v (↗volume), d (↗directory)

Audio
Das Hören betreffend, ↗Hardware, ↗Software, ↗Datentyp, ↗Objekt oder Bauteil rund um das Hören

Audit Trail, Auditing
Protokollierung aller autorisierten oder nicht autorisierten Bemühungen, sich Zugang zu einem ↗Computersystem zu verschaffen; das Auditing deutet auf eine Überwachung sämtlicher Netzwerkaktivitäten hin

Aufdatierung
Verbesserung von Produkten (↗Hardware wie ↗Software) bzw. Nachtragung oder Aktualisierung eines Datenbestandes

Auflösung
Deutlichkeit, Schärfe der Codierung oder Wiedergabe von ↗Daten auf Ein- und Ausgabegeräten wie ↗Grafiktablett, ↗Maus, ↗Monitor, ↗Drucker usw.; die Forderung nach besserer A. ist ein Postulat der ↗Ergonomie

AUI
15-polige ↗D-Sub Steckverbindung ins dicke, gelbe ↗Netzwerkkabel

Auslagerungsdatei
Verborgene ↗Datei auf der ↗Festplatte oder einem ↗Netzwerk-↗Laufwerk, wohin das ↗Betriebssystem oder die ↗Anwendung temporär ↗Daten auslagert (↗Swapping), um den ↗Arbeitsspeicher zu entlasten

Aussensteg
In der Typografie: Seitenrand links und rechts auf der Doppelseite, gemessen vom ↗Satzspiegel bis zum Papierrand

Auswahl
1. Basis-Strukturelement der ↗Strukturierten Programmierung im Sinne der Prüfung eines Sachverhaltes auf «wahr» oder «falsch»; 2. siehe ↗Auszeichnung

Auszeichnung
Hervorhebung, Betonung eines Textes durch Änderungen im Erscheinungsbild

Author, Authoring
Entwickler bzw. Entwicklungsprozess von ↗Multimedia-↗Anwendungen; die Einschränkung des Begriffs auf Multimedia ist nicht durch seine sprachliche Herkunft zu erklären, sondern durch die Wortverwendung in der ↗Informatik

A B C D E F G H I J K L M N O P Q R S T U V W X Y Z etc.

Authorware
↗Software-↗Werkzeuge für die Entwickler von ↗Multimedia-↗Anwendungen

Auto Answer
Fähigkeit eines ↗Modems und der ↗Kommunikations-↗Software, einen ↗Telefonanruf selbständig beantworten zu können

Auto Dial
Selbstwahl-Funktion bei ↗Modems (↗Ton oder ↗Puls)

Autorensprache
↗Applikations-↗Generatoren auf der Ebene der vierten ↗Generation; A. werden dort eingesetzt, wo eine effiziente ↗Programmierung verlangt ist und die resultierenden Applikationen sich durch einheitliche ↗Benutzeroberflächen auszeichnen sollen

Autorensystem
↗Softwaresystem zur Entwicklung von ↗multimedialen Abläufen

AutoSync
Schutzmarke von ↗Hayes für ein ↗Protokoll, welches ↗die Möglichkeit für ↗eine synchrone ↗Datenübertragungsmöglichkeit erkennt und dazu übergeht

AUX
1. Erste ↗serielle ↗Schnittstelle, identisch mit ↗COM1; 2. ↗Dateinamens-↗Erweiterung für die Audiofunktion unterstützende Dateien unter ↗Windows

AV
Audio Video, audiovisuell, audio visual; 1. als «AV» durch ↗Apple im Jahre 1993 eingeführte ↗Multimedia-Standards und Zusätze in ihrer ↗Hardware und im ↗Betriebssystem: ↗Telekommunikation (z.B. Bearbeitung von Telefonanrufen), Video-Verarbeitung, Sprachverarbeitung; 2. allgemein verwendete Abkürzung für audiovisuell

Avatara, Avatare
In eine ↗virtuelle Gestalt geschlüpfter Mensch in gewissen Plauderbereichen des ↗Internet (Singular und Plural)

AVI
1. Audio Video Interleave; ↗Software-basierende Technologie von ↗Microsoft für die Einbindung von vertonten ↗Movies, Filmsequenzen; 2. Movie-Datei unter Windows

B-Kanal
Nutzkanal unter ↗ISDN; siehe auch ↗Swissnet, ↗Basisanschluss, ↗Primäranschluss

Baby-Board
In insgesamt drei Grössen existierende ↗Mutterplatine; Baby-Board, 3/4-Baby, Mini-Baby; Referenz ist die Mutterplatine des ↗IBM ↗PC AT

Back End
↗System, welches das ↗Netzwerk im Hintergrund mit einer Dienstleistung versorgt, also meist ein ↗Server im weiteren Sinn des Begriffs

Backbone
Hauptstrang als Rückgrat verteilter oder Lokaler ↗Netzwerke (↗LANs), meist mit Hochleistungsleitern verkabelt; Hauptnetz in einer Gruppe untereinander verbundener LANs

Backfilling
Physisches Auffüllen des allenfalls fehlenden ↗konventionellen Speichers älterer ↗PCs mit ↗Extended Memory auf ↗Karten

Background
↗Hintergrund

Backplane
Rückwand; 1. ↗Mutterplatine, die gewisse normalerweise auf ihr integrierte Komponenten aus Platzgründen als Steck-↗Karte enthält; 2. ↗Platine mit den Steckverbindungen in einem ↗Netzwerk-Knoten

Backslash
Rückwärts-Schrägstrich (↗ASCII 92)

Backtracking
Auf Versuch und Irrtum basierender ↗Algorithmus, dessen wesentliche Eigenschaft darin besteht, dass bei Fehlschlag eines Versuchs soweit zurückgeschritten wird, bis eine alternative Entscheidung möglich ist

Backup
1. Langzeit- oder Archiv-↗Sicherung von ↗Daten und ↗Programmen; 2. Bezeichnung für einen zweiten, der Ausfallsicherheit dienenden und parallel mitlaufenden ↗Computer in grösseren ↗Systemen

BAK
Von vielen ↗Applikationen angelegte ↗Dateinamens-↗Erweiterung für ↗Sicherungsdateien

BAKOM

Bundesamt für Kommunikation; dem Innenministerium angeschlossene Amtsstelle, welche als Konzessions- und Prüfbehörde in der ↗Telekommunikation fungiert

Bandbreite

Bereich zwischen minimaler und maximaler ↗Frequenz eines ↗Informations- oder ↗Daten-↗Kanals

Bar

Balken, Leiste; 1. Sammelbegriff für mit der Maus zu bedienende ↗Werkzeugleisten, Menübalken; bei Windows 95 ist die Taskbar ein Menü, über welches geladene und in den Hintergrund gestellte Programme aktiviert werden; 2. nächtlicher Aufenthaltsort vieler Informatikerinnen und Informatiker als Alternative zum ↗Internet-↗Surfen...

Bar Code

↗Strichcode

Barrier

Barriere, Schranke; oft gebraucht im Zusammenhang mit dem ↗RAM-Vorhang nach 640 ↗KByte unter ↗MS-DOS

Bascom

↗Breitband-↗ISDN der schweizerischen Telecom PTT mit 2 ↗mbps bis 140 ↗mbps und auf ↗Lichtwellenleitung basierend

Base

1. Basis; 2. Auflösungsmodus für ↗Photo-CD: Base/16 (↗Thumbnail, 128x192 ↗Pixel); Base/4 (↗Preview, 256x384); Base (↗VGA, 512x768); 4 Base (↗HDTV, 1024x1536), 16 Base (2048x3072 und 4096x6144); letztere beide mit ↗Kompression

BASIC

Beginner's All-Purpose Symbolic Instruction ↗Code; höhere ↗Programmiersprache, ehemals meistverwendete Programmiersprache auf ↗Heimcomputern und ↗Personal Computern, auch in der ↗mittleren Datentechnik sehr verbreitet; in den 90er Jahren kamen ↗Dialekte auf, welche sich ans Prinzip der ↗Strukturierten Programmierung anlehnten bzw. mit ↗CASE-ähnlichen Hilfsmitteln versehen waren

BASICA

↗IBM Standard-↗BASIC für ↗PC und ↗PS

Basisanschluss

Normalanschluss von ↗Swissnet ↗ISDN: eine Leitung mit acht adressierbaren Endgeräten und zwei gleichzeitig offenen Nutzkanälen (↗B-Kanälen) zu 64 ↗kbps sowie einem Signalisationskanal zu 16 kbps; Heimanschluss mit Zuleitung aus Kupfer möglich

Basisband

↗Netzwerkleitung mit engem ↗Frequenzspektrum und demzufolge limitierter Leistungsfähigkeit; ein B. ist in der Regel eine direkt zu den beiden ↗Kommunikationspartnern durchverbundene Leitung

BAT

↗Dateinamens-↗Erweiterung für ↗Batch-↗Dateien in ↗MS-DOS

Batch, Batchprogramm

Stapel; kleines ↗Programm, welches aus einer Folge von ↗Betriebssystem-↗Anweisungen besteht, die beim Aufrufen des Programms schrittweise abgearbeitet werden; B.-↗Dateien sind ↗ASCII-Klartext; die deutsche Bezeichnung ist seltener, verdeutlicht aber die Funktionsweise: Stapel

Baud, Baud-Rate

Anzahl Signale pro Sekunde; Bezeichnung Bd, Mass für den ↗Datendurchsatz in der ↗asynchronen ↗Datenübermittlung in ↗Signaldifferenzen pro Sekunde; benannt nach dem Französischen Ingenieur Emile Baudot (1845 bis 1903); in der ↗analogen ↗Telefonleitung sind 2400 Baud das Maximum: durch ↗Kompressions-↗Algorithmen und Eliminierung von ↗Redundanz sind jedoch auch hier weit höhere ↗bps-Raten möglich; die Baud-Rate und die ↗Übertragungsrate für ↗Nutzdaten mit bps unterscheiden sich heute also wesentlich

Baudot-Code

↗Code zu fünf ↗Bits, wie er in der ↗Telegrafie verwendet wird

Baum

1. ↗Netzwerk-↗Topologie; 2. bildliche Darstellung eines hierarchischen Prinzips

BBS

↗Bulletin Board ↗System

BCC

Blind Carbon Copy; für den Hauptadressaten nicht erkennbare Empfängerin oder Empfänger der Kopie einer Mitteilung

A B C D E F G H I J K L M N O P Q R S T U V W X Y Z etc.

BCD
Binary Coded Decimal; Code zur Repräsentation dezimaler Ziffern in Form eines stets vierstelligen ↗binären Äquivalents: 0001 für 1, 0101 für 5; n Dezimalziffern brauchen demnach n*4 ↗Bits bzw. n ↗Tetraden; sechs Tetradenmuster sind ungenutzt und heissen Pseudotetraden

BDSG
Bundesdatenschutzgesetz in Deutschland

Beam, beamen
Strahl, ausstrahlen; Versand oder Wiedergabe von Informationen auf dem Lichtweg: Infrarot-↗Kommunikation, ↗Bildschirmprojektion für Grossräume mit speziellen ↗RGB-Projektoren usw.; neudeutsch auch einfach für schicken, senden, reichen, …

Bedingung
In der Regel zweiwertiger, ↗boolescher Ausdruck, welcher den weiteren Verlauf eines ↗Programms bestimmt; einer B. folgt eine Entscheidung; siehe auch ↗IF und ↗Schleife

BEDO
2. Generation von ↗EDO-RAM-Bausteinen

Befehl
↗Kommando

BEL
↗ASCII-Zeichen 07(H) (7): Bell, Glocke, Signalton

Bell
In Erinnerung an Graham Bell, den Erfinder des Telefons, benannte Normensammlung von AT&T für ↗Modems

Bell 103
US-Norm für ↗Modems, ähnlich ↗V.21

Bell 201
US-Norm für ↗Modems bis 1200 ↗bps, ähnlich ↗V.23

Bell 212 A
US-Norm für ↗Modems bis 1200 ↗bps, ähnlich ↗V.22

Benchmark
Kerbe auf der Bank; z.T. standardisierte Test- und Vergleichs-↗Programme

Benutzeroberfläche

Oberbegriff für alle Typen von Bedienungs-↗Schnittstellen zwischen einer benutzenden Person und den ↗Kommandos eines ↗Betriebssystems, einer ↗Applikation; auch: Benutzerschale, ↗Mensch-Maschine-Schnittstelle u.a.m.

Benutzeroberfläche, grafische

Meist mit ↗Maus steuerbare und auf grafischen Symbolen (↗Ikonen) beruhende Bedienungs-↗Schnittstelle am ↗Computer; Zweck: ↗Dateiverwaltung, Laden und Bedienen von ↗Applikationen und ↗Dokumenten aller Art, z.T. auch zur ↗System-↗Konfiguration oder als ↗Programmier-Hilfe usw.; Beispiele sind ↗Windows beim ↗PC, ↗Finder beim ↗Macintosh

BER

Bit Error Rate; statistisches Mass für die Fehlinterpretation von empfangenen ↗Bits im Verhältnis zu den gesendeten; gemäss Literaturangaben haben ↗analoge ↗Datenleitungen eine BER von 1:10000, ↗LAN- und ↗WAN-Verbindungen eine solche von 1:10^9

Bericht

Inhaltliche und grafisch aufbereitete ↗Datenbankauswertung

Berkeley

1. US-Universität, die als Autorin eines Standard-↗Unix bekannt wurde, welches unter dem Namen BSD im Markt war; 2. Berkeley Systems, ein bekannter Hersteller für ↗Software auf dem ↗Macintosh und ↗Windows-↗PC

Bernoulli

↗Wechselplatten-Technologie der US-Firma Iomega: der ↗Schreib-/Lesekopf wird nahe an eine Unterdruck-Schicht gezogen, welche sich auf der Oberfläche der schnell rotierenden Scheibe bildet; B.-Platten sind flexibel wie ↗Disketten, beschleunigen deshalb schneller als metallene Wechselplatten, und der ↗Head crash kann kaum auftreten

Bestandesdaten

Abwicklungsorientierte ↗Datenbestände, welche über längere Zeit unverändert bleiben können; sie werden durch ↗Bewegungsdaten mutiert; populär und vereinfachend ausgedrückt: im betrieblichen Alltag hoffen wir, dass diese Daten sich häufig ändern, weil laufend Lieferungen kommen und Bestellungen weggehen; siehe auch ↗Stammdaten; die Unterscheidung in ↗Stamm-/↗Änderungsdaten sowie Bestandes- und Bewegungsdaten rührt von der Stapelverarbeitung her: oft werden Mutationen tagsüber erfasst und nachts in die längerfristig gültigen Bestände eingespeist; in der ↗Dialogverarbeitung werden Mutationen in der Regel sofort wirksam

Beta, Beta-Version, Beta-Release

Noch nicht kommerzielle aber zu Test- und Feedbackzwecken schon meist publizierte ↗Version eines ↗Programms

Betatest

Freigabe einer neuen ↗Anwendung bzw. ↗Version für ein breites Test-Publikum als letzte Teststufe

Betriebsart

Arbeitsmodus eines grossen ↗Betriebssystems und seiner ↗Anwendungen; ↗Stapelverarbeitung, ↗Dialogbetrieb, Einprogrammbetrieb usw.

Betriebsmittel

Summe aller ↗Hard- und ↗Softwareressourcen, welche zur Ausführung eines ↗Programms benötigt werden; ↗Plattenspeicher, ↗Drucker, ↗Dateien, …

Betriebssoftware

Sammelbegriff für die maschinennahen ↗Programme: ↗Betriebssystem und ↗Dienstprogramme

Betriebssystem

Zum ↗Computer gehörende ↗Programme zu seiner eigenen Steuerung (Prozessor, Speicher), zur ↗Daten-↗Kommunikation mit der ↗Peripherie, als Verbindungsglied zwischen Mensch und ↗Applikation; beim ↗PC ist es meist ↗MS-DOS, beim ↗Macintosh das ↗«System»

Bewegungsdaten

↗Datenbestände, welche ↗Bestandesdaten mutieren; siehe auch ↗Stammdaten

Bezeichner
In einem ↗Programmiersystem vorgesehenes ↗Wort oder Zeichenfolge zur eindeutigen Identifikation eines Objektes oder einer Operation; Standardb. sind solche mit vorgegebener, aber änderbarer Bedeutung; siehe auch reserviertes ↗Wort

Bézier-Kurve
↗Vektorlinie, welche vorgegebene «Stützpunkte» weich und gekrümmt verbindet und entlang derer die Bildbearbeitung grafische Elemente ziehen kann: So lassen sich z.B. Schriftzüge, die aus vektorisierten Zeichen bestehen, an solche B. legen

Bezug, relativ oder absolut
Formulierung einer Verknüpfung in der ↗Tabellenkalkulation, bei welcher eine ↗Zelle bei der Berechnung ihres Inhalts Werte aus einer anderen Zelle bezieht; relative Bezüge passen sich bei wechselnden Koordinaten automatisch an, absolute Bezüge sind fest verankert

BFT
Binary File Transfer; Versand und Empfang ↗binärer und damit direkt lauffähiger oder ↗editierbarer ↗Dateien über eine rechnergebundene ↗Fax-Lösung; ↗ITU-TS-Norm TSS T434

Bibliothek
Sammlung häufig benutzter ↗System-↗Routinen zur Anbindung an ↗compilierte ↗Programme und zu deren Vervollständigung zu lauffähigen ↗Applikationen

bidirektional
In zwei Richtungen weisend; gebraucht für die Fähigkeit eines ↗Druckers, zwecks Steigerung der Druckgeschwindigkeit in beide Bewegungsrichtungen des Schreibkopfes Zeilen zu drucken

Big Blue
Übername für ↗IBM

Bildschirm
↗Datensichtgerät in Form einer Kathodenstrahlröhre (CRT) oder eines Flachbildschirms wie z.B. ↗LCD oder Gasplasma; der B. gilt als Standard-Ausgabegerät, wird in der Literatur aber auch als Eingabegerät bezeichnet; der B.-Ausdruck (Print Screen oder Hardcopy) bildet das Punktemuster des Bildschirms 1:1 auf Papier ab

A B C D E F G H I J K L M N O P Q R S T U V W X Y Z etc.

Bildschirmschoner
Sammlung von ↗Programmen zur Entlastung des ↗Bildschirms vor elektronischem Dauerbeschuss bei Nichtgebrauch; B. sollten den Bildschirm möglichst eindunkeln und eine bewegte ↗Animation zeigen, damit der ↗Computer nicht versehentlich abgeschaltet wird

Bildschirmtext, Btx
Ältester und noch heute angebotener ↗Online-Dienst der privaten Deutschen Telekom AG; Btx wurde gemäss internationalen Normen (↗CEPT) entwickelt; Btx bietet mit halbgrafischer Benutzeroberfläche und relativ komplizierter Benutzerführung viele Auskunftsdienste (elektronisches Telefonbuch ↗ETB, Fahrpläne), Einkaufsmöglichkeiten, ↗E-Mailing, ↗Chatting und mit stark wachsendem Interesse das ↗Telebanking; seit 1996 werden auch ein ↗Internet-Zugang und Internet-↗E-Mailing gewährleistet; der so erweiterte Dienst heisst Btx Plus oder kommerziell T-Online

Bildverstehen
Eine Leistung ↗Künstlicher Intelligenz

Bildwiederholfrequenz
Mass für die Anzahl der im ↗Bildschirm in jeder Sekunde vollständig neu aufgebauten und angezeigten Bilder; eine B. von 70 ↗Hz gilt heute als ↗ergonomische Forderung für flimmerfreie Wiedergabe; oft werden gar 90 Hz gefordert

Bildwiederholspeicher
Spezieller Bereich des ↗Arbeitsspeichers bzw. separater Arbeitsspeicher, welcher die auf dem ↗Bildschirm wiederzugebende ↗Information ständig aktualisiert und an die ↗Video-Schnittstelle übermittelt

Binärdatei
Sammelbegriff für alle ↗Dateien, welche nicht ↗ASCII-Klartext darstellen: Programme, Treiber, Bilder, Movies, …

Binärkompatibilität
↗Kompatibilität auf der Ebene lauffähiger ↗Programme zwecks Austauschbarkeit ohne geringste Änderung

Binärzahl, binär
Wert im zweiwertigen Zahlensystem; da der ↗Computer zur ↗Speicherung von Zahlen, ↗Zeichen und ↗Kommandos lediglich über eine Fülle von ein/aus-«Schaltern» verfügt, wird alles intern in B. verschlüsselt, so «behalten», verarbeitet und übertragen

Binder
Siehe beim gebräuchlicheren ↗Linken

Binnenraum
In der Typografie: Raum zwischen ↗Zeichen

BIOS
Basic Input Output System, Bestandteil des ↗Festwertspeichers im ↗PC, welcher den ↗Datenverkehr der ↗Systemsoftware mit der ↗Hardware koordiniert, das B. ist somit innerster Kern der Systemsoftware und eigentlich schon in der ↗Hardware beheimatet

bipolar
Relativ alte Technologie in der Herstellung integrierter Schaltungen (↗IC) mit der Eigenschaft schneller ↗Zugriffe, aber hohen Energieverbrauchs

Bit
BInary DigiT; ↗binärer Schaltzustand 0 oder 1 (aus oder ein) in einem digitalen ↗System; kleinste speicherbare Einheit im ↗Computer; acht B. bilden ein ↗Byte und repräsentieren als solches im Computer ein ↗Zeichen

bit
Basic Indissoluble Information Unit; Einheit für den kleinsten Informationsgehalt einer Nachricht in der ↗Informationstheorie

Bitmap
Bit-Karte; 1. ↗punktweise ↗Speicherung des Bildschirminhaltes; 2. punktweise Darstellung von ↗Zeichen und Bildelementen auf dem ↗Bildschirm oder ↗Drucker; 3. Zeichensatz, welcher die Schriftzeichen als Punktemuster darstellt und deshalb beim Vergrössern das störende ↗Aliasing aufweist; 4. oft als «XYPaint» oder «PaintXY» benannte Zeichenprogramme, die alle Objekte in ein Punktemuster verwandeln und deshalb fürs Freihandzeichnen gut, für geometrische Elemente aber weniger geeignet sind

Blank
Leerschlag(taste); ↗ASCII-Zeichen 20(H) (32)

Blatt
Verwendet meist im Sinne eines ↗Dokuments der ↗Tabellenkalkulation

BLOB
Binary Large OBject; Sammelbegriff für nicht ↗strukturierte ↗binäre Objekte wie eine Ton- oder Bild-↗Datei

Block

1. In der ↗Textverarbeitung: Textpartie beliebiger Länge, auf welche eine Operation angewendet werden soll; 2. in der ↗Datentechnik: in sich geschlossene, mit Kontroll-↗Informationen versehenes Datenpaket bei der Ein- oder Ausgabe oder bei der Daten-↗Kommunikation; ein B. kann mehrere ↗logische ↗Datensätze umfassen

Blocksatz

In der ↗Textverarbeitung: links und rechts bündig gedruckte Textspalte

Blumenkohl

Die ↗Macintosh-exklusive Taste mit dem vierblättrigen Kleeblatt; auch Befehlstaste, Apfel-Taste genannt

BMP

↗Dateiformat für ↗Bitmap-Grafiken von ↗Windows Paintbrush und ↗OS/2; 16 Mio Farben

BNC

Runde Steckverbindung mit Bajonettverschluss zur Koppelung von ↗Koaxialkabeln, präziser: den dünnen, schwarzen Kabeln von ↗10Base-2

Board

Brett; 1. gedruckte Schaltplatine, ↗Karte; 2. Anschlagbrett (↗Bulletin Board)

BOF

Beginning Of File; ↗Dateianfang

Bold, Boldface

In der ↗Textverarbeitung: Fettschrift

Bombe

Wie im wirklicken Leben eine unsympathische Erscheinung: grafisches Symbol beim ↗Absturz im ↗Mac OS

Booklet

In den Deckel einer ↗CD oder ↗CD-ROM eingelegtes Büchlein

Bookmarks

Lesezeichen; Liste mit interessanten Seiten im ↗WWW; siehe ↗Hotlist

Boole'sche Algebra

Gesetze der Verknüpfung zweiwertiger, ↗logischer Aussagen

Boot Bereich, Record

Winziges Programm von 512 KByte, welches sich auf einer ↗MS-DOS ↗Systemdiskette in Spur 0, der äussersten Spur, befindet, durch den ↗Urlader vorübergehend in den Arbeitsspeicher an die Adresse 7C00(H) geladen wird und das Laden von IO.SYS bewirkt; das Laden des B. ist der Moment des Übergangs der Kontrolle vom ↗ROM an das ↗RAM; siehe auch ↗Boot-Prozess mit den dortigen Querverweisen

Boot Disk, Boot-Diskette

↗Systemdiskette

Boot, Dual

Fähigkeit eines Betriebssystems, z.B. OS/2, einem anderen Betriebssystem, z.B. ↗DOS, das ↗Booten zu erlauben

Boot, Fail Save

Systemstart von Windows 95 ohne Einbindung «alter» Treiber; eine Art ↗nativer Systemstart von Windows 95

Boot-Prozess

Das Booting verläuft in ↗IBM-↗kompatiblen ↗PCs anschliessend an den ↗POST-Prozess wie folgt: 1. ↗Urlader im ↗BIOS-↗ROM überprüft Vorhandensein einer ↗Systemdisk mit den ↗Dateien IO.SYS (IBMBIO.COM in ↗PC-DOS) und MSDOS.SYS (IBM.DOS) im ↗Disketten-↗Laufwerk A: oder im ↗Festplatten-Laufwerk C:, 2. Urlader liest den ↗Boot Record, damit übernimmt die ↗Software das Kommando und liest IO.SYS sowie das Ladeprogramm ↗SYSINIT, 3. Boot Record wird nicht mehr benötigt, SYSINIT liest MSDOS.SYS und CONFIG.SYS, 4. MSDOS.SYS liest auf Befehl von SYSINIT den Kommandointerpreter COMMAND.COM, 5. COMMAND.COM liest AUTOEXEC.BAT und führt sie aus.

Booten

↗Laden des ↗Betriebssystem ab ↗Massenspeicher durch den ↗ROM-↗residenten ↗Urlader; siehe auch ↗Boot-Prozess

Bootstrap

Kleinst-↗Programm, welches den zugehörigen Rest des Programms von ↗peripheren Einheiten holt

bpi

Bits Per Inch; Mass für ↗Datendichte auf ↗Datenträgern in ↗Bits pro ↗Zoll

bps

Bits Per Second; Mass für die ↗Übertragungsrate für ↗Daten in einem Daten-↗Kanal in ↗Bits pro Sekunde; gemessen werden hier jeweils ↗Nutzdaten, wie sie vor einer evtl. ↗Kompression anfallen; die bps und die ↗Signalrate können sich folglich unterscheiden

A B C D E F G H I J K L M N O P Q R S T U V W X Y Z etc.

Branch
Zweig, Verzweigung (in einem ↗Programm)

Break
↗Abbruch, Unterbruch eines ↗Programms, eines ↗Kommandos

Breitband
↗Netzwerkleitung mit weitem ↗Frequenzspektrum, ↗Multiplex und demzufolge hoher Leistungsfähigkeit

Brenner
↗CD-Brenner

Bridge
Brücke zwischen zwei gleichartigen ↗Netzwerken mit geringer Grösse und Komplexität; eine B. arbeitet auf der zweituntersten ↗Schicht des ↗ISO-Modells

Briefcase
Spezieller ↗Ordner in ↗Windows 95 mit ↗Dateien, welche für den ↗Transfer zu anderen ↗PCs bestimmt sind und deren Inhalt beim Zurückkopieren abgeglichen wird; im deutschen ↗Windows 95 als ↗Aktenkoffer bezeichnet

Briefkasten
Elektronisches Mitteilungssystem, ↗Mailbox

Broadcast
In der ↗Daten- und ↗Telekommunikation: eine Punkt-zu-Mehrpunkt-Verbindung; siehe auch ↗Multicast und ↗PPP

Brouter
Kombination von ↗Bridge und ↗Router; Gerät zur Verbindung ↗heterogener ↗Netzwerke, welches die Umsetzung der ↗Protokolle besorgt

Browser, browse, browsing
Grasen, schmökern; neudeutscher Überbegriff für alle Tätigkeiten des Suchens, Sichtens und Auswertens inhaltlich zusammengehöriger ↗Informationen in einem ↗Datensystem oder ↗Netzwerk; im ↗Internet meint B. eine ↗Applikation zum Durchsuchen ausgewählter Bereiche wie ↗FTP, ↗Usenet, vor allem aber des ↗World Wide Web

Brücke
↗Bridge

BS
↗ASCII-Zeichen 08(H) (8): Backstep, Backspace, Rückwärtsbewegung mit dem ↗Cursor, oft verbunden mit rückwärts schreitendem Löschen

BSA
Business Software Alliance; weltweiter Verband von ↗Softwarehäusern zwecks Verhinderung der Software-Piraterie

BSD
Berkeley System Distribution, siehe ↗Unix

Btx
↗Bildschirmtext, Videotex in Deutschland

Bubble Jet
↗Tintenstrahl; ↗Druckertechnologie

Bubble Memory
↗Magnetblasenspeicher

Bubble Sort
Einer der bekanntesten Sortier-↗Algorithmen; wegen seiner Langsamkeit nur von didaktischer Bedeutung

Buffer
↗Puffer

Bug
Wanze; Fehler in ↗Hardware oder ↗Software

Bug Fix
Hilfsprogramm oder ↗Treiber, welche bekannte Mängel in ↗ROMs oder ↗Programmen beheben

Built in, built-in
Eingebaut, intern, z.B. die ↗Kommandos aus der ↗Shell eines ↗Betriebssystems

Bulk, bulk erase
In grossen Mengen, unkonfektioniert; bei ↗Datenträgern, namentlich ↗Disketten: nicht konfektionierte Ware, also ohne Etiketten oder Vorformatierung; bulk erase meint das vollständige und nicht rückgängig zu machende Löschen eines Datenträgers

Bulletin Board (System)
Elektronisches Anschlag- und Mitteilungswesen in öffentlichen oder privaten ↗Netzwerken; BBS sind meist in Interessenbereiche, Diskussionsgruppen, unterteilt; oft – jedoch unseres Erachtens unzutreffend – begrifflich gleichgestellt mit einem ↗Mailboxsystem, womit man aber treffender reine Briefkastendienste bezeichnen würde; ein weiterer Parallelbegriff ist der ↗Online-Dienst, dem wir indessen eine übergeordnete Stellung einräumen: er umfasst BBS, Mailing, ↗Foren, elektronisches Shopping und anderes mehr; siehe auch bei diesen jeweiligen Begriffen

Bündel
1. Immer beliebter werdendes Marketinginstrument, bei welchem verschiedene Produkte (z.B. ↗PC mit ↗Modem) zu einem Gesamtangebot geschnürt werden; 2. Paket einer bestimmten Anzahl von ↗Signalleitern

Bundle
↗Bündel

Bundsteg, Bund
In der Typografie: Rand im Innenbereich der Doppelseite; der B. ist für das Binden des ↗Dokuments reserviert

Burner
↗CD- Brenner

Bürofax
Fernkopierdienst der Telecom PTT für Kunden am PTT-Schalter; jetzt ↗Publifax

Bürokommunikation
Sammelbegriff für alle ↗datentechnisch bearbeiteten, administrativen Aufgaben am Arbeitsplatz

Burst
Modus eines besonders schnellen ↗Daten-↗Transfers zwischen einzelnen Geräteeinheiten

Bus
1. ↗Netzwerk-↗Topologie; 2. physisch gemeint: Verbund bestimmter Leiterbahnen mit aufliegenden Geräteeinheiten oder aller kommunikativ bedeutsamen Leiterbahnen mit nach aussen geführter ↗Schnittstelle, z.B. ↗VME-Bus; 3. vereinfachend ↗logisch gemeint: Sammelbegriff für alle ↗Daten- und Steuer-↗Kanäle in einem Computersystem; 4. oft Sammelbegriff für physische ↗System-↗Architektur, siehe dazu ↗Systembus und ↗Local Bus

Bus Master
↗Adapter, welcher dem ↗Prozessor die ↗Bus-Hoheit abnehmen kann; mittels B. werden ↗Computer mit ↗Mikrokanal- oder ↗EISA-Bus umgerüstet ohne die bestehende ↗Mutterplatine zu ersetzen

Busy
Statusmeldung von ↗Systemkomponenten wie z.B. ↗Peripheriegeräten: (ich bin) beschäftigt

Button
↗Knopf

Byte
Eine aus acht ↗Bit bestehende Grundeinheit zur Darstellung eines einzelnen ↗Zeichens im ↗Computer; Beispiel: 01110100 entspricht dem Buchstaben «t»; da pro Zeichen ein B. nötig ist, dient es auch als Mass für die Kapazität des ↗Arbeitsspeichers oder ↗Massenspeichers

BZT
Zulassungszeichen für Geräte der ↗Telekommunikation in Deutschland; entspricht in der Schweiz «BAKOM»

C
Höhere ↗Programmiersprache; 1972 in den Bell Laboratories entwickelt und eng mit der ↗Unix-Umgebung verbunden; problemorientierte, ↗strukturierte Programmiersprache mit zunehmender Verbreitung; C besitzt dank grossenteils maschinenunabhängigem Code gute ↗Portabilität

C++
Version von ↗C für das ↗objektorientierte ↗Programmieren

C2, C2 Level Security
Vom US-Verteidigungsministerium erlassene und vom National Computer Security Center (NCSC) jeweils zertifizierte Sicherheits-Spezifikation in vier Stufen für ↗Dateisysteme und das ↗Zugriffswesen; zertifiziert werden Betriebssysteme, ↗Firmware und Hardware; einige Erfordernisse sind: kontrollierter Zugang zu ↗Ressourcen, Identifikation aller Benutzenden, ↗Speicherschutz; Eingriffsmöglichkeiten des ↗Administrators in Sichherheitsfragen; Sicherheit bei äusseren Einflüssen (Energieversorgung usw.)

CAC
Computer Aided Crime; Verbrechensplanung mit Hilfe von ↗Computern oder ↗datenbezogene Delinquenz

Cache
↗Puffernder ↗Speicher mit sehr schnellen ↗RAM-Bausteinen sowie diversen ↗algorithmischen Technologien zwischen ↗Massenspeichern und ↗RAM bzw. zwischen RAM und ↗CPU; der C. reduziert die gegenseitigen ↗Zugriffe, weil sich die C.-↗Software in Form eines ↗FIFO-Stapels die häufigst geladenen ↗Codeteile merkt; er steigert das Tempo und schont die ↗Festplatten

Cache, First Level C., Level 1 C.
↗RAM-↗Cache im Innern des ↗Mikroprozessors, also «normaler» RAM-Cache

Cache, Second Level C., Level 2 C.
Ausserhalb des ↗Prozessors angesiedelter und dessen Arbeit nochmals beschleunigende ↗RAM ↗Cache Einheit; die ↗Architektur des ↗Systembus oder der ↗Local Bus muss einen C2 unterstützen

Cache, Third Level C., Level 3 C.
Nun ja: Wo der externe ↗Cache bisher ↗Level 2 war und nun auch schon in die ↗Chips eingebaut wird, muss der jetzt externe Cache Level 3 heissen, usw.; wir hoffen, dass Sie bei Level 13 immer noch dabei sind…

Cache, write back

↗Cache-Technologie, bei welcher der C. alle schreibenden ↗Zugriffe des ↗Mikroprozessors abfängt und die Mutationen nur bei sich selbst vornimmt; der ↗Arbeitsspeicher wird erst beschrieben, wenn es im Cache Platz braucht; es herrscht zeitweise Inkonsistenz

Cache, write-through

↗Cache-Technologie, bei welcher der C. quasi bloss Durchgangsstation beim Lesen und Schreiben ist; die Daten im C. und im RAM sind konsistent, der Zeitgewinn ist spärlich

CAD

Computer Aided Design; ↗computerunterstütztes technisches Zeichnen; die Bildverarbeitung benötigt eine hohe ↗Prozessorleistung, diese wird mit heutigen ↗Systemen erbracht, weshalb der Computer vermehrt zum Entwerfen, Planen, Konstruieren und ↗Animieren herangezogen wird

CADD

Computer Aided Design and Drafting; ↗computerunterstütztes Zeichnen und Entwerfen

Caddie, Caddy

Meist als Caddy (=Teebüchse) geschrieben und vermutlich Caddie (Golfjunge, Golfkarre) gemeint: die ↗CD-ROM enthaltende Kassette, welche ins ↗Laufwerk eingeschoben wird

CAE

1. Computer Aided Engineering; ↗computerunterstütztes Entwickeln; der Computer hilft beim Entwickeln neuer Produkte und behält dabei die Übersicht über Materialkonstanten, Vorschriften, Normen, Konstruktionstechniken usw.; 2. Common Application Environment, siehe unter ↗X/Open

CAI

Computer Aided Instruction; ↗computerunterstütztes Unterrichten (CUU)

Cairo

Codename der Hauptversion 4.0 von ↗Windows NT während der Entwicklung

CAL

1. Computer Aided Learning; ↗computerunterstütztes Lernen (CUL); 2. Computer Aided Layout; computerunterstütztes Gestalten von ↗Dokumenten

Call
Aufruf spezieller ↗Routinen, durch ein ↗Programm oder ab ↗Konsole; meist sind dies Maschinen- oder ↗Betriebssystemroutinen z.B. zur Ansteuerung von ↗Peripherie

Callback
Rückruf; Möglichkeit einer ↗Modem-↗Software-Lösung, einen Anrufer zurückzurufen; damit kann Telearbeit geleistet werden, ohne Verbindungskosten bezahlen zu müssen

CAM
Computer Aided Manufacturing; ↗computerunterstütztes Fertigen und Herstellen; C. ist das Bindeglied zwischen der Verwendung von ↗Datentechnik in der Konstruktion (↗CAD) und der ↗numerisch gesteuerten maschinellen Fertigung (↗NC, ↗CNC)

Campus
Feld, später: Universitätsgelände; im Zusammenhang mit ↗Netzwerken oft verwendeter Begriff, der sich dann auf die hochleistungsfähige Vernetzung der verschiedenen ↗Computer aus Lehre und Forschung einer Hochschule bezieht

CAN
↗ASCII-Zeichen 18(H) (24): ↗Cancel, Annullierung einer Eingabe

Cancel
↗Abbruch, Annullierung

CAP
1. Computer Aided Publishing; ↗computerunterstütztes Erstellen von Schrift-↗Dokumenten (↗Electronic Publishing oder ↗Desktop Publishing); 2. Computer Aided Planning; computerunterstütztes Planen

Caps Lock
Capitals Lock; Fixierung des Grossschreibe-Modus in der ↗Daten- oder Texteingabe

Capture
In der ↗Telekommunikation: das textliche «Aufzeichnen» des ganzen ↗Datenverkehrs im ↗Arbeitsspeicher oder auf einem ↗Datenträger

CAQ
Computer Aided Quality (Assurance oder Management); ↗computerunterstützte Qualitätssicherung

Carriage Return, CR

Wagenrücklauf; von der Schreibmaschine stammender Begriff, der sich heute auf die Positionierung des Druckkopfs oder des ↗Bildschirm-↗Cursors am Anfang der Textzeile bezieht; ferner: Taste zur ↗Dateneingabe im ↗Computer, die aber eigentlich CR mit ↗LF (Line Feed) auslöst

Carrier

1. ↗Trägersignal zur Kommunikation zwischen ↗Modems in der ↗Dfü; die ↗Daten werden dem Trägersignal auf-↗moduliert; 2. Anbieter eines ↗VAN in der ↗Telekommunikation

Carry

Übertrag («behalte») in der ↗binären Addition

Cartridge

Patrone, Kartusche; 1. transportables ↗Speicher-↗Modul; 2. Kassette mit einem ↗Datenträger wie ↗Wechselplatte oder Band; 3. Tonerkartusche und andere Einschub-Bauteile

CAS

Communicating Applications Specification; Norm von ↗Intel und DCA für ↗Treiber von ↗Fax-↗Modems; diese Norm entlastet die Fax-↗Software von den Millionen zum grossen Teil unnötigen Spezialitäten der verschiedenen Modems

CASE

1. Computer Aided Software Engineering; ↗computerunterstütztes Entwickeln von ↗Software; 2. ↗Fallunterscheidung

CASE OF ...

In vielen Sprachen der ↗Strukturierten Programmierung realisierte «Fallunterscheidung»

CAT

1. Computer Aided Testing; ↗computerunterstütztes Testen von ↗Software oder ↗Hardware; 2. Computer Aided Teamwork: Versuch, das ↗Workgroup Computing und die entsprechenden Applikationen zu vereinheitlichen

CBIOS

Compatibility BIOS; eines der zwei ↗BIOS im ↗PS/2 ab Modell 50; ↗Adressenraum bis 1 ↗MByte und Arbeit im ↗Real Mode; damit wird ↗MS-DOS auf dem PS/2 gefahren

CBT

1. Computer Based Training; ↗computerunterstützter Unterricht (CUU) und computerunterstütztes Lernen (CUL); 2. ↗Dateinamens-↗Erweiterung für ↗Dateien in Lernprogrammen

A B C D E F G H I J K L M N O P Q R S T U V W X Y Z etc.

CC
Carbon Copy; aus dem Englischen stammende und in der elektronischen Meldungsvermittlung übernommene Bezeichnung für die Empfängerin oder den Empfänger einer Mitteilungskopie

CCC
Chaos Computer Club; wohl bekanntester ↗Hacker-Club, der mit seinen Aktivitäten schon in recht heikle ↗Datenbestände vorgedrungen ist, z.B. in die Notbettenbelegung Schweizerischer Zivilschutzorganisationen

CCD
Charge Coupled Device; spezielle ↗Speichertechnologie, die vor allem für die Umsetzung von optischen in elektronische Signale eingesetzt wird

CCITT
1956 in Genf gegründetes und dort als Unterorganisation der ↗ITU domiziliertes Comité Consultatif International Télégraphique et Téléphonique; Internationales Konsultativgremium zur Normengebung in der ↗Telekommunikation von Sprache und ↗Daten; die Normen wurden in einem «Blaubuch» publiziert; die Ablöseorganisation heisst seit 1993 ↗ITU-TS (Telecommunications Standardisation Sector)

CCL
Common Communications Language; einheitliche Richtlinien und ↗Protokolle zur ↗Daten-↗Kommunikation in der ↗IBM Welt

CCS
Common Communications Support; einheitliche ↗Kommunikations-↗Schnittstellen zwischen Hardware und Software im ↗SAA-Konzept von ↗IBM

CD
↗CompactDisk

CD Plus
CD Plus (Blue Book): Spezifikation von Sony und Philips zur Integration von ↗Computer-↗Daten und Audiosignalen auf einer CD, die dann vom Computer, aber auch vom Audio-Spieler gelesen werden kann

CD+G, CD-G
Gerät, welches in der Lage ist, ↗CompactDisks mit Ton und Grafik-↗Daten auf der Stereoanlage und dem Heimfernseher zu spielen

CD-Brenner
↗Peripheriegerät, welches speziell beschichtete optische ↗Platten im ↗CD-Format (Daten-CD oder ↗Video CDs, also sogenannte CD-R) mit ↗Daten beschreibt; die Platten sind nur einmal beschreibbar, streng genommen also ↗WORMs; der Markt bietet reine Brenner an, sowie kombinierte Geräte, welche auch als CD-Spieler dienen

CD-E
CompactDisc Erase; löschbare ↗CD

CD-I
CompactDisc-Interactive; Multimedia-Norm von Philips, Sony und Matsushita: ↗CD-ROM-↗Laufwerk, Fernseher (768 x 560 Punkte, ↗PAL) und ↗proprietäres ↗Betriebssystem ↗CD-RTOS zur interaktiven Wiedergabe von Bild und Ton am Heimfernseher; keine Verarbeitungsmöglichkeit für die CD-Daten; kompatibel zur ↗Photo-CD; dank ↗Komprimierung mit ↗MPEG sind 72 Minuten Spielzeit auf Vollbild möglich

CD-MO
↗Magneto-optische ↗CD

CD-R
CompactDisc Recordable; beschreibbare ↗CD; das Gerät, welches diesen ↗Datenträger beschreibt, ist ein ↗CD-Brenner, streng genommen ein ↗WORM im CD-Format

CD-ROM, CD-ROM XA
↗CompactDisc als optisches ↗Speichermedium (ca. 800 ↗MByte unformatierte ↗Daten pro CD); als XA-Variante (eXtended Architecture) mit neuer Technologie zur ↗Daten(de)komprimierung (↗Kompression), für die Vermischung von ↗Audio und Daten sowie für einen besseren Datenfluss

CD-RTOS
CompactDisk Real Time Operating System; ↗proprietäres ↗Betriebssystem von Philips für ↗Multimedia

CD-TV
Commodore Dynamic Total Vision; ↗CD-ROM-↗Laufwerk, Fernseher, ↗proprietäres ↗Betriebssystem Amiga-DOS: Wiedergabe von Bild und Ton am Heimfernseher; keine Verarbeitungsmöglichkeit für die CD-Daten

CD-WO, CD-WORM
↗WORM im ↗physischen ↗CD-Format

CD-Writer
↗CD-Brenner

CDDI

Copper Data Distribution Interface; auf Kupferleitungen als Signalleiter basierendes ↗Netzwerk mit Doppelring (sog. ↗Backbone-Netz) und hohem ↗Daten-↗Transfer (mehr als 100 ↗mbps), das vor allem die dezentrale ↗Datenverarbeitung im Sinne der ↗Client/Server-↗Architektur erlaubt

CDEV

Control panel DEVice; kleine ↗Applikation, ähnlich einem ↗INIT im ↗Systemordner des ↗Macintosh; ab ↗System 7 des ↗Mac OS «Kontrollfeld» genannt

CDFS

CompactDisc File System; Dateisystem auf ↗CDs gemäss ↗ISO 9660 und gleichnamiger Treiber in Windows 95

CDPD

Cellular Digital Packet Data; ↗Daten-↗Transfer in der ↗digitalen ↗Zellular-↗Telefonie, ↗Mobiltelefonie

CeBIT

Centrum für Büro- und Informationstechnik; in Hannover stattfindende und mittlerweile die grösste jährliche Computerschau der Welt

CEN

Comité Européen de Normalisation; technisches Normengremium der EU

Centronics

Eigentlich ein Firmenname; heute eingebürgerte Bezeichnung für ein normiertes ↗Parallel-↗Interface für ↗Drucker in der ↗MS-DOS-Welt

CEPT

Conférence Européenne des administrations des Postes et des Télécommunications; Europäische Konferenz der Post- und ↗Telekommunikations-Verwaltungen zur Normengebung

Cfp92

↗SPECfp92

CGA

Computer Graphics / Monitor Adapter; Grafikmodus für ↗PC-↗Bildschirme, typischerweise 320x200 bzw. 640x200 ↗Punkte, höchstens vier Farben aus 16

CGF

↗Dateinamens-↗Erweiterung für ↗Konfigurations-Dateien

CGI
Common Gateway Interface; notwendige ↗Programmierschnittstelle beim Entwickeln von interaktiven grafischen ↗WWW-Seiten: ↗Links auf weitere WWW-Seiten werden durch das Klicken auf bestimmte Flächen der aktuellen Seite (Grafiken, Formularfelder) ausgelöst, hinter der sich ein Koordinatenbereich und beim ↗Server dann eine ↗URL auf die neue Seite befinden; diese aktiven Flächen heissen Hot Spots; mittels C. können ↗HTML-↗Dokumente ferner andere ↗Applikationen aufrufen und ↗Datenbankabfragen generieren

CGM
Computer Graphics Metafile; ↗Format für ↗Vektorgrafik ↗Metafiles u.a. von Micrografx Designer

Chaining
Verkettung von einzelnen ↗Programm(modul)en oder ↗Hardware-Teilen wie z.B. ↗SCSI-Geräten

Channelbundling
↗Kanalbündelung, wie man sie z.B. unter ↗ISDN als Koppelung zweier oder mehrerer ↗B-Kanäle kennt

Character
↗Zeichen

Chart
Diagramm, Zeichnung

Chat, Chat-Programm
Konversation, Plauderei; ↗Online ↗Tastatur-Konferenz von Anwender zu Anwender in einer ↗Mailbox bzw. in einer ↗Applikation, welche solches ermöglicht

Cheapernet
Preisgünstige Version von ↗Ethernet auf der Basis von ↗10Base-2

Checkbox
↗Kontrollfeld

Chicago
1. Standard-↗Bitmap-↗Font im ↗Betriebssystem des ↗Macintosh; 2. Codename von ↗Windows 95 während dessen Entwicklung

Chiffrierung
Prozess des «Unleserlich»-Machens von ↗Daten; besser: ↗Kryptographierung

Chip
↗Halbleiterplättchen mit mikroelektronisch aufgetragenen Schaltungselementen

Chip Set, Chipsatz
Satz, Sammlung von ↗Chips (besser: ↗ICs) mit speziellen Aufgaben wie z.B. ↗MPEG-↗(De-)↗Komprimierung in ↗Multimedia oder Steuerung der ↗Kommunikation in einem ↗Modem; diese Chipsätze werden vom Hersteller der entsprechenden Endgeräte eingekauft und eingebaut

Chip-Karte
«Kreditkarte» mit eingegossener Mikroelektronik; C. sind einsetzbar als ↗Datenträger, zur Personen-↗Identifikation, als Zahlungsmittel usw.

Cicero
Längenmass in der Typographie: 12 ↗Punkt = 1 Cicero (1 Punkt entspricht 0.376 mm)

CICS
Customer Information Control ↗System; auf den ↗Mainframes von ↗IBM laufende ↗Software als Verbindungsglied zwischen der ↗Applikation und maschinennahen Operationen; ↗Netzwerk-↗Brücken laufen auch meist über C.

CIM
1. Computer Integrated Manufacturing; ↗computerintegriertes Fertigen; mittels Datentechnik voll durchrationalisiertes Entwickeln, Konstruieren, Fertigen und Kalkulieren, «menschenleere Fabrik» (siehe auch: ↗CAE, ↗CAD, ↗NC / ↗CNC, ↗PPS); 2. Computer Input Microfilm: Verfahren zum Einlesen und anschliessenden Verarbeiten von ↗Daten ab Mikrofilm; 3. CompuServe Information Manager: Bezeichnung der von ↗CompuServe selber stammenden, grafischen Benutzeroberfläche zur Arbeit mit dem ↗Online-Dienst

Cint92
↗SPECint92

CISC
Complex Instruction Set Computer; Architektur der «klassischen» ↗Mikroprozessoren (↗Intel ↗8088, ↗8086, ↗80x86, Intel ↗Pentium, ↗Motorola ↗680x0) mit einem umfassenden Satz von ↗Instruktionen im ↗Mikrocode; typisch für die CISC-Architektur ist, dass für die Ausführung jeder Instruktion mehrere Prozessorzyklen gebraucht werden; wegen immer schnellerer ↗RAM-↗Zugriffe und mehr Flexibilität in der ↗Software werden zunehmend Instruktionen in die Software «hinaus» verlagert und die Prozessor-internen Instruktionen auf einen Prozessorzyklus reduziert: dies führt zur ↗RISC-Architektur

Claris
Bekanntester Hersteller von ↗Applikationen für den ↗Macintosh

Class
Einteilung durch ↗EIA von ↗Telefax-↗Modems, welche bezüglich ↗Kommandosatz, ↗Modulation usw. einer bestimmten Normierung entsprechen; aktuell im analogen Telefonnetz ist Class 2 (nicht zu verwechseln mit den Telefax-Gruppen); siehe detailliert bei ↗Telefax

CLI
Command Line Interpreter; auf die Decodierung einer einzigen Befehlszeile (ab ↗Tastatur) beschränkter ↗Interpreter

Client
Kunde; 1. ↗Arbeitsstation, Kopfstation in einem vernetzten ↗System, eigentlicher Ort der ↗Datenverarbeitung durch den Anwender; 2. ↗Netzwerkknoten, der eine Aufgabe an einen anderen Knoten übermittelt; 3. in der ↗Client/Server-Technologie die Arbeitsstation bzw. das Anwendungsprogramm, welche mit dem ↗Server und dessen ↗Betriebssystem, bzw. der ↗Server-Anwendung in arbeitsteiliger Interaktion stehen; Beispiel: das Browser-Programm für den WWW als C. kommuniziert mit einem Server-Programm irgendwo im ↗Internet; 4. in ↗Windows eine ↗Anwendung, die Objekte einer anderen Anwendung einbetten kann

Client/Server
Konzept der dezentralen ↗Datenverarbeitung: Client-Programme auf der Anwendungsseite kommunizieren mit ↗Server-Programmen an einem zentralen Ort; der Server stellt dabei dem Client bestimmte Dienste zur Verfügung; die Verarbeitung geschieht zum Teil beim Client, zum Teil beim Server; ↗Daten werden oft im ganzen Netz verteilt verarbeitet; die Datenverarbeitung ist oft dynamisch: das ↗Betriebssystem vergibt Aufträge an den Ort grösster verfügbarer Rechenkapazität

Clip Art Library
Bildbibliothek als Bestandteil einer grafischen ↗Applikation bzw. in einer ↗Mailbox usw.

Clipboard
↗Zwischenablage

Clipper
↗Programmiersprache für ↗xBASE-↗Datenbanken; heute ein eigenständiges Produkt

Clock
↗Takt oder Taktgeber-Baustein

Closed Circuit
In sich geschlossenes und von / nach aussen nicht zugängliches ↗Daten-↗Netz

Closed shop
Geschlossener Laden; 1. aus Sicherheitsgründen nur für autorisiertes Personal zugängliche Räume der produktiven ↗EDV; 2. ↗Betriebsart ohne Eingriffsmöglichkeit durch das ↗Operating

CLP
↗Dateinamens-↗Erweiterung in ↗DOS und ↗Windows für als Datei gespeicherte Inhalte der ↗Zwischenablage; die Abkürzung rührt von ↗Clipboard her

Cluster
1. In sich geschlossene und verwaltete Gruppe von ↗Terminals; 2. gemeinsam verwaltete Gruppe von zwei oder mehreren ↗Servern, welche mit dem Zweck der Datensicherheit gewisse Aufgaben doppelt wahrnehmen; 3. ↗Daten-↗Block als minimale durch das ↗Betriebssystem verwalt- und adressierbare Einheit

CLUT
Color Look Up Table; ↗ROM mit den Farb-Informationen auf dem Grafik-↗Adapter

CMOS
Complementary Metal Oxyde Semiconductor; Technologie in der Herstellung von ↗Chips, Merkmale: geringe Leistungsaufnahme, statische Empfindlichkeit, etwas langsamere Arbeitsgeschwindigkeit, Verwendung oft in tragbaren Geräten

CMOS-RAM
↗RAM-Bausteine in ↗CMOS-Technologie; da diese Bausteine mit sehr wenig Energiezufuhr auskommen, verwendet man sie in fast allen ↗Computern zur Langzeit-↗Speicherung von ↗System-↗Parametern, z.B. der ↗Setup-Informationen

CMOS-Virus
↗Virusprogramm im batteriegepufferten ↗Konfigurationsspeicher des Computers

CMYB / CMYK
Cyan-Magenta-Yellow-Black; subtraktives Farbmodell in der Druckerbranche

CNC
Computerized Numerical Control; ↗computerüberwachte ↗numerische Steuerung, Erweiterung des ↗NC (Numerical Control)

Coax
1. Technologie für ↗Datenkabel mit einem «heissen» Leiter in der Mitte und einer netzförmigen Abschirmung, die gleichzeitig als Masse dient; 2. Sammelbegriff für die zweiadrigen Kabel und zugehörigen ↗Terminal-↗Schnittstellen von ↗IBM ↗Mainframes

COBOL
COmmon Business Oriented Language; höhere ↗Programmiersprache mit kaufmännischem Schwerpunkt

CODASYL
Conference on Data Systems Language; Standardsammlung am Anfang der Relationalen ↗Datenbanken

Code
1. Kommando, ↗Programmteil usw. in ihrem ↗plattformspezifischen Klartext bzw. in der maschinenmässigen Übersetzung; 2. verschlüsselte ↗Information; 3. «genetische» Identifikation eines Computer-↗Virus

Codec
COder–DECoder; leistungsfähige Koppelgeräte am Ende von Netzwerkleitungen zur schnellen Übertragung ↗analoger, bewegter oder unbewegter Bilder

Codeseite, Codepage
Elektronische Tabelle zur Anpassung von ↗Bildschirm, ↗Tastatur und ↗Drucker an landessprachliche Gegebenheiten bzw. spezielle Verwendungszwecke unter ↗MS-DOS

Codierung
Aktivität des Umsetzens von ↗Algorithmen und ↗Datenstrukturen in die ↗Syntax einer ↗Programmiersprache; Resultat ist der ↗Quellencode

COM
1. COMmunication Port: Bezeichnung für die ↗serielle ↗Schnittstelle in ↗MS-DOS und ↗Windows; 2. ↗Dateinamens-↗Erweiterung für ausführbare ↗Programme in MS-DOS; COM-Programme sind klein, höchstens 64 KByte, und beanspruchen ein zusammenhängendes, aber frei verschiebbares ↗Segment im ↗Arbeitsspeicher; 3. Computer On Microfilm: direkte Ausgabe von Dateien auf Mikrofilm; 4. Commercial: Identifikation von kommerziellen Teilnehmern im ↗Internet; 5. Component Objekt Model: Entwicklerstandard von ↗Microsoft zum Zusammenfügen von ↗Softwarekomponenten, Modulen

ComBox
In der Schweiz sehr populärer Zusatzdienst zur Mobiltelefonie: die C. kann dem Abonnenten als Anrufbeantworter dienen oder sie nimmt ↗Faxe entgegen, die dann an eine beliebige Zielnummer gesendet werden können

Compact Disc-Interactive
↗CD-I

CompactDisc
Von Sony und Philips im Jahre 1982 marktreif entwickelter ↗Datenträger auf optischer Basis mit ↗Laser-Abtastung, auch als Nur-Lese-Speicher, als sog. ↗CD-ROM in der ↗Datenverarbeitung verwendet

Compatibility Box
Möglichkeit zum Laufenlassen von ↗MS-DOS-↗Programmen unter ↗OS/2

Compiler
Sprachübersetzer; übersetzt den ganzen ↗Quellencode auf einmal, das ↗Programm liegt danach als sog. ↗Objektprogramm in ↗Maschinensprache vor; ↗Programmiersprachen, welche mit einem C. übersetzen, sind oft unhandlich im ↗Editieren, aber schnell im Programmablauf

Composite Video
↗Monitor-Ausgang bei ↗Kleincomputern, in welchem die drei Farbsignale zu einem einzigen Signal zusammengemischt werden; liefert ein besseres Bild als ein TV-Ausgang, wegen dessen zweimaliger ↗Modulation zwischen ↗Computer und TV, aber ein schlechteres als der ↗RGB-Ausgang

Compressed
In der ↗Textverarbeitung: enger Zeichensatz, z.B. 132 statt 80 ↗Zeichen pro Zeile

CompuServe
Privater und kommerzieller ↗Online-Dienst für eine internationale Kundschaft; C. bietet als weltweit grösster Dienstleister zu kostengünstigen Tarifen und mit einer grafischen ↗Benutzeroberfläche ↗E-Mail, Nachrichten, die Teilnahme an ↗Foren, ↗Downloading u.v.a.m.

Computer
Datenverarbeitungsanlage in nicht festgelegter Grösse und mit nicht näher bezeichneten Eigenschaften bzw. Aufgaben

Computer Literacy
Kenntnisse rund um den ↗Computer sowie seinen Einsatz in Forschung, Lehre und Beruf

Computersystem
Uneinheitlich verwendeter Begriff, der meist die Gesamtheit einer ↗Informationsverarbeitenden Anlage meint

CON
Konsole; logische ↗Adresse der Bedienungseinheit mit ↗Bildschirm und ↗Tastatur, die von ↗MS-DOS als ↗Datei behandelt werden kann (COPY CON: ...)

Concatenation
Verkettung zweier ↗Zeichenketten (↗Strings)

Connect, connected
Eine Verbindung in der ↗Datenkommunikation betreffend, verbunden

Connectivity
Wenig aussagekräftiger Begriff rund um die Verkabelungs- oder datenmässigen Verbindungsmöglichkeiten eines ↗Systems

Container
In Deutschland übliche Bezeichnung für geschlossene Benutzergruppen im ↗Datex-J und ↗Btx

Control, Controls
In ↗ActiveX programmiertes Element

Controller
Sammelbegriff für ↗Hardwareeinheiten, die spezielle Teile des ↗Computers überwachen: ↗Video-C., ↗Disketten-C. usw.; siehe auch ↗Steckplatz

Conventional Memory
↗Konventioneller Speicher

Converter
(Signal-) Wandler

Convertible
↗Notebook mit ↗Pen- und optionalem ↗Tastaturanschluss

Cookies
Diese Kekse stehen im ↗Cyberspace für virtuelle Währung

Copland
Name für das ↗Mac OS 8.0 während dessen Entwicklung

Coprozessor
Dem ↗Mikroprozessor als entlastende Einheit zur Seite gestellter Baustein für das Rechnen (arithmetischer C.), für den Aufbau von Grafiken (grafischer C.) u.ä.

CORBA
Common Request Broker Architecture; noch nicht als Standard anerkannte Spezifikation zur Verteilung ↗applikatorischer ↗Ressourcen über das ganze ↗Internet oder andere ↗Netzwerke

COSE
Common Open Software Environment; Sammlung von Standards zur Zusammenführung aller ↗Unix-↗Derivate durch ein Firmenkonsortium

Courseware
Geniale Wortschöpfung der Industrie, welcher die Bezeichnungen Kursunterlagen, Lehrmittel usw. nicht genügend präzis sind

COW
Character Oriented Window; ↗Fenstertechnik mit rein textbasierten ↗Pull Down-↗Menüs (Beispiele Word 5.5 oder Works für ↗MS-DOS)

CP/M
Control Program for Microcomputers; ↗Betriebssystem als Quasi-Standard für Kleincomputer mit dem ↗Prozessor der Familie Z80 (frühe achtziger Jahre)

cpi
1. Characters Per Inch; Zeichendichte in ↗Zeichen pro ↗Zoll; 2. Common Programming ↗Interface: einheitliche Programmier-Richtlinien im ↗SAA-Konzept von ↗IBM

cps
Characters Per Second; Durchsatzrate in ↗Zeichen pro Sekunde

CPU
Central Processing Unit; ↗Steuerwerk und ↗Rechenwerk eines ↗Computers; ist beides in einem Baustein integriert, sprechen wir vom ↗Mikroprozessor

CR
↗ASCII-Zeichen 0D(H) (13): ↗Carriage Return, Wagenrücklauf an Zeilenanfang (aber kein Zeilenvorschub!)

CRC
Cyclic Redundancy Check (Character); ↗Zeichen, dessen ↗Code als Quersumme aller ↗Spuren und Zeichen in einem bestimmten Bereich des magnetischen ↗Datenträgers berechnet und gespeichert wurde und das der Verifizierung der Fehlerfreiheit bzw. der Fehlerkorrektur dient

Creator
Erzeuger; im ↗Macintosh-↗Betriebssystem mit einem ↗Dokument gespeicherter ↗Parameter als Hinweis auf die das Dokument erzeugende ↗Applikation; dank dem C. lässt sich eine Applikation direkt über ihr Dokument laden

Cross Compiler
↗Compiler, der ↗Quellenprogramme für andere, z.B. in Entwicklung befindliche, ↗Plattformen übersetzt

Cross Linking
Kreuzweise Verbindung; unkorrekte Verknüpfung einzelner ↗Blöcke auf dem ↗Datenträger; führt im Diagnose-↗Programm CHKDSK unter ↗MS-DOS zur den «lost clusters»

Cross Platform
Neuerer Begriff für ↗systemübergreifende ↗Architekturen, Anwendungen usw.; als Beispiel sei FileMaker von ↗Claris genannt, mit welchem von ↗Windows sowie vom ↗Macintosh aus gleichzeitig dieselbe ↗Datenbank bearbeitet werden kann

Cross Reference Table
Tabelle aller beim ↗Programmieren verwendeten ↗Bezeichner, welche vom ↗Compiler oder ↗Assembler hergestellt wird

Crossgrade
Marketinginstrument im Bereich der ↗Updates: Offerte zum Ersatz einer monofunktionalen ↗Anwendung durch ein Kombipaket vom gleichen Hersteller: aus «Word» mach «Office»

CRT
Cathode Ray Tube; ↗Kathodenstrahlröhre

A B C D E F G H I J K L M N O P Q R S T U V W X Y Z etc.

CSMA/CD

Carrier Sense Multiple Access/Collision Detection; ↗Protokoll zur Überprüfung der Belegung von ↗Netzwerkleitungen

Ctrl

Control; ↗Kombinationstaste auf der ↗Macintosh- und ↗PC-↗Tastatur, erhöht die Zahl der mit den ↗numerischen und ↗alphanumerischen Tasten oder den ↗Funktionstasten möglichen Kommandos

CTS

Clear To Send; Bereitschaftsmeldung des ↗DCE (↗Modem) an das ↗DTE (↗Computer) ↗Daten zu senden in der ↗seriellen ↗Schnittstelle ↗V.24 (↗RS-232C)

CTTY

Internes ↗Kommando in ↗MS-DOS, mit welchem das Standard-Eingabegerät und das Standard-Ausgabegerät geändert werden können

CUA

Common User Access; einheitliche ↗Benutzeroberfläche im ↗SAA-Konzept von ↗IBM

CUL

Computerunterstütztes Lernen, ↗CAL, ↗CBT

Cursor

Meist blinkende Eingabemarke auf dem ↗Bildschirm; neuerdings wird die Bezeichnung auch für die ↗mausartigen Eingabegeräte auf ↗Grafiktabletts verwendet

Customizing

Anpassung von ↗Hardware / ↗Software an die Bedürfnisse von Kunden/ Benutzern

Cut and Paste

Ausdruck beim ↗Editieren von Bildern und/oder Texten: Herausschneiden und andernorts Einlagern von Teilen eines ↗Dokuments

CUU

Computerunterstütztes Unterrichten, ↗CAI

CVS

Computer Vision Syndrome; Krankheitsbild im Bereich des Sehens und des Wohlbefindens im Kopf durch intensive Bildschirmarbeit; siehe auch ↗RSI

Cyberdog

Sammlung von ↗OpenDoc-↗Parts zur Nutzung von vielfältigsten ↗Internet-↗Ressourcen in OpenDoc-↗kompatiblen ↗Applikationen und ↗Dokumenten; Beispiele: ↗E-Mailing direkt aus dem ↗Datenbanksystem oder ↗WWW-↗Browsing aus der Textverarbeitung; ↗objektorientierte Gegenoffensive von ↗Apple zum Internet ↗Explorer bzw. zu ↗Netscape

Cybernaut

Ein sich im ↗Cyberspace bewegender, auf Datenpirsch befindlicher Mensch

CyberPatrol

1996 durch ↗CompuServe entwickelte Software für einen inhaltlich und zeitlich limitierten Zugang in den ↗WWW

Cyberspace

Wortschöpfung aus dem im Jahre 1984 (!) publizierten Roman «Neuromancer» von William Gibson, in welchem sich Gehirne direkt an ein ↗Computer-↗Netzwerk anschliessen lassen; 1. Sammelbegriff für die räumliche ↗virtuelle Realität; 2. der unerschöpfliche Informationsraum internationaler ↗Datennetze wie ↗Internet

A B C D E F G H I J K L M N O P Q R S T U V W X Y Z etc.

D-Kanal

Steuerkanal in ↗ISDN mit in der Regel kleinerer ↗Bandbreite (16 kbps) als der ↗B-Kanal; sind wenig Steuersignale zu übertragen, kann der D-Kanal unter Umständen softwaremässig dem Nutzkanal zugeschlagen werden

D-Sub nn

Abgeschirmte Steckverbindung mit nn Stiften, oft auch DB nn genannt

DA

Desk Accessory; ↗Schreibtischzubehör

DA-Handler

↗Desk Accessory Handler; Routine zur Verwaltung des ↗Schreibtischzubehörs unter ↗MultiFinder beim ↗Macintosh bis System 6.0.7

DAC, RAM DAC

Digital Analog Converter; im Zusammenhang mit dem ↗Bildschirm-↗Speicher ist der RAM DAC diejenige Einheit, welche die ↗digitalen Daten des Bildschirmspeichers in die ↗analogen Signale des Bildschirms umwandelt

Daisy Chaining

Verkettung von ↗Peripheriegeräten; Daisy ist das Gänseblümchen, mit welchem sich Kinder Kopfkränzchen binden

Daisy Wheel

↗Typenrad

DAL

Data Access Language; ein Zusatz zu ↗SQL von ↗Apple, mit welchem Anwenderinnen und Anwender des ↗Macintosh auf Grossrechner-Daten zugreifen können, ohne auf die Vorteile des ↗Finders verzichten zu müssen

DASD

Direct Access Storage Device; Direkt-↗Zugriffs-↗Speicher, ↗Plattenspeicher in der Gross-↗EDV

DAT

Digital Audio Tape; «Tonband» der jüngeren Generation mit besonders dichter, ↗digitaler Aufzeichnung; in der ↗Informatik zur ↗Datensicherung im Gebrauch

Data Dictionary

↗Computerunterstütztes Verzeichnis der Struktur und Definition aller in einem Betrieb elektronisch erfassten ↗Daten, ihrer Verwendung usw.

Data Latches
Schnappschloss; eine Art ↗Pufferspeicher zwischen ↗RAM und ↗Prozessor ab ↗Macintosh fx; die D. geben den Prozessor beim ↗Laden oder ↗Sichern von ↗Daten für andere Arbeiten frei

Data Warehouse
Datenwarenhaus; nicht klar umrissene Bezeichnung für grosse, durch ↗Repositories strukturierte, verteilte Datenbestände

Data-Star
Privat betriebene schweizerische Kunden-↗Datenbank mit internationaler ↗Vernetzung

Database Publishing
Integrierte Anwendung von ↗Datenbank und ↗Desktop Publishing

Datagramm
↗Daten-↗Paket

Datatypist/in
↗Informatik-Beruf

Datei
In sich geschlossenes und mit einem Namen als Identifikation versehenes ↗Datenpaket auf einem ↗Datenträger: ein ↗Programm, ein Text, eine ↗Bildschirm-Grafik, eine ↗Datenbank u.v.a.m.

Datei-Manager
Programm in der Hauptgruppe von ↗Windows zur Verwaltung von ↗Dateien und ↗Datenträgern gemäss dem ↗FAT-Dateisystem von ↗MS-DOS

Dateinamen, lange
Möglichkeit zur einfacher memorierbaren Benennung von ↗Dateien unter Verwendung von 32 (↗Mac OS) bis 256 ↗Zeichen; diese Möglichkeit bieten u.a. das Mac OS, ↗HPFS, ↗NTFS und die durch ↗Windows 95 erweiterte ↗FAT, das ↗IFS

Dateiserver
↗Server

Datel, Datel-Dienste
1. Bei der Telecom PTT Schweiz meint D. den ↗Daten-↗Transfer via ↗asynchronem ↗Modem und über die gewöhnliche ↗Telefonleitung (↗Wählleitung);2. bei der Deutschen Telekom AG stehen die D.-D. als Sammelbegriff für sämtliche ↗digitalen und ↗analogen Datenübertragungs-Dienste

Daten

Alles, was sich in einer für die ↗Datenverarbeitungsanlage, den ↗Computer, erkennbaren Weise ↗codieren, ↗speichern, verarbeiten lässt, also «computergerecht» aufbereitete ↗Informationen

Daten, personengebundene

Gesamtheit der über natürliche Personen gespeicherten ↗Daten; man unterscheidet im Hinblick auf den ↗Datenschutz mit vielen Abstufungen zwischen schützenswerten und weniger schützenswerten Daten

Datenaustausch

Wechselseitiger Austausch von ↗Daten zwischen ↗Computersystemen

Datenautobahn

Neue und entsprechend schwach konturierte Metapher für sehr ↗breitbandige ↗Netzwerke, wie es sie z.B. für interaktives Fernsehen braucht; viele Personen sprechen auch im Zusammenhang mit ↗Internet von der D.; bei diesen Personen muss es sich um Pferdekutscher handeln...

Datenbank

↗Datei mit ↗strukturierten ↗Daten zu einem Thema; elektronische Kartei

Datenbank, relationale

Modell einer ↗Datenbank, in welcher die ↗Zugriffe durch das Formulieren relationaler, die Beziehung zwischen mehreren ↗Datensätzen oder ↗Dateien herstellender ↗Operatoren erfolgen; mehrfach vorkommende Einträge werden nur einmal gemacht, die D. wird dadurch weniger umfangreich

Datenbanksystem

↗Software rund um die Verwaltung einer ↗Datenbank

Datenbasis

Sammlung «bibliografischer» Referenzen zu einem Thema; liegen sowohl diese Bibliografie wie auch die referenzierten ↗Daten elektronisch vor, kann man von einer ↗Datenbank der Datenbanken sprechen

Datenbus

↗Kanal, auf welchem die ↗Daten von einer Einheit zur anderen «fliessen»; die Breite des D. wird in ↗Bit gemessen und gibt darüber Auskunft, wie viele Bits oder ↗Bytes in einem Zyklus zwischen zwei Einheiten fliessen können bzw. verarbeitet werden

Datenbus, externer und interner

Differenzierung der Datenbusbreite bei ↗Mikroprozessoren, welche im Innern des Schaltkreises mit einem anderen, meist breiteren D. arbeiten, als Datenleitungen mit der Aussenwelt des Mikroprozessors bestehen; solche Bausteine wurden aus ökonomischen Gründen gebaut: es wird damit möglich, auf neuere Prozessoren aufzurüsten und gleichzeitig mit einer herkömmlichen, «schmaleren» Architektur im Rechner zu arbeiten

Datendurchsatz

Mass für den quantitativ gemessenen ↗Daten-↗Transfer in ↗Kanälen oder in der ↗Dfü, meist in ↗Bits/s (bps) oder in der ↗asynchronen Dfü in ↗Baud gemessen

Datenfeld

Einzelne Eintragung im ↗Datensatz einer ↗Datenbank, z.B. Name oder Zivilstand; alle D. zusammen bilden den Datensatz, alle Sätze zusammen die Datenbank

Datenfernübertragung, Dfü

Weiterleitung von ↗Daten via ↗Telefon- oder andere Datenleitungen über die Grundstücksgrenzen hinaus; den die Grundstücksgrenzen verlassenden Transport der Daten übernimmt oder lizensiert in der Schweiz die Telecom PTT

Datenflusskontrolle

↗Handshaking, v.a. Hardware Handshaking

Datenflussplan

Partner des ↗Ablaufplans in komplexen ↗Programmen, gibt Auskunft über den qualitativen, nicht quantitativen Fluss der ↗Daten

Datenleitungen

Oberbegriff für diverse Dienste der Telecom PTT in der ↗Dfü

Datensatz

In sich geschlossene Einheit einer ↗Datenbank, Beispiel: Alle gespeicherten Daten zu einem bestimmten Konsumartikel bilden einen D., die Daten des nächsten Artikels den folgenden D. usw.

Datenschnellstrasse

↗Datenautobahn

Datenschutz
Mittlerweile emotional beladener Begriff, der eigentlich den Schutz der Persönlichkeit vor missbräuchlicher Verwendung seiner ↗personengebundenen ↗Daten meint und alle Massnahmen einschliesst, die solches verhindern sollen; in der Schweiz existieren unter Leitnummer 235.1xxx ein Datenschutzgesetz (DSG) vom 19. Juni 1992 und diverse Verordnungen

Datensicherheit, Datensicherung
Gesamtheit der Massnahmen zum Schutz gespeicherter ↗Daten vor unerwünschten menschlichen, natürlichen oder technischen Einwirkungen

Datensichtgerät
↗Bildschirm oder anderes Gerät zur Anzeige von ↗Daten

Datenstruktur(en)
Vom ↗Programmierer erstelltes Gefüge der ↗Daten zwecks schnellen ↗Zugriffs, für eine optimale Verarbeitung durch das ↗Programm, zwecks transparenter Dokumentierung usw.

Datenträger
Gesamtheit aller nicht ↗flüchtigen Medien zur dauerhaften und nicht auf Stromzufuhr angewiesenen ↗Speicherung von ↗Daten

Datentyp
Einheit aus Wertebereichen und darauf anwendbaren Operationen in einer ↗Programmiersprache; Beispiele: Integer (↗Ganzzahl), ↗Real

Datenübermittlung, -übertragung,
Sammelbegriffe für alle Formen des eher in eine Richtung erfolgenden Transports von ↗Daten zwischen ↗Computersystemen

Datenverarbeitung
Meist im kaufmännischen Bereich verwendeter Sammelbegriff für alle Vorgänge, Abläufe und Maschinen der ↗Informatik

Datex
Data Exchange, ↗Datenaustausch, in Deutschland gebräuchliche Bezeichnung für diverse Leitungs- und elektronische Dienste in der ↗Dfü

Datex-J
↗Dfü-Netz für «jedermann»; durch die Deutsche Telekom AG stark verbessertes Datennetz (bis 28800 ↗bps nach ↗V. 34 bis sowie ISDN) für den Zugang zu den Diensten ↗Btx und ↗T-Online

Datex-L
↗Dfü-Netz mit Leitungsvermittlung in Deutschland: Mietleitungen oder Punkt-zu-Punkt-Leitungen mit grossem Durchsatz

Datex-M
Name der Deutschen Telekom für ihre Variante des ↗SMDS

Datex-P
↗Dfü-Netz mit Leitungsvermittlung in Deutschland, deutsche Bezeichnung für ↗Telepac

Datum
1. Lateinischer Singular für «etwas (in unserem Zusammenhang als Information) Gegebenes», also für die «Daten»; 2. Kalenderangabe, wie Freitag, der 13.

Daylight Saving
Automatische Umschaltung auf Sommerzeit nach in der Regel amerikanischem Kalender, in diesem Fall für die europäische Anwendung unter Umständen fehlerhaft

Daytona
Codename von ↗Windows NT Unterversion (nach 3.1) während dessen Entwicklung

dB
Dezibel; logarithmisch ausgedrücktes Verhältnis zweier Grössen, dient als Masszahl für diverse technische Messgrössen

DB nn
Abgeschirmte Steckverbindung mit nn Stiften, oft auch D-Sub nn genannt

dB(A)
Logarithmisches Mass zur Angabe des Geräuschpegels; in der ↗Informatik verwendet zur Angabe von Laufgeräuschen bei ↗Computern, ↗Druckern usw.

DB/DC
Data Base / Data Communication; in der Gross-↗EDV gebräuchliche Bezeichnung für den ↗Mehrplatz-Zugriff auf ↗Datenbanken

dBASE
Das von Ashton-Tate entwickelte quasi-standardisierte ↗Datenbanksystem unter ↗MS-DOS, welches von der neuen Besitzerin Borland weiterentwickelt und auch für die ↗Windows-Plattform umgearbeitet wurde

A B C D E F G H I J K L M N O P Q R S T U V W X Y Z etc.

DBF
Dateiformat für ↗xBASE-↗kompatible ↗Datenbank-↗Dateien

DBMS
Data Base Management System; ↗Datenbanksystem; ↗Software rund um die Verwaltung einer ↗Datenbank

DC
1. Direct Current; Gleichspannung und -strom; 2. Data ↗Cartridge; Datenband, ↗Streamer Band; am verbreitetsten sind die Normen DC 600 und DC 2000 von 3M

DC1 bis DC4
↗ASCII-Zeichen 11(H) bis 14(H) (17 bis 20): Device Control; gerätespezifische Steuerzeichen

DCA
Document Content Architecture; von ↗IBM standardisiertes Format zur ↗Speicherung von Textdokumenten zwecks ↗Transfer zwischen verschiedenen ↗Applikationen

DCD
Data Carrier Detected; ↗Signalleitung in der ↗seriellen ↗Schnittstelle, mit welcher der ↗Modem dem ↗DTE (z.B. ↗PC) meldet, dass es ein ↗Trägersignal entdeckt, also Verbindung mit einem andern Modem aufgenommen hat

DCE
Data Communication Equipment; in der ↗Datenübermittlung als Endgerät, Empfänger wirkende Geräteeinheit (z.B. ↗Modem, ↗Telefonapparat)

DCOM
Distributed Component Object Model; Entwicklerstandard von ↗Microsoft zum Zusammenfügen von im ↗Netzwerk verteilten ↗Softwarekomponenten, Modulen

DD
↗Double Density

DDE
1. Dynamic Data Exchange; dynamischer ↗Datenaustausch zwischen verschiedenen Standard-↗Applikationen; dynamisch meint, dass Änderungen von Daten in der Sender-Applikation (in ↗Windows ↗Server genannt) automatisch an die Empfänger-Applikation (↗Client) weitergereicht und von letzterer eingebettet werden

DDL
Data Definition Language oder Document Definition Language; Abkürzungen für Standards in der ↗Daten-↗Kommunikation

DDP
Distributed Data Processing; Konzept der dezentralen ↗Datenverarbeitung, der verteilten ↗Intelligenz; DDP dient der ↗Datensicherheit und der Leistungsfähigkeit in der ↗Informatik

DDS
Digital Data Storage; Standard von Hewlett-Packard und Sony für die ↗Datensicherung auf ↗DAT Bänder; Kapazität 1.3 ↗GByte

Debugging
Entwanzung; Suche und Beseitigung von Fehlern in ↗Programmen oder in der ↗Hardware

Decoder
1. Allgemein: Entschlüssler; 2. Sammelbegriff für die ↗Kommunikationsprogramme, welche auf «normalen» ↗Modems eine ↗Datenkommunikation nach ↗V.23 oder leistungsfähigeren ↗Videotex-Standards aufbauen

dediziert
Gewidmet; in ↗Netzwerken ist ein ↗Datei-↗Server dann dediziert, wenn er nicht gleichzeitig auch als ↗Arbeitsstation nutzbar ist, weil er ausschliesslich Netzwerkfunktionen wahrnimmt

Deduktionssystem
Eine Leistung ↗Künstlicher Intelligenz; System zur Beweisführung in der Wissenschaft

DEE
Data End Equipment; besser bekannt als ↗DCE

Default
Ersatz-, Standard- oder Grundwert in der ↗Konfiguration von ↗Hardware oder ↗Software

Defragmentieren
Aufhebung der ↗Fragmentierung von ↗Datenträgern mit einem ↗Dienstprogramm

Degauss, Degaussing
Taste an Qualitäts-↗Bildschirmen zur Auslösung einer Entmagnetisierung der fluoreszierenden Innenschicht der Kathodenstrahlröhre

Deklaration
Vereinbarung; im D.teil eines ↗Programms werden ↗Datentypen geschaffen oder aktiviert, es wird vereinbart, wie ↗Konstanten und ↗Variablen zu reservieren und verwenden sind, welche ↗Prozeduren bzw. ↗Funktionen vorkommen

Dekrement
Wert, um welchen eine ↗Variable in einer ↗Schleife schrittweise verkleinert wird

Del, DEL
Delete; 1. Löschtaste auf der ↗Tastatur; 2. internes ↗Kommando unter ↗MS-DOS; 3. ↗ASCII-Zeichen 7F(H) (127): Delete; löschen oder überschreiben von Zeichen

Delimiter
Begrenzer; 1. Schluss- oder Trennungsmarke zwischen den ↗Feldern der ↗Datensätze in einer ↗Datenbank; 2. Zeichen – meist Strichpunkt, Komma oder Leerschlag – zur links- und rechtsseitigen Begrenzung von ↗Schlüsselwörtern und ↗Bezeichnern

Delphi
Nach dem Orakel in der griechischen Mythologie benannte ↗Software-Entwicklungsumgebung von Borland, welche voll ↗objektorientiert ist und ↗Pascal ablösen soll

Density
Dichte, meist gemeint als Packungsdichte der ↗Daten auf einem ↗Datenträger

Derivat
Abstammendes Produkt; in die komplizierte rechtliche ↗Lizenzstruktur passende Bezeichnung für Varianten eines urheberrechtlich geschützten Produkts

DES
↗Kryptographie-Standard des «National Bureau of Standards Data Encryption Standard», USA

Design
Entwurf; auf die ↗Analyse folgender Entwurf einer ↗Applikation, einer ↗Datenbank, eines ↗Computersystems, einer ↗Architektur usw.; unsere Definition zeigt auf, dass der scheinbar gepflegte Begriff des D. wenig einheitlich definiert ist

Desk Accessory
↗Schreibtischzubehör

Desktop
1. Pultfläche, das Pult als Arbeitsfläche benutzend, am Bürotisch entstehend; 2. Arbeitsoberfläche im ↗Mac OS, ↗Schreibtisch; 3. ↗Datei zur ↗Speicherung des Arbeitszustandes in einer grafischen ↗Benutzeroberfläche (namentlich beim ↗Finder des Mac OS); 4. Bildschirmhintergrund in ↗Windows

Desktop Publishing
Erstellung druckfertiger ↗Dokumente am Arbeitsplatz mittels spezieller ↗Hardware und ↗Software: Satz, Umbruch, Layout, Belichtung

Device
1. Gerät, ↗Peripheriegerät; 2. ↗Kommando in ↗MS-DOS, welches einen ↗Treiber installiert

Dezimaltabulierung
In der ↗Textverarbeitung: Positionierung von Zahlenkolonnen; jede Zahl wird so ausgerichtet, dass ihr Dezimalkomma (-punkt) auf eine vorgegebene Position zu liegen kommt

Dezimalzahl, dezimal
Zahl im Zehner-Zahlensystem

DFN
Deutsches Forschungsnetz; ↗BBS- und ↗Mailboxverbund der öffentlichen und privaten Forschungsinstitutionen in Deutschland

Dfü
Sammelbegriff für die vielen Formen der ↗Datenfernübertragung

Dfü-Netzwerk
Komplett vorbereitete Umgebung zum Anbinden eines ↗Windows 95-Gerätes via ↗Modem an einen ↗Server oder ↗Host

DHCP
Dynamic Host Configuration Protocol; Protokoll zur automatischen und ↗dynamischen Zuweisung – beim Zuschalten eines ↗Clients – bzw. zur Freigabe von ↗IP-Adressen aus einem vorhandenen Adressenpool in einem DHCP-↗Server

Dhrystones
Vergleichsmass und ↗Benchmark-↗Algorithmus (1984) für die Leistung der ↗CPU, ohne ↗Fliesskommaoperationen und ↗Peripherie-↗Zugriffe; Aussagekraft wird durch gute ↗Prozessor-↗Caches eingeschränkt

Dial, Dialing
Wahl, Wahlvorgang im ↗Telefonnetz

A B C D E F G H I J K L M N O P Q R S T U V W X Y Z etc.

Dialekt
Unterversion einer ↗Programmiersprache

Dialog, Dialogcomputer
Direktes, interaktives Arbeiten mit dem ↗Computer; im gegenteiligen, nicht-direkten Verfahren (↗off line) werden hie und da noch ↗Programme erstellt oder grosse ↗Datenmengen zwecks späterer Verarbeitung durch ↗Datatypist/innen eingegeben

Dialogbox
Beim Arbeiten in grafischen ↗Benutzeroberflächen eingeblendetes ↗Pop up-↗Fenster, in welchem eine soeben lancierte Aktivität präzisiert werden muss; Beispiel: nach dem ↗Kommando zum Drucken erscheint eine D., die auffordert, die Anzahl Kopien, den Seitenbereich usw. anzugeben

Dialoggerät
Mit der ↗Zentraleinheit verbundene und ↗bidirektional ↗kommunizierende Geräteeinheit

Dichte
Packungsmenge pro Flächen-, Volumeneinheit; die ↗Datendichte auf ↗Datenträgern ist abhängig von der Beschichtung, meist sind aber auch neue ↗Modulationsverfahren nötig

Dickte
In der Typografie: Raum, welchen ein darstellbares Zeichen samt angrenzenden Zwischenräumen braucht, um identifizierbar zu sein

Didot
Typografisches Mess-System mit ↗Cicero und ↗Punkten

Dienstprogramm
Das ↗Betriebssystem ergänzendes ↗Programm zur Erleichterung des Umgangs mit der ↗Hardware und ↗Software, so z.B. zum Kopieren, zum Sichern, Verschlüsseln usw. von ↗Daten, zur Optimierung des Daten-↗Zugriffs auf ↗Datenträger, zur gleichzeitigen Bearbeitung mehrerer ↗Programme unter ↗MS-DOS usf.; im Unterschied zu den ↗Tools sind viele D. unentbehrlich und nicht bloss hilfreich

DIF
Data Interchange Format; universelles ↗Dateiformat für Texte und Zahlen

digital

Als ↗binäre Signale ↗codierte und dargestellte ↗Information; d. dargestellte und übermittelte Informationen lassen sich mit Automaten besser verarbeiten und reduzieren das Einschleichen von Fehlinformationen, das sog. ↗Rauschen

Digital Video

Allgemein: Verlagerung sämtlicher die Bearbeitung eines Videofilms betreffenden Manipulationen in den ↗Computer; im engeren Sinne: ↗Video Processing

Digital Video Interactive

Komplette ↗PC-interne ↗Hardware-Lösung von ↗Intel, ↗IBM, RCA und General Electric zur ↗Komprimierung, ↗Dekomprimierung und Wiedergabe von bewegten ↗Multimedia-Sequenzen ab ↗CD-ROM: Kompressionsverhältnis bis 160:1; damit sind 70 min Bewegtbilder mit Stereoton möglich; indirekte Konkurrenz zu ↗MPEG

Digitalisierungstablett

Tablett zur Erfassung zwei-↗dimensionaler Koordinaten in ↗digitaler, ↗«computergerechter» Form

Digitizer

↗Digitalisierungstablett oder anderes Gerät zur Erfassung ↗digitalisierter Koordinaten-Angaben

DIL

Dual In-Line (Gehäuse); verbreitetste Gehäuseform von Bausteinen der Mikroelektronik, bei welcher die «Kontaktfüsschen» in einem Reihenabstand von 2.54 mm aus den Gehäuse-Längsseiten herausragen

DIM

Desktop Information System; Begriffsschöpfung von Bill Gates' Truppe aus dem Jahre 1996: Umfassende ↗Softwarelösung zur Verwaltung persönlicher Daten wie Termine, Adressen, Ideen usw.; der Unterschied zum ↗PIM besteht im Einbau von diversen ↗Groupware-Funktionalitäten

Dimension

Ausdehnung(-srichtung); meist im Zusammenhang mit ↗Daten-↗Feldern (↗Arrays) gebraucht: eindimensionale Datenfelder (Werte A1 .. An) heissen ↗Vektoren, zweidimensionale Datenfelder (A1 .. xn) haben die Form von Tabellen und heissen oft auch ↗Matrizen

DIMM
Dual Inline Memory Module; neuste Generation von ↗RAM-Modulen als Ablösung von ↗SIMM; die D. haben zwei Zeilen ↗Pins (präziser: Steckkontakte) und zwar deren 168; damit haben diese Bausteine eine ↗Wortbreite von 64 Bit

Dimmen
Optischer Effekt der abgeschwächten Einfärbung nicht aktivierbarer ↗Menü-↗Optionen, ↗Schaltflächen oder ↗Knöpfe in grafischen ↗Benutzeroberflächen

DIN
Deutsches Institut für Normung e.V.

DIP
1. Dual In-Line Package; Bausteine in der ↗DIL-Bauform mit zwei Reihen «Füsschen»; 2. Dual In-Line Plastic, Hinweis auf das Gehäuse-Material von DIPs

DIP-Schalter
Kleinstschalter zu ↗Konfigurationszwecken, baulich als gesteckter ↗DIP-Baustein mit winzigen Kipp- oder Schiebeschaltern

DIR
↗Directory; ↗Erweiterung von ↗Verzeichnisnamen in ↗MS-DOS; eingedeutscht: ↗KAT

Directory
Inhaltsverzeichnis auf einem ↗Datenträger oder bei einem ↗Server

Disassembler
↗Programm zur Übersetzung von der ↗Maschinensprache in die ↗Assemblersprache

Disc
Schreibweise für optische ↗Speicher-↗Platte

Disk
Schreibweise für magnetische ↗Speicher-↗Platte

Disk Duplexing
Platten-↗Spiegelung

Disk Mirroring
Platten-↗Spiegelung

Diskette
Weiche Magnetplatte als ↗Datenträger; drei Standardformate: 8 ↗Zoll, 5.25 Zoll und 3.5 Zoll; ursprüngliches Format waren 8 Zoll Durchmesser; die vertraute D. mit 5.25 Zoll wird deshalb noch hie und da als Mini-D. oder Mini-Floppy bezeichnet; der heutige Datenträger mit einem Durchmesser von 3.5 Zoll wurde von Sony entwickelt und von Hewlett-Packard 1983 erstmals in ein Seriengerät eingebaut; das physikalische ↗Format hat mit dem logischen nichts zu tun, sagt also nichts aus über die Kapazität einer D.

diskless
Ohne ↗Plattenspeicher; eine «Diskless ↗Workstation» ist ein ↗Computer, der als ↗intelligentes ↗Terminal eingesetzt wird, aber wegen seiner Verknüpfung im ↗Netzwerk keine Plattenspeicher braucht

disklos
↗diskless

DISOSS
Distributed Office Support System; Paket von ↗Applikationen für die integrierte ↗Bürokommunikation auf ↗Mainframes von ↗IBM

Display
Anzeigefläche, ↗Bildschirm; Ausgabegerät

Dithering
Umsetzung von farblichen Halbtönen oder ↗Graustufen in einen Raster beim ↗Scannen; der Raster besteht jedoch nicht aus grösseren und kleineren Punkten, wie wir sie aus dem Buchdruck kennen, sondern aus einer nxn-Matrix von Punkten, die unterschiedlich stark eingefärbt werden; D. erschwert die nachträgliche Bearbeitungsmöglichkeit; geeigneter ist deshalb die Umsetzung unmittelbar vor dem Drucken

DIV
Funktion in der ↗Programmierung; ermittelt den ganzzahligen Quotienten bei der Division zweier Ganzzahlen, ↗Integers; gleichbedeutend mit GANZZAHL(a/b)

DLE
↗ASCII-Zeichen 10(H) (16): Data Link Escape; leitet gerätespezifische Befehlssequenz ein

DLL
Dynamic Link Library; dynamische Laufzeitbibliothek; bei Bedarf durch eine ↗Windows ↗Anwendung aufgerufene externe ↗Prozedur oder sonstige ↗Ressource; eine DLL kann auch von mehreren Komponenten gleichzeitig beansprucht werden

DLT

Digital Linear Tape; von DEC entwickelter Aufzeichnungsstandard für Datenbänder mit bis 400 MByte ↗komprimierter Daten; weit zuverlässiger, dichter und günstiger als ↗DAT oder andere Verfahren und dennoch recht unbekannt

DMA

Direct Memory Access; direkter ↗Speicher-↗Zugriff; nicht über die ↗CPU sondern direkt zwischen ↗Peripherie und ↗Arbeitsspeicher verlaufender ↗Datenpfad; ↗Adressierung und Überwachung durch einen DMA-↗Controller; der ↗AT-↗Bus hat vier DMA-↗Kanäle, der ↗Mikrokanal deren 15

DNS

↗Domain Name System

DO... UNTIL

In vielen Sprachen der ↗Strukturierten Programmierung realisierte «Nicht abweisende ↗Schleife» (Schleife, die mindestens einmal durchlaufen wird)

DO WHILE...

In vielen Sprachen der ↗Strukturierten Programmierung realisierte «Abweisende ↗Schleife» (Schleife, die umgangen werden kann, sofern die formulierte Bedingung schon beim Eintritt nicht zutrifft)

Docking

Ankoppeln von Geräteeinheiten ohne zwischenliegendes Kabel; aktuell beim Zusammenschluss von ↗Notebook-↗Computern mit Erweiterungseinheiten usw.

Dokument

Ergebnis der anwenderseitigen Arbeit mit einer ↗Applikation, ↗Datei mit den gewünschten Ergebnissen: Schriftstück, Tabelle, ↗Datenbank, ↗Quellenprogramm, ↗Objektprogramm,...

Domain Name System

Konvention zur Vergabe von ↗Domänen-Adressen, welche die ↗IP-Adressen im ↗Internet durch einprägsamere Buchstaben-/Zahlenkombinationen ↗maskiert

Domain, Domäne

1. Eine konzeptionell als Verwaltungseinheit zusammengefasste Gruppe von ↗Dateiservern im ↗Netzwerk; 2. im ↗Internet die als alphanumerischer Name aufrufbare Einheit von ↗IP-Adressen mit allen ↗Servern, welche organisatorisch oder inhaltlich zu dieser Einheit gehören; z.B. eine Regierung, eine Militärverwaltung usw.

Dongle
Spezieller Stecker für den PC, der mit einer ↗Applikation geliefert wird und diese erst lauffähig macht; damit sind Raubkopien auf Zweitcomputern nicht lauffähig

Doorway Modus
Betriebsmodus von ↗Terminalprogrammen, in welchem auch sämtliche, durch eine Tastenkombination bewirkten ↗Kommandos dem ↗Host übermittelt werden; dieser Modus muss u.U. aktiv sein, wenn ein ↗Frontdoor- oder ↗Watchdog-↗Programm einen Anruf entgegennimmt; der Host reagiert nun auf alles, was mit der Tastatur passiert: viel Glück beim Verlassen dieses Modus!

doppelklicken
Grundoperation mit der ↗Maus: zweimaliger Druck auf die Maustaste; öffnet oder lädt meist ein Objekt; diese Operation wird unter ↗Windows 95 aufgehoben

DOS
Disk Operating System; in der ursprünglichen Bezeichnung (↗Mainframes) ein ↗Betriebssystem für ↗Computer mit Direkt-↗Zugriff-↗Speicher (↗Platten); heute oft Synonym für ↗PC-DOS / ↗MS-DOS

Dot
↗Punkt

Double Density
Im Gegensatz zu einem ursprünglichen Format verdoppelte Schreib-↗Dichte bei ↗Disketten: 360 ↗KByte ↗formatiert bei 5.25 ↗Zoll Durchmesser, 720 KByte bei 3.5 Zoll

Double Sided
Doppelseitige Beschreibbarkeit von ↗Platten (↗Disketten, ↗Festplatten)

Download
↗Herunterladen

Downsizing
Redimensionierung der betrieblichen ↗Datenverarbeitung auf kleinere organisatorische Einheiten sowie kleinere Computersysteme

Doze Mode
↗Power-Management

dpi
Dots Per Inch; Mass für die Dichte der Punkte in einem ↗Bitmap-Dokument oder bei Geräten mit einer punktorientierten Wiedergabe in Punkten pro ↗Zoll

DPMI
DOS Protected Mode Interface; Standard eines Konsortiums von ↗Software-Firmen zum Gebrauch des ↗Protected Mode unter ↗MS-DOS; damit öffnet sich der Weg zu ↗Multitasking unter MS-DOS

DQDB
Dual Queue Dual Bus; Technologie zur ↗breitbandigen Vernetzung von ↗MANs bis 70 km Durchmesser; zwei gegenläufige ↗Bussysteme auf ↗Glasfaserbasis; Datentransport in Zellen zu 53 ↗Bytes; Übertragungsgeschwindigkeit 140 ↗mbps; DQDB ist quasi die kommunikative Einstiegsdroge in ↗ATM und damit ins ↗breitbandige ↗ISDN

DR-DOS
↗MS-DOS-↗kompatibles ↗Betriebssystem, ursprünglich der Firma Digital Research (DR), später: ↗Novell DOS; 1994 wurde die Weiterentwicklung eingestellt

Draft
Entwurf; Rohfassung

Drag and Drop
Ziehen und Fallenlassen; ein weiterer Schritt zum bildhaft Konkreten in grafischen ↗Benutzeroberflächen: das Bewegen eines Objektes zum Abbild des Druckers löst einen Druckvorgang aus…

Drag, dragging
Operation mit der ↗Maus: Bewegen eines Objektes oder des «Gummizugs» mit gedrückter Maustaste

DRAM
Dynamic Random Access Memory; ↗flüchtiger, und deshalb auf periodische Erneuerung (↗Refresh) angewiesener ↗Arbeitsspeicher

Drive
↗Laufwerk

Driver
↗Treiber

DriveSpace
Standard-↗Programm in ↗Windows 95 zur ↗Komprimierung von ↗Dateien

Drop down-Listenfeld
Kleines ↗Rolladenmenü mit einzeiligen Optionen, unter welchen eine zwingend angewählt werden muss; das D. klappt durch Klick auf einen Pfeil nach unten

Drop down-Menü
↗Menü-↗Fensterchen, das bei entsprechender Positionierung des ↗Mauszeigers automatisch nach unten geklappt wird (Rolladenmenü ohne Drücken der Maustaste)

Drucker
Ausgabegerät; Impact-D. sind solche mit mechanischer Bearbeitung des Papiers (Kettend., ↗Nadeld., ↗Typenradd. usw.); Nonimpact-D. arbeiten auf ↗thermo- oder fotochemischer Basis bzw. mit der ↗Laser- oder ↗LED-Technologie

DRV
↗Dateinamens-↗Erweiterung in ↗DOS und ↗Windows für Geräte-↗Treiber (Driver)

DRW
↗Dateiformat für ↗Vektorgrafiken von Micrografx, 16 Mio Farben

DS
1. ↗Double Sided; 2. Drive Select, ↗Laufwerks-↗Adresse

DSP
Digital Signal Processing; Technologie zur Verarbeitung analoger Signale (Ton, Sprache) durch das ↗Betriebssystem

DSR
Data Set Ready; heute besser ↗RFS: Ready For Sending: Signal des ↗DCE (↗Modem) an das ↗DTE (↗Computer), dass es bereit ist (eingeschaltet und initialisiert) und u.U. auf ein ↗RTS wartet oder seinerseits ein ↗CTS senden wird, um eine ↗Datenübertragung einzuleiten

DSVD
Digital Simultaneous Voice and Data; noch nicht standardisierte Spezifikation zur simultanen Übermittlung von Sprache und ↗Daten über ↗Modems; simultan meint die Übermittlung bei einer aufgebauten Sitzung, jedoch nicht Sprache und Daten gleichzeitig

DTA
↗Datenträger Austausch, Dienstleistung der Banken

DTE
Data Terminal Equipment, Daten Terminal Einrichtung; in der ↗Datenübermittlung als Sender wirkende Geräteeinheit (↗Terminal oder ↗CPU)

DTMF

Dial Tone Multi Frequency; Tonfrequenz-Wahlverfahren in der Telefonie; die ↗Telefonleitung wird durch speziell modulierte Tonsignale aufgebaut; eine so angewählte Telefonzentrale muss dieses Wahlverfahren unterstützen, dies wird durch alle ↗digitalen Zentralen erfüllt; der bei ↗Modems entsprechend einzustellende ↗Parameter ist meist «Ton», im Gegensatz zu «Puls»; DTMFs werden auch für die Durchgabe von Zahlencodes (z.B. beim ↗Phonebanking) verwendet

DTP

↗Desktop Publishing

DTR

1. Data Terminal Ready; Signal der ↗seriellen ↗Schnittstelle, damit signalisiert das ↗DTE (z.B. der ↗PC) dem ↗DCE (z.B. dem ↗Modem), dass es empfangsbereit ist und auf ein ↗CTS wartet; 2. Desktop Reproduction; Erweiterung des ↗Desktop Publishing, bei welchem auch Klänge und ↗Movies mit einbezogen sind und das erweiterte Möglichkeiten zur Bildbearbeitung bietet

Dual (Floppy)

Hinweis auf Produktepackungen; Verfügbarkeit eines ↗Softwarepaketes in zwei ↗physischen ↗Diskettenformaten

Dualzahl, dual

Zahl im zweiwertigen Zahlensystem

DÜE

Daten Übertragungseinrichtung; unüblich für ↗DCE

Duktus

In der Typografie: Art von Auf- und Ab-Linien bei Buchstaben

Dummy

Attrappe; ↗Parameter, ↗Attribut, ↗Funktion, ↗Anweisung usw. mit reiner Attrappenfunktion z.B. zu Testzwecken

Dump

Ausdruck des ↗Speicherinhalts in ↗hexadezimaler Form

Duplex

↗Datenübertragung in beide Richtungen

Duplex, halb/voll, half/full

↗Datenübertragung in beide Richtungen, nicht gleichzeitig bzw. gleichzeitig

A B C D E F G H I J K L M N O P Q R S T U V W X Y Z etc.

Duplizierung
Festplatten-↗Spiegelung

Durchsatz
↗Datendurchsatz

Durchschuss
In der Typografie: Raum zwischen zwei Druckzeilen

DVD
Digital Video Disc; ↗CD-ROM mit der Kapazität eines ganzen Spielfilms, entsprechender ↗Kompressionstechnik und zugehörigem ↗Laufwerk; breite Markteinführung Frühjahr 1997; die Beschreibbarkeit dieser ↗Platten wird vermutlich nicht lange auf sich warten lassen

DVI
↗Digital Video Interactive

DX
Typ der ↗Intel-↗Mikroprozessoren ↗80386 und 80486 mit internem und externem 32 ↗Bit breitem Datenbus; der Typ 80486DX2 arbeitet mit doppeltem internem ↗Takt; der 80486DX4 mit vierfachem internem Takt

DXF
Data Exchange Format; ↗Dateiformat für ↗Vektorgrafiken von AutoCAD; wird heute auch als quasi-normierte Datenschnittstelle anerkannt

Dynamic Execution
Markenzeichen von ↗Intel für eine Technologie ab ↗Pentium Pro: vermutete Vorwegnahme und Bereitstellung von bis zu 30 ↗Instruktionen

dynamisch
Im Zusammenhang der ↗Informatik: der Aktualität, den aktuellen Bedürfnissen / Gegebenheiten angepasst; das Gegenteil wäre: statisch, fix vorgegeben, determiniert; Beispiele: d. ↗Variablen in einer ↗Programmiersprache sind solche, die in der Laufzeit des ↗Programms entstehen können; d. ↗Datenaustausch meint die Weitergabe von stets aktualisierten ↗Daten

Dynamischer Speicher, DRAM
↗Speichertechnologie, in welcher die ↗Chips fortwährend einer Auffrischung ihres Status durch die Elektronik bedürfen; der «Normalfall» elektronischer Speicher-Chips in der ↗Informatik

Dynaset

Ergebnis einer ↗Datenbankabfrage; der D. erlaubt die Mutation der Bezugsdaten aus diesem Ergebnis heraus

E-Mail, Electronic Mail

Meldungs- und Korrespondenz-Vermittlung auf dem ↗Datenweg; der Absender kann dem Empfänger Meldungen in einen persönlichen Briefkasten (↗Mailbox) ablegen, wo sie gelesen, beantwortet, weitergeleitet oder gelöscht werden können

EAN

Europäische Artikel Numerierung; Strich- und Zahlencode auf Konsumgütern

EAROM

Electrically Alterable Read Only Memory; durch elektrische Impulse änderbares ↗ROM; funktional wie ↗EEPROM

EBCDIC

Extended Binary Coded Decimal Interchange Code; 8-↗Bit-↗Code in der Welt der ↗IBM ↗Mainframes

EBV

Elektronische Bildverarbeitung

ECC

Error Correction Code; ↗Algorithmus zur Fehler-Korrektur auf der Ebene eines ↗Daten-↗Blocks von 2048 ↗Bytes; der ECC wird zum Beispiel beim Lesen von ↗CD-ROM-↗Daten zwischengeschaltet; die Erkennung erfolgt mit ↗EDC

Echo

1. Störsignal in der ↗Dfü; 2. Anzeige der Meldungen des ↗Host auf dem ↗Terminal; 3. Bestätigende Anzeige der ↗MS-DOS-↗Kommandos bei der Abarbeitung eines ↗Batchprogramms

Echoplex

Synonym für ↗Duplex

Echtzeit

Jederzeitiger direkter ↗Zugriff des ↗Computers zu seinen Resultaten oder zu Änderungen bei Eingabe-↗Parametern usw.; wichtig in der Mess- und Steuertechnik

ECMA

European Computer Manufacturers Association; Vereinigung Europäischer ↗Computerhersteller zwecks Normengebung

ECS

European Communication Satellite; Europäisches Satellitennetz zur ↗Daten- und ↗Telekommunikation

A B C D E F G H I J K L M N O P Q R S T U V W X Y Z etc.

ED
Extra ↗High Density

EDC
Error Detection Code; ↗Algorithmus zur Fehler-Erkennung auf der Ebene eines ↗Daten-↗Blocks von 2048 ↗Bytes; der EDC wird zum Beispiel beim Lesen von ↗CD-ROM-↗Daten zwischengeschaltet, die Korrektur erfolgt mit ↗ECC

EDI
Electronic Data Interchange; Elektronischer ↗Datenaustausch; Oberbegriff für Normen und Einrichtungen rund um den Verkehr mit elektronischen ↗Dokumenten über ↗Systemgrenzen hinweg; im Unterschied zu ↗E-Mail werden EDI-Daten am Zielort weiterverarbeitet, z.B. in der betrieblichen Logistik

EDIFACT
Electronic Document Interchange for Administration, Commerce & Transport; wichtigste ↗EDI-↗Implementation auf der Basis von ↗X.400

editieren
Neudeutsches Wort für das Erfassen bzw. Überarbeiten eines Textes oder ↗Quellenprogramms mit der ↗Tastatur

Editor
Eingabe-Teil eines ↗Programms oder einer ↗Programmiersprache bzw. elementare Texteingabe-↗Software; Beispiel: ↗EDLIN oder EDIT in ↗MS-DOS oder ↗TeachText im ↗Macintosh

EDLIN
↗ASCII-Text-Editor als Standard-↗Dienstprogramm unter ↗MS-DOS; humoristisch auch gelegentlich als «Software des Jahrhunderts» gehandelt

EDO-RAM
Extended Data Output; neuere Technologie zur Herstellung von ↗DRAM-Bausteinen, welche auf die Auffrischungszyklen (↗refresh cycle) normaler DRAMs verzichtet und deshalb schneller sowie energiesparender ist; ↗Lese- und ↗Schreibvorgänge finden gleichzeitig statt; der Geschwindigkeitsgewinn beläuft sich auf rund 20 %

EDP
Electronic Data Processing; elektronische ↗Datenverarbeitung

EDU
Education; Identifikation von Bildungsinstituten im ↗Internet

Edutainment
Educating Entertainment; unterhaltsames Lernen, wie es der ↗Computer (ab und zu) bietet

EDV
Elektronische ↗Datenverarbeitung

EDV-Analytiker, eidg. dipl.
↗Informatik-Beruf mit eidgenössischem Diplom; neu: dipl. Wirtschaftsinformatiker

EEPROM
Electrically Erasable Programmable Read Only Memory; durch elektrische Impulse löschbares ↗EPROM

EFTS
Electronic Funds Transfer System; Spezifikationen sowie ↗Hardware- und ↗Software-Lösungen rund um das elektronische Abwickeln des Geldverkehrs

EGA
Enhanced Graphics ↗Adapter; multifunktionaler Grafikmodus für ↗PC-↗Bildschirme; typischerweise 640x350 ↗Punkte und 16 Farben aus einer Palette von 64; ↗digitale ↗TTL- oder ↗analoge ↗RGB-↗Monitore; EGA plus mit höherer ↗Zeilenfrequenz und 640x480 Punkten; 9poliger TTL-Stecker

EGA plus
Grafikmodus für 640x480 ↗Punkte

EIA
Electronics Industries Association; unter anderem Normengeber, vergleichbar ↗DIN; vergleiche ↗TIA

EIDE, E-IDE
Enhanced ↗IDE; ↗Festplatten-↗Controller mit schnellerem ↗Daten-↗Transfer (um 11 bis 20 ↗MByte/s) und grösserer Kapazität (über acht GByte pro Laufwerk) als ↗IDE; erlaubt den Anschluss von vier Geräteeinheiten; ↗PnP-fähig

Eigenschaften
Name für eine mit der rechten ↗Maustaste unter ↗Windows 95 fast für jedes ↗Objekt aktivierbare ↗Dialogbox zum ↗Konfigurieren dieses Objekts

A B C D E F G H I J K L M N O P Q R S T U V W X Y Z etc.

Eigentümer/in

In einigen ↗Netzwerk-↗Betriebssystemen übliche Bezeichnung für die hauptsächliche Bedienungskraft / Administrator/in eines ↗Servers oder eines ↗Client; diese Person hat demzufolge die weitesten Benutzungsrechte

Eingabeaufforderung

Wunderbare Bezeichnung für das Bereitschaftszeichen (↗Prompt) auf dem ↗Bildschirm

Einloggen

↗Log in

Einzug

In der Typografie: abweichende Positionierung des Textes in einem Absatz bezogen auf den üblichen Textrand

Einzug, hängender

In der Typografie: ↗Einzug der ersten Zeile weiter links als der Rest des Absatzes; wird oft gebraucht bei Aufzählungen mit Strichlein, indem die Aufzählungsstrichlein beim hängenden Einzug anschlagen und der zugehörige Text weiter rechts eingezogen ist

EIS

Executive Information System; siehe ↗Management Information System

EISA

Extended Industry Standard Architecture (↗ISA); erweiterte, Industrie-↗kompatible (↗Bus-) ↗Architektur; Konsortium von Herstellern zur Erweiterung der bestehenden Bus-Architektur und als direkter Gegenpol zum ↗Mikrokanal von ↗IBM; Busbreiten 32 Bit; Bustakt 8.33 MHz, Transfer bis 33 MB/s

Electronic Publishing

Oberbegriff für alle Arten des Erstellens von ↗Dokumenten am Arbeitsplatz wie ↗Desktop Publishing, ↗Host Based Publishing usw.

Elite

↗Zeichensatz mit 12 ↗cpi

EM

↗ASCII-Zeichen 19(H) (25): End of Medium; Ende eines ↗Datenträgers

EMM

↗Expanded Memory Manager, die eigentliche ↗Hardware / ↗Software-Lösung zur ↗Speichererweiterung gemäss ↗EMS

EMMA
↗Akronym als Zeuge gelegentlicher Anflüge von Humor in der Informatik: European Multimedia Award…

Emoticon
Spezielle Zeichenfolge in der textbasierten ↗Kommunikation (↗«Chatten», ↗E-Mailing), welche den Text mit einem Gefühlsausdruck begleiten soll; die Zeichenfolge liest sich aus einem bestimmten Betrachtungswinkel als Figürchen; Beispiel der ↗Smiley :-) oder der traurige :-(

EMS
Expanded Memory Specification; Quasi-Standard zur Überwindung der 640 ↗KByte-Grenze für den ↗Arbeitsspeicher in ↗MS-DOS durch die Firmen ↗Intel, Lotus und ↗Microsoft; EMS ist nur eine Spezifikation, die Lösung besteht aus ↗Hardware (↗RAM) und einem ↗Treiber, dem Expanded Memory Manager, ↗EMM

Emulation
Simulation der Verfahren, ↗Parameter oder ↗Konfigurationen anderer Eingabe-, Verarbeitungs- oder Ausgabesysteme; «Computer AB kann Terminal XY emulieren»

Encoder
Allgemein: Verschlüssler

End
1. Anweisung und Markierung des ↗Programmendes in höheren ↗Programmiersprachen; 2. Taste auf der Standard ↗PC-↗Tastatur zur Positionierung des ↗Cursors / ↗Zeigers in die untere Ecke des ↗Bildschirms bzw. an das Ende eines ↗Dokuments

Endec
Encoder / Decoder; Einheit im ↗Festplatten-↗Laufwerk zur ↗Codierung und Decodierung der ↗Daten

Endlosschleife
↗Schleife mit fehlender oder unrealistischer ↗Abbruchbedingung, die folglich ein nicht abbrechendes ↗Programm bewirkt; Kündigungsgrund

Engine
↗Maschine

Enhanced Memory
↗Speichererweiterung über 640 ↗KByte ↗RAM; im Gegensatz zu ↗Expanded oder ↗Extended kein Standard-Begriff

A B C D E F G H I J K L M N O P Q R S T U V W X Y Z etc.

ENIAC
Electronic Numerical Integrator and Computor; erste elektronische Rechenmaschine der Welt, 1946 in Philadelphia in Betrieb genommen

ENQ
↗ASCII-Zeichen 05(H) (5): Enquiry; Aufforderung an ein ↗Peripheriegerät, zu antworten

Enter
Eingabe; Taste oder ↗Kommando zur Eingabe in die Verarbeitung

Entität
Erst aus dem Zusammenhang erkennbares, reales Subjekt einer Information, welche für die automatisierte Verarbeitung erfasst und aufbereitet wird: eine Person, ein Kontostand, ein Anlass usw.

Entscheidung
Auf die Verifikation einer ↗Bedingung folgende Antwort mit in der Regel anschliessender ↗Verzweigung in einem ↗Programm

Entscheidungstabelle
Methode in der ↗Software-Entwicklung, die einen lückenlosen Überblick aller Eingabe- und Ausgabe-↗Parameter in ihrer Abhängigkeit tabellarisch darstellt

EOD
Erasable Optical Disc; neu ↗ROD

EOF
End Of File; ↗Dateiende; beim ↗Programmieren im Sinne einer Abfragefunktion

EOT
↗ASCII-Zeichen 04(H) (4): End Of Transmission; Ende der Übertragung einer ↗Zeichenfolge

EPA
Standard und Logo für Energiesparfunktionen sowie die Verwendung rezyklierbarer bzw. leicht abbaubarer Werkstoffe

EPROM
Erasable Programmable Read Only Memory, ↗ROM mit der Möglichkeit zum Löschen durch UV-Bestrahlung und Neu-↗Programmieren

EPS
↗Dateiformat für Grafiken (Encapsulated ↗PostScript); die sehr speicherintensiven EPS-Dateien enthalten die vollständige PostScript-Beschreibung des Bildes und lassen sich deshalb mühelos ↗skalieren, jedoch kaum mehr ↗editieren; EPS-Dateien enthalten ferner einen Vorspann mit Farb- und ↗Bitmap-Informationen für die Wiedergabe auf dem ↗Bildschirm im Format ↗PICT beim ↗Macintosh, ↗Windows ↗Metafile oder ↗TIFF beim ↗PC

Equipment
Ausrüstung

Ergonomie
Wissenschaft rund um das Arbeiten, die Gestaltung der Arbeitsplätze, der Arbeitsmittel und ihre Auswirkungen auf das Wohlbefinden sowie die Gesundheit des Menschen

ERMES
European Message System; Internationales Meldungsvermittlungssystem für ↗Pager und die ↗digitale Mobiltelefonie; siehe auch ↗SMS

erneuerbar
Bezeichnung für löschbare und wieder neu beschreibbare ↗Datenträger; nicht erneuerbar sind z.B. die ↗Lochkarten, erst seit kurzem erneuerbar sind die optischen ↗Platten

Erweiterter Modus
Betriebsmodus von ↗Windows 3.x ab ↗Intel ↗80386, mittels dessen der ↗Speicherraum über 1 ↗MByte ↗adressiert werden kann und der das ↗Multitasking sowie die ↗virtuelle Speicheradressierung ermöglicht

Erweiterung
1. Besser: ↗Dateinamens-E.: Möglichkeit zur Spezifizierung eines ↗Dateinamens; in ↗MS-DOS mittels maximal drei ↗Zeichen nach einem Punkt; Beispiel: BRIEF.DOC (die Erweiterung ist hier: DOC); 2. verwendet im Zusammenhang mit ↗Hard- oder ↗Software-Ausbauten aller Art, so z.B. in ↗Speicher-E. usw.

Erweiterung, reservierte
↗Erweiterungen in ↗MS-DOS, welche durch das ↗Betriebssystem, die ↗Programmiersprachen oder ↗Applikationen zugeteilt werden und deshalb nicht frei verwendbar sind, z.B.: SYS, COM, EXE, BAT, BAS, PAS, DOC, XLS,...

Esc, ESC
1. Taste auf der Standard-↗Tastatur; 2. ↗ASCII-Zeichen 1B(H) (27): Escape; Signal zur Initialisierung einer ↗Escape-Sequenz

ESC/P

EPSON Standard Code for Printers; Satz von ↗Kommandos in Form von ↗Steuerzeichen an den ↗Drucker; gilt für alle EPSON-Drucker und wird heute als Quasi-Standard akzeptiert

Escape

Flucht, Rettung; 1. Taste auf der Standard-↗Tastatur: «rettet» den Anwender oft vor seinen eigenen Fehleingaben oder bricht ↗Routinen ab bzw. schliesst ↗Dialogboxen usw.; 2. Folge von ↗Parametern zur direkten Steuerung von ↗Peripheriegeräten: mit ↗ASCII-Zeichen 27(10) eingeleitete sog. Escape-Sequenz

ESDI

Enhanced Small Device Interface; 2. ↗Generation von ↗Festplatten-↗Controllern der Firma Maxtor; Verwendung ab ↗80286er ↗PCs; die Verlagerung der Steuerungselektronik in die Festplattengehäuse reduzierte die Störungsanfälligkeit und erhöhte den Datentransfer (es werden nur noch Nutzdaten übermittelt) auf 10 bis 15 ↗mbps

ETB

↗ASCII-Zeichen 17(H) (23): End Of Transmission Block; Ende eines ↗Daten-↗Blocks

ETC

Ethernet Transceiver Cable; Kabelstück zwischen dem ↗Ethernet-↗Adapter im ↗Computer und dem Netzanschluss-↗Transceiver

Ethernet

↗LAN-Konzept und ↗Netzwerk-↗Protokoll aus dem Jahre 1976 von DEC, ↗Intel, Xerox (DIX); E. wird oft ↗koaxial (Thick E. bis 500 m, Thin E. bis 185 m), zunehmend aber auch mit ↗verdrillten Leitungen verkabelt und verbindet bis zu 1024 Arbeitsstationen bei vorhandenen Verstärkergeräten (↗Repeater); die Übermittlungszeit und die Paketlängen sind unbestimmt, letztere jedoch höchstens 1500 ↗Bytes lang; ein sofortiger ↗Zugriff über das ↗Protokoll ↗CSMA/CD ist möglich; die ↗Datendurchsatzrate liegt typischerweise bei 10 ↗mps

Ethernet, Gigabit-

Trotz Namen mit Ethernet nur wenig verwandte Technologie für Hochgeschwindigkeits-↗Backbone-↗Netzwerke und als Alternative zu ↗ATM; erste Standards seit 1996

ETV, ETB

Elektronisches Teilnehmerverzeichnis (Telecom PTT, Schweiz), Elektronisches Telefonbuch (Deutsche Telekom AG): ↗Container in ↗Vtx / ↗Btx zur Recherche nach Telekommunikations-Anschlüssen

ETX
↗ASCII-Zeichen 03(H) (3): End Of Text; Ende der mit ↗STX eingeleiteten Zeichenfolge mit Nutz-↗Daten

Euroruf
Dienstleistung der Telecom PTT: Übermittlung eines Meldecodes per ↗Telefonanruf europaweit, Euro-Name: Eurosignal

Eurosignal
Internationaler Funkrufdienst: Übermittlung eines Tonsignals an mobile Teilnehmer/innen, welchen vier Kanäle und damit vier benutzerspezifische Meldungstypen zur Verfügung stehen

EVA
Eingabe – Verarbeitung – Ausgabe; ein Grundprinzip der ↗Datenverarbeitung

even
Gerade, durch zwei teilbar

Event, Apple Events
1. Ein Event ist allgemein ein Ereignis, das im ↗System eine Aktivität auslöst; 2. Technologie, welche es den ↗Applikationen im ↗Mac OS ab ↗System 7 erlaubt, direkt in andere Applikationen einzugreifen und deren Verhalten zu beeinflussen

EVGA
Enhanced ↗VGA; Grafikmodus für PC-Bildschirme; typischerweise 640x480 ↗Punkte und 256 aus 262'144 Farben

eWorld
Weltweiter ↗Online-Dienst von ↗Apple im Jahre 1995 für die ↗Mac- und ↗Windows-Welt; eWorld war sehr benutzungsfreundlich und vollständig grafisch; schon anfangs 1996 fiel eWorld der Apple internen Krise zum Opfer und wurde in der Folge lediglich noch einige Wochen als ↗Mail-↗Server betrieben

EXE
↗Dateinamens-↗Erweiterung für ausführbare ↗Programme in ↗MS-DOS; EXE-Programme sind umfangreicher als ↗COM-Programme, sie adressieren den ↗Speicherraum absolut und können demzufolge mit anderen Programmen kollidieren

A B C D E F G H I J K L M N O P Q R S T U V W X Y Z etc.

Executive
Gesamtheit der Basisfunktionen des ↗Betriebssystems ↗Windows NT

Exit
1. ↗Kommando von ↗MS-DOS, die DOS-Oberfläche zu verlassen und zur sie aufrufenden ↗Applikation zurückzukehren; 2. Tastaturbefehl oder ↗Schaltfläche in ↗Dialogboxen zur Beendigung eines Teil- oder des Gesamt-↗Programms

Expanded Memory
↗Speichererweiterung über 640 ↗KByte ↗RAM; wird von ↗MS-DOS-↗Applikationen unterstützt, sofern sie einen ↗Treiber gemäss den ↗EMS-Spezifikationen von Lotus / ↗Intel / ↗Microsoft (LIM) haben

Expansion
1. ↗Erweiterung; 2. E. ↗Slots

Expertensystem
Eine Leistung ↗Künstlicher Intelligenz; Expertensysteme sind Prognose- oder Diagnose-↗Systeme mit dem Fachwissen menschlicher Spitzenfachleute; Beispiele in Medizin zur Diagnose oder in der Petrochemie zur Lokalisierung von Erdölvorkommen

Explorer
1. Kundschafter; Fenster eines ↗Datenträger- oder ↗Ordnerinhalts unter ↗Windows 95, vergleichbar dem ↗Datei-Manager unter ↗Windows 3.x: linke Fensterhälfte mit Ordnerhierarchie, rechte mit Inhalt; 2. als Internet Explorer die Produktebezeichnung für den ↗Internet -↗Browser von ↗Microsoft

Export
Übergabe von ↗Daten an eine andere ↗Systemumgebung; Details unter ↗Import

Extended Memory
↗Speichererweiterung über 1024 ↗KByte; kann von ↗MS-DOS als ↗Arbeitsspeicher nicht ↗adressiert werden aber für Sonderzwecke durch gewisse ↗Applikationen im ↗Protected Mode von ↗80x86; klassische Verwendungen sind: ↗Drucker-↗Spooler, ↗RAM-Disk, ↗Festplatten-↗Cache und die Auslagerung von MS-DOS zugunsten einer alternativen Systemumgebung; siehe dazu ↗XMS

Extension
↗Erweiterung

Facility
Dienstleistung des ↗Betriebssystems oder ↗Dienstprogramm zur Erleichterung gewisser Arbeiten

Fairness
1. Gelegentlich angezeigte Toleranz des Bedieners gegenüber Mängeln von ↗Hardware oder Software; 2. ↗programmierbarer, freiwilliger Verzicht eines prioritär konfigurierten ↗Adapters auf ↗Buszeit im ↗Mikrokanal, dadurch Verhinderung von Blockaden; Teil der Benutzer-↗Konfiguration

Fallback
Automatische Reduktion der Übertragungsrate eines ↗Modems bei schlechter ↗Kommunikationsleitung

Fallunterscheidung
In einen kompakten Kommandoverbund eingearbeitete Kaskade, die gleich mehrere ↗Bedingungen abfragt und Entscheidungen vornimmt: CASE ampel OF rot: stop; gelb: anhalten; grün: fahren; rot_gelb: fahrbereit; OTHERWISE vorsicht; ENDCASE

FAQ
Frequently Asked Questions; die wohl wegen ihres phonetischen Klangs immer wieder gerne gebrauchte Abkürzung für eine Liste häufiger Fragen und Anworten in ↗BBS, in ↗Online-Diensten und in ↗Internet ↗Usenet; bei den ↗Newsgroups gehört es zum guten Ton, dass die FAQ-↗Datei heruntergeladen und zuerst gelesen wird, bevor man sich an der Gruppenaktivität beteiligt

Farbseparation
Zerlegung von ↗RGB-Farben auf dem ↗Bildschirm in ihre Komponenten mit anschliessender Umwandlung in ↗CMYK-Farben zum Drucken

Farbtiefe
Durch die ↗Hardware und ↗Software bestimmte Vielfalt der Farbpalette sowie Zahl der gleichzeitig darstellbaren Farben; je mehr ↗Bits in die ↗Codierung eines Farbtons einbezogen werden, desto grösser ist die F.; eine 24-Bit ↗Grafikkarte kann beispielsweise (Unterstüzung durch die Software vorausgesetzt) 2^24 = 16.8 Mio Farben darstellen

FAT
File Allocation Table; auf dem ↗Datenträger in der äussersten Spur, in Spur 0 angebrachte Tabelle für die ↗Dateieinträge in ↗MS-DOS, ↗Windows und ↗Windows 95 (hier erweitert für ↗lange Dateinamen); FAT wurde durch das ↗FORMAT-↗Kommando auf dem ↗Datenträger initialisiert und wird ausschliesslich hier verwaltet; die Informationen der FAT umfassen Angaben zu den Dateinamen sowie zur physischen Belegung aller ↗Clusters mittels 16 ↗Bit-↗Adressen: belegt, frei, womit belegt; das FAT-Dateisystem ist auf Disketten durch ↗Unix, ↗Mac OS, ↗Windows NT und ↗OS/2 lesbar

FAT Caching
Die Verwaltung der ↗FAT in Form einer davon in den ↗Arbeitsspeicher ausgelagerten Kopie zur Geschwindigkeitssteigerung

Fax, Fax Gruppe, Fax Klasse
Facsimile Copier; ↗Telefax

Fax-Modem
Siehe detailliert unter ↗Telefax und ↗Class, sowie ↗Modem

FC-AL
Fibre Channel Arbitrated Loop; ↗serielles Verkabelungssystem zum verketteten Anschluss (↗Daisy Chaining) von ↗Peripheriegeräten; bis 126 Festplatten, ↗Daten-↗Transfer von 100 MByte/s via ↗Glasfaser; Vorstufe zum ↗SCSI-3 mit angestrebten 1 GByte/s; vorgeschlagene Spezifikation eines Konsortiums rund um HP, Quantum und Seagate

FCC
Federal Commission for Computer Radiation; US-behördliche Einteilung der elektromagnetischen Strahlung von Bauteilen oder Geräten in zwei Klassen, eine strahlungsreichere A und eine strahlungsärmere B; für Heimgeräte wird Klasse B gefordert

FD, FDD
Floppy Disk, Floppy Disk Drive; ↗Disketten-↗Laufwerk

FDDI
Fiber Optic Data Distribution Interface; auf Glasfasern als Signalleiter basierendes ↗Netzwerk mit Doppelring (sog. ↗Backbone-Netz) und sehr hohem ↗Daten-↗Transfer (mehr als 100 ↗mbps), das vor allem die dezentrale ↗Datenverarbeitung im Sinne der ↗Client/Server-↗Architektur erlaubt; maximale Länge: 200 km, max. Zahl optischer Knoten: 500

FDM
Frequency Division Multiplex; ↗Multiplexverfahren in ↗Breitband-↗Netzen zur Aufteilung in ↗logische ↗Kanäle

Fehlertoleranz
Herabsetzung des Fehlerrisikos durch die gleichzeitige Beanspruchung zweier identischer ↗Hardware-Komponenten, z.B. zwei parallel operierender ↗Festplatten, die ihre Aufgabe jederzeit alleine übernehmen können

Feld
1. Komponente eines ↗Datensatzes in einer ↗Datenbank, Beispiel: Wenn alle ↗Daten eines Konsumartikels einen Datensatz bilden, dann sind der Name oder die Nummer des Artikels je ein F. davon; 2. kleines Eingabefensterchen in einer ↗Dialogbox

female
Weiblich; bei Steckverbindungen der Teil mit den Buchsen

Fenster
Meist rechteckiger Arbeitsbereich auf dem ↗Bildschirm; moderne ↗Software arbeitet in der F.-Technik (windowing), damit die bedienende Person an mehreren Aufgaben gleichzeitig arbeiten kann; F. sind mit mehreren aufeinanderliegenden Formularen auf dem Pult vergleichbar

Fernmeldegesetz
In der Schweiz existierendes Gesetz vom 21. Juni 1991; es trat am 1. Mai 1992 in Kraft

Fernwirken, Fernwirktechnik
Übermittlung gemessener und steuernder Signale über grosse Distanzen

Festplatte
Fest eingebauter, ständig rotierender magnetischer ↗Datenträger

Festwertspeicher
Elektronischer ↗Speicher mit ausschliesslich lesender ↗Zugriffsmöglichkeit; im F. befinden sich in der Regel die Selbsttestprogramme (↗POST-) und ↗Urlader oder andere ↗Betriebssoftware, wie z.B. die Werte zur ↗Tastaturentschlüsselung

FF
↗ASCII-Zeichen 0C(H) (12): Form Feed; Seitenvorschub (neues Blatt, falls keines eingespannt; Seitenende, wenn Blatt begonnen); mögliche Wirkung auf ↗Bildschirmen: löschen

Fiberoptik
↗Glasfaseroptik

A B C D E **F** G H I J K L M N O P Q R S T U V W X Y Z etc.

Fibre Channel

Hochgeschwindigkeits-↗Daten-↗Kanal zwischen ↗Netzwerkknoten oder Verbünden schneller ↗Workstations; der ↗Datendurchsatz beträgt 133 ↗mbps bis wenige gbps (siehe ↗bps); F.C. besorgt lediglich den Transport zwischen zwei Knoten und ist durch eine ↗hardwareseitige Überwachung auf kein ↗Software-↗Protokoll angewiesen

FidoNet

1984 aus privater Initiative entstandenes und mittlerweile wohl grösstes privates ↗Mailboxsystem, welches nach dem Hund des damaligen Entwicklers benannt ist; FidoNet dient vorwiegend dem elektronischen Postverkehr (↗Mailboxsystem), fasst indessen auch Tausende von ↗BBS zusammen

Field

↗Feld

FIFO

First In, First Out; ↗Speicher oder ↗Register ohne ↗Adressierungsmöglichkeit, sondern mit stapelartiger Anordnung; der ↗Zugriff auf die Elemente erfolgt beim Lesen in der gleichen Reihenfolge, wie das Schreiben stattfand; viele ↗Warteschlangen und ↗Caches funktionieren nach dem FIFO-Prinzip

File

↗Datei

File by file

↗Datensicherung ↗Datei für Datei; langsamer als ↗full image, aber geeignet für den ↗Transfer von Arbeits-↗Daten, weil die Aufzeichnung nach ↗logischen Gesichtspunkten erfolgt und von ↗physischen Besonderheiten des ↗Datenträgers absieht

FILO

First In, Last Out; ↗Speicher oder ↗Register ohne ↗Adressierungsmöglichkeit, sondern mit stapelartiger Anordnung; der ↗Zugriff auf die Elemente erfolgt beim Lesen in umgekehrter Reihenfolge, wie das Schreiben stattfand; Prinzip Pendenzenkörbchen oder «Groschenbox»

Filter

1. Zur ↗Konversion von ↗Daten zwischen nicht ↗kompatiblen ↗Anwendungen zwischengeschaltetes ↗Programm; 2. ↗Programm und/oder ↗Kommando, welche ↗Daten von einer Einheit als Eingabe übernehmen, bearbeiten und ohne zusätzlichen Eingriff an eine andere Einheit zur Weiterverarbeitung oder Ausgabe übergeben; Eingabe ist oft eine Datendatei, Ausgabe häufig der ↗Bildschirm; 3. über den Bildschirm gespannte Platte oder Netz zur Ableitung statischer Felder

Final Form
Endgültige, druckfertige Form eines ↗Dokuments

Finder
Grafische ↗Benutzeroberfläche des ↗Macintosh; gehört zusammen mit dem ↗«System» zur Grundausstattung des ↗Mac OS

Fingerprint
In der ↗Informatik: Elektronischer Fingerabdruck in der ↗Daten-↗Kommunikation; elektronische Unterschrift

Firewall
Brandmauer; Oberbegriff für ↗Datensicherungskonzepte, welche vernetzte Systeme in Subsysteme aufteilen und diese voneinander abschotten

Firewire
↗IEEE 1394

Firmware
In ↗Festwertspeichern «untergebrachte» ↗Software

FirstClass
Für ↗Windows und ↗Macintosh erhältliches ↗Server-Programm für öffentlich zugängliche ↗Mailboxen; die ↗Server-Version läuft bei der Mailbox, stellt deren Ressourcen grafisch und mit der ↗Maus bedienbar dar und überwacht die Zugriffe; die Client-Version ist ↗Shareware, sie läuft auf der Teilnehmer-Station; immer mehr Firmen bieten ihre Dienste über eine FirstClass Box an

flach, flat
Bezeichnung für einen ↗Speicherraum, der sich ↗linear, durchgehend und direkt ↗adressieren lässt, also in wohltuendem Kontrast zu ↗MS-DOS

Flag
Fahne; Markierung eines Status in der ↗Software

Flame
Gehässiger verbaler Angriff im ↗Chatten oder im ↗E-Mailing unter ↗Newsgroups

Flash
Familie von Speicherbausteinen mit besonderen Eigenschaften: die frei ↗adressierbare Beschreibbarkeit rückt sie in die Nähe statischer ↗RAMs; die Nicht-Flüchtigkeit und eine Löschspannung von 12 Volt machen sie zu ↗EEPROMS; der relativ langsame ↗Zugriff und ein hoher Strombedarf beim Schreiben beschränken die Einsatzmöglichkeiten der F., die am besten wie ↗Datenträger verwendet werden; baulich haben F. sehr oft die Form einer ↗PC Card und kommen in ↗portablen Geräten zum Einsatz; die Lebensdauer beträgt zwischen 10'000 und 100'000 Schreibvorgängen pro Speicherzelle; F. kann nur segmentweise gelöscht oder überschrieben werden

Flash Signal
Signal von genormter Länge, um bei gewissen hausinternen Telefonzentralen, sog. Nebenstellenanlagen, eine Amtsleitung anzufordern

Flattersatz
In der ↗Textverarbeitung: in einer Textspalte links und/oder rechts nicht bündig gesetzter Text

Fliesskomma, Fliesskommazahl
Standard-↗Datentyp in den meisten ↗Programmiersprachen: Zahl mit einer ↗Mantisse und einer Zehner-Potenz

Fliesstext
In der Typografie: in der Grundschrift geschriebener Hauptteil des Textkörpers

flimmern
↗Bildwiederholfrequenz

Flipflop
Elektronische Schaltung mit zwei Zuständen und damit elektronische Grundeinheit zur ↗Speicherung eines ↗Bit

Float, Floating Point
↗Fliesskomma (-Zahl)

Floating User
Anwenderin oder Anwender, welche sich von verschiedenen Standorten und / oder Geräten mit ihren Kenndaten in einer vernetzten Umgebung anmelden und danach ihre gewohnte, «eigene» Benutzungsumgebung vorfinden

Floppy
↗Diskette

Floppy Streamer, Floppy Tape
Standard für ↗QIC ↗Laufwerke, die über den ↗Disketten ↗Controller, meist einen solchen für ↗ED Disketten, angesteuert werden können

FLOPS
Floating Point Operations Per Second; ↗Fliesskomma-Operationen pro Sekunde; eines der Masse für die Rechenkapazität eines ↗Computersystems; im Gegensatz zu dem ↗MIPS wird hier eher die ↗applikatorische Ebene betrachtet

Floptical
Warenzeichen von 3M für ihre ↗Speichertechnologie mit hoher ↗Daten-↗Dichte, 21 ↗MByte ↗formatiert auf 3.5 ↗Zoll; Integration optischer und magnetischer Technologien: optische Justierung der ↗Schreib-/Leseköpfe, magnetische ↗Speicherung; ↗Zugriffszeit 65 ms; weitgehende ↗Kompatibilität mit herkömmlichen ↗Disketten

Flowchart
↗Flussdiagramm

Flowcontrol, Flow Control
↗Flusskontrolle

flüchtig
Beim Ausschalten die ↗Daten und ↗Programme verlierend; dynamische ↗RAMs (↗DRAMs) sind f.

Flussdiagramm
Form eines ↗Ablaufplans; gemeint ist in der Regel der ↗Programmablaufplan, siehe dort

Flüssigkristallanzeige
Flache, energiesparende Anzeigetechnologie; es werden immer feinere Verfahren entwickelt um die Schwächen der F. zu überwinden: Kontrastarmut, Notwendigkeit von externem Licht, Einfarbigkeit; farbliche Verfälschungen usw.

Flusskontrolle
↗Handshaking, v.a. Hardware Handshaking

FM
Frequency Modulation; ↗Frequenz-↗Modulation; ursprünglich verwendeter ↗Algorithmus und Aufzeichnungsverfahren für magnetische ↗Datenträger mit besonders geringer Dichte; Nachfolger: ↗MFM

Fn
↗Funktionstaste mit der Nummer n; die Wirkung ist von der ↗Software abhängig

Folder

↗Ordner

Folge

Basis-Strukturelement der ↗Strukturierten Programmierung im Sinne einer linearen Abfolge von ↗Anweisungen; Sequenz

FON

↗Font; ↗Dateinamens-↗Erweiterung in ↗DOS und ↗Windows für Schriftdateien, das sind Dateien, welche die mathematische Beschreibung der Schriftfamilie, bzw. ihrer ↗Zeichen enthält

Font

Schriftart, Schrifttyp, genau genommen aber: Schriftfamilie bei ↗Druckern und im ↗Desktop Publishing; ein F. umfasst alle sogenannten Schriftschnitte einer Schriftfamilie wie kursiv, fett-kursiv usw.

Footprint

Der von einem ↗Betriebssystem oder von einer ↗Applikation permanent belegte, absolut minimale Speicherbedarf; bei ↗MS-DOS, ab ↗Version 5.0, sind dies nach wie vor rund 18 ↗KByte im ↗konventionellen Speicher

Format

1. ↗Logisches oder ↗physisches Layout von ↗Datenbeständen in der ↗Datenbankplanung oder auf ↗Massenspeichern usw.; 2. ↗Kommando FORMAT in ↗MS-DOS zum Initialisieren (↗Formatieren) eines ↗Plattenspeichers

Formatieren

Einmaliges Vorbereiten des magnetischen ↗Datenträgers; bei ↗Platten Einteilung in ↗Spuren, ↗Sektoren, Anbringen der ↗FAT und Speicherung der Steuerdaten bzw. evtl. des ↗Betriebssystems; nach dem F. ist die Kapazität eine ↗logische und kleiner als die ↗physische

Formel Editor

Hilfsmittel zur Erstellung besonders komplexer Typografien wie mathematischer Formeln usw.

Formsatz

In der Typografie: Anordnung des Textes rund um eine Abbildung mit gleicher Verteilung der Weissräume

Formular

↗Maske

FORTH
Maschinennahe, schnelle höhere ↗Programmiersprache aus den 60ern; F. hat einen knappen, jedoch beliebig erweiterbaren ↗Kommandovorrat und arbeitet mit ↗UPN

FORTRAN
FORmula TRANslation; (älteste) höhere ↗Programmiersprache; heute noch verbreitet für die Bearbeitung mathematischer und technischer Probleme in der ↗mittleren und grossen Datentechnik

Forum, Foren
Marktplatz, Marktplätze; geschlossener und gelegentlich beitragspflichtiger Bereich in meist internationalen ↗Netzwerken, in welchem sämtliche ↗Online-Angebote zu einem bestimmten Thema – oder Firma – zusammengeschlossen sind: Mitteilungsdienst und Erfahrungsaustausch (↗BBS), Herunterladen bzw. ↗Downloading, Einkaufsmöglichkeiten, ↗Help Desk, gemeinsame Spiele usw.

Forward, forwarded
Weiterleiten, weitergeleitet; häufige Bezeichnung im ↗Electronic Mailing: Weiterleiten der Meldung an einen zusätzlichen Empfänger

Foto-CD
↗Photo-CD

FPD
Flat Panel Display; Ende der 90er Jahre entwickelte, superflache Anzeigen, wie sie vor allem in ↗Subnotebooks zum Einsatz kommen

FPU
Floating Point Unit; ↗Fliesskomma-↗Prozessor, mathematischer ↗Coprozessor für Fliesskommazahlen (Zahlen, welche intern mit einer Zehnerpotenz und einer Mantisse dargestellt werden)

Fragmentieren
Zerlegen einer ↗Datei in immer kleinere und verstreute Bruchstücke nach jedem ↗Laden und erneuten ↗Sichern; das F. ist eine wenig geschätzte, weil den ↗Zugriff zu einer ↗Datei allmählich verlangsamende Eigenschaft vieler ↗diskorientierter ↗Betriebssysteme (↗MS-DOS und ↗Macintosh ↗System)

Fraktale
Visualisierte Formen einer nichteuklidischen, sphärischen Geometrie, welche auf den ↗IBM-Forscher Benoit B. Mandelbrot zurückgeht; Fraktale oder Mandelbrotformen haben die Eigenschaft, dass ihre feinsten Details, z.B. Verästelungen, sich in den übergeordneten Formen ständig wiederholen; die fraktale Geometrie ist in der Lage, unregelmässige Formen in der Natur (Küstenlinien, Wolken) und in der Statistik (Kursbewegungen) zu analysieren

Frame
Rahmen; 1. bei ↗MS-DOS verstanden als ein ↗RAM-Ausschnitt im Bereich zwischen 640 ↗KByte und 1 ↗MByte, in welchen ↗Blöcke zu 16 KByte aus dem oberen RAM-Bereich kopiert und hier bearbeitet werden können, sofern die erweiterte ↗Speicherverwaltung gemäss ↗EMS installiert ist; 2. ↗fensterartiger Arbeitsbereich in einigen ↗Applikationen; 3. ↗Daten-↗Block; 4. Datenmenge für ein Standbild in Bewegtbildabläufen; 5. visuell getrennter und separat bedienbarer Teil einer ↗HTML-Seite (ab HTML ↗Version 3.0)

Frame Grabber
Rahmen-, Bild-Schnapper; ↗Hardware und ↗Software-Lösung zur ↗Echtzeit-↗Digitalisierung, Be- und Verarbeitung von Bilddaten ab Videokamera

Frame Relay
↗Protokoll in der Datenkommunikation, das für die ↗Paketvermittlung in Weitverkehrsnetzen sorgt und dabei die Nachteile von ↗X.25 überwindet, indem es die Fehlerprüfung den Endgeräten überlässt und nicht in die Vermittlungsknoten verlagert; die Paketlänge ist variabel, beträgt aber meist 2048 ↗Bytes und die ↗Übertragungsrate 2 ↗mbps bis 45 mbps; F. dient der Verbindung zwischen ↗Netzwerken und als Zugangsweg zu ↗ATM

FRC, FRAC
Funktion in der ↗Programmierung; ermittelt den Nachkommaanteil bei der Division zweier Zahlen

Freeware
Frei erhältliche ↗Software ohne ↗Lizenzgebühr, verbunden mit moralischem Verbot des Weiterverkaufs bzw. des Einbaus in kommerzielle Produkte

Frequenz
Anzahl Schwingungen eines Signals pro Zeiteinheit

Frontdoor
Türsteher; 1. Typ mit Muskeln, lackiertem Haar und ↗Handy am Eingang eines Nachtlokals; 2. Programm, welches einen Anruf entgegennimmt, zuerst dessen Parameter entschlüsselt und dann die zugehörige Applikation lädt, z.B. ein ↗Faxprogramm, ein ↗BBS usw.

Frontend, Front End
1. Konvertierender Rechner zwischen einem ↗Gross-System und einem ↗LAN; 2. Kommunizierende Kopfstation bzw. dort laufendes Anwendungsprogramm in einem Netzwerk

FS
↗ASCII-Zeichen 1C(H) (28): File Separator; Zwischenmarkierung bei Dateien oder Trennung von Hauptgruppen

FTAM
File Transfer, Access and Management; Norm in der Anwendungs-↗Schicht des ↗OSI-Modells zur Vereinheitlichung des ↗Datei-↗Transfers zwischen ↗heterogenen ↗Systemen; auch für den ↗Zugriff auf Inhalte und ↗Attribute der Dateien

FTP
File Transfer Protocol; Übermittlungs-↗Protokoll des ↗Internet für ↗Dateien, einer der vielen Bereiche des Internet; FTP-↗Server sind weltweit verteilt

FTP, anonymous
Viele ↗FTP-↗Server im ↗Internet unterscheiden zwischen eingeschriebenen Benutzerinnen, denen entsprechende Zugriffsrechte zugeteilt sind, und Gästen (guests); der gastweise Besuch eines FTP-Servers ist meist mit der Identifikation «anonymous» möglich; als Passwort gibt man seine Internet Mail Adresse ein; letzteres ist zwar nicht notwendig, aber es gehört zur Höflichkeit im Internet

FTZ
Fernmeldetechnisches Zentralamt; früherer Name für die Prüfstelle für Geräte der ↗Telekommunikation in Deutschland, später ZZF, heute BZT

Full image
Vollbild; ↗Datensicherung als physisches Abbild der ↗Festplatte, schnell, aber nicht zur Übertragung auf andere Festplatten geeignet wegen der mitkopierten fehlerhaften ↗Sektoren

Full screen
Die ganze ↗Bildschirmfläche betreffend; auf der ganzen Bildschirmfläche arbeitend

A B C D E **F** G H I J K L M N O P Q R S T U V W X Y Z etc.

Funktion

1. Abbildung der Elemente einer Definitionsmenge auf eine Wertemenge; 2. Ausdruck oder ↗Prozedur innerhalb eines ↗Programms, welche einen Eingangswert (Argument) benötigt, um arbeiten zu können; Beispiel: die F. «Quadratwurzel» braucht einen Radikanden; in ↗Programmiersprachen können meist auch eigene F. definiert werden

Funktionstaste

Taste zur schnelleren Eingabe häufig verwendeter ↗Anweisungen bei einer ↗Software; eingebürgert hat sich zum Beispiel: F1 für ↗Hilfe; die Funktionstasten werden von der Software belegt, ihre Belegung kann als Gedächtnisstütze oft eingeblendet werden

Fusssteg

In der Typografie: Raum zwischen ↗Satzspiegel und Papierende

Fuzzy Logic, Fuzzy Technology

Rechnen mit ↗logischen Problemen, die sich mit ja / nein nicht beantworten lassen, mit Objekten, die sich vorhandenen Mengen nicht scharf zuordnen lassen und Relationen zwischen solchen; Fuzzy Technology befasst sich mit Vorgängen, die sich nicht ↗linear verhalten: anstelle höchst aufwendiger numerischer Berechnungen für solche Prozesse wird mit unscharfen Mengen und Relationen gearbeitet

Gameport
↗Schnittstelle für Steuergeräte, welche mit Computerspielen zusammenarbeiten wie ↗Joystick bzw. dreidimensionale Steuergeräte

GAN
Global Area Network; ↗Netzwerk mit weltweiter ↗Dimension

Ganzzahl
Standard-↗Datentyp in den meisten ↗Programmiersprachen: Positive und negative natürliche Zahlen in einem bestimmten Bereich

Gap
Loch, Lücke, Spalt; ↗Datenfreier Bereich zwischen zwei ↗Blöcken auf einem ↗Datenträger

Garbage Collection
Einsammeln von Abfall; ↗Routine zum Einsammeln nicht mehr belegter, leerer ↗Speicherzellen im Sinne einer dynamischen Speicherverwaltung; eine Art ↗Defragmentierung des ↗Arbeitsspeichers

Gartenhag
Sonderzeichen # in der ↗Datenverarbeitung mit der häufigsten Bedeutung «Nummer»

Gast
Anonymer ↗Login-Name für den Zugang in sehr viele ↗Online-Dienste, aber mit stark beschränkten Rechten

Gate
1. Elektronisches ↗Gatter; 2. ↗Gateway

Gateway
Brücke zu einem ↗Computer, ↗Netzwerk oder ↗Software-Teil mit anderer ↗Architektur

Gatter
Elektronische Schaltung zur Ausführung einer ↗logischen Operation

GB, GByte
GigaByte; 1024 ↗MByte

GBG
Geschlossene Benutzergruppen; geschlossener, meist beitragspflichtiger Benutzerkreis in ↗Btx, bzw. ↗T-Online

A B C D E F G H I J K L M N O P Q R S T U V W X Y Z etc.

GDI
1. Graphical Data Interchange; Austausch von Bilddateien; 2. Graphics Device Interface: Datenschnittstelle für ↗Laserdrucker, in welcher die Druckseite im ↗PC und nicht durch eine ↗Seitenbeschreibungssprache im ↗Drucker aufgebaut wird; siehe auch ↗WPG

GEM
Graphical Environment Manager; grafische ↗Benutzeroberfläche von Digital Research

Gemeine
In der Typografie: Kleinbuchstaben einer Schrift

Generation
Gesamtheit aller Produkte auf gleicher Entwicklungsstufe bei der ↗Hardware, ↗Software usw.; in der Datensicherung: Altersmässige Abstufung von ↗Daten-↗Backups in die Generationen «Grossvater – Vater – Sohn»

Generationen Hardware
0. Elektromechanik, 1. Röhren, 2. Transistoren, 3. ↗Integrierte Schaltungen, 4. ↗Mikroprozessoren, 5. ↗Künstliche Intelligenz (z.B. ↗Neuronale Netze)

Generationen Programmiersprachen
1. ↗Bit-↗Programmierung, 2. ↗Assemblersprache, 3. problemorientierte, höhere ↗Programmiersprache mit ↗Kommando-↗Code, 4. benutzerführende, menügesteuerte Definitionssprache, 5. ↗Künstliche Intelligenz

Generator
Erzeuger, mit Hilfe eines G. erzeugen wir z.B. eine ↗Maske, Zufallszahlen, Listen usw.

Genlock
Synchronisation Generator Lock; Vermischung von mehreren Video-Bildern durch ↗Synchronisation der Eingabegeräte

GeoPort
Multifunktionale ↗Schnittstelle, ↗Adapter von ↗Apple in neueren ↗Macs für die ↗Daten- und ↗Telekommunikation

Geoworks
Grafische ↗Benutzeroberfläche für ↗MS-DOS und ↗Intel ab ↗80286

Geschäftsgrafik
Balken-, Kuchen- oder Liniengrafik als Veranschaulichung von geschäftlichen Zahlen

Get, get(Argument)

↗Kommando in sehr vielen ↗Betriebssystemen und ↗Programmiersprachen; in der Regel werden damit ↗Daten aus speziellen ↗Speicherbereichen, z.B. aus dem ↗Bildschirmspeicher, geholt oder direkt von der ↗Tastatur gelesen usw.

Geviert

In der Typografie: Am Grossbuchstaben M gemessene Höhe und Breite von Buchstaben

GHA

Gigabit Highway Alliance; Firmenkonsortium zur Standardisierung schneller ↗Datenleitungen

GIF

Graphics Interchange Format; im ↗Internet sehr verbreitetes ↗Dateiformat für ↗komprimierte ↗Bitmap-Computerbilder vom ↗Datenbankanbieter ↗CompuServe; 256 Farben; animierte GIFs sind in eingeschränktem Mass sogar beweglich

Giga-

Sogenannter Vorsatz des ↗SI für Faktor 1'000'000'000; Zeichen «G»; in der ↗Informatik 1024^3 (siehe dazu ↗Kilo-)

GIPS

Giga Instructions Per Second; Milliarden ↗Instruktionen pro Sekunde, ein Mass für die Rechenleistung von ↗Prozessoren oder ganzen ↗Hardware-Einheiten; siehe Bemerkung unter ↗MIPS

GL

Graphics Language; eine Art ↗Programmiersprache für ↗Plotter

Glasfaser, Glasfaserkabel

Signalleiter auf optischer Basis, als Signalträger werden ↗Lichtwellen mittels ↗Laser in eine haardünne G. eingeleitet, welche sie aufgrund des physikalischen Gesetzes der Totalreflexion nicht mehr verlassen können; Vorteile: höhere ↗Frequenzen und ↗Digitalisierung

Global

Auf der Ebene des ganzen ↗Systems / Hauptprogramms gültig (-er ↗Parameter, Wert usw.)

Glossar

1. Fachwortverzeichnis im Anhang von Handbüchern mit Erklärungen; 2. die Vereinheitlichung der Sprachpflege bzw. einheitliche Rahmenbedingungen anstrebende Publikationen

Glove
Handschuh; gemeint ist der Datenhandschuh (data glove) in der ↗virtuellen Realität, welcher die Bewegungen der Hand durch Aussenden oder Abtasten von Signalen in den Computer abbildet

GMT
Greenwich Mean Time, westeuropäische Zeit = mitteleuropäische Zeit –1 h; Referenzzeit in der ↗Dfü

GND
Ground; Signal-Erde, Masse bei Signalkabeln

Gopher, Gopherspace
Im ↗Internet verteilte, ↗menüorientierte und hierarchische ↗Informations-↗Datenbank, welche in der Funktionsweise mit dem ↗WWW verglichen werden kann; zu ihrer Nutzung müssen Sie auf Ihrem Rechner ein entsprechendes ↗Programm, einen ↗Client, laufen haben und die Verbindung zu einem Gopher-↗Server herstellen; die meisten ↗WWW-↗Browser bieten auch einen Zugang zu G.; G. ist älter als der WWW und präsentiert sich nicht so belebt

GOTO
Anweisung zu einem un-↗bedingten Sprung; in der ↗strukturierten ↗Programmierung verpönt, weil ↗Spaghetti-Code bewirkend

GOV
Government; Identifikation von Regierungsstellen im ↗Internet

GPIB
↗IEEE 488

GPS
Global Positioning System; auch in der ↗Informatik immer wichtiger werdendes geografisches Ortungssystem unter Zuhilfenahme von Satellitensignalen

Grad
Schriftgrad; Schriftgrösse

Grafikkarte
↗Karte oder ↗Controller zur Aufbereitung und Speicherung der Daten für den Monitor

Grafiktablett
Tablett zur Erfassung von ↗Anweisungen bzw. geometrischen ↗Daten (Koordinaten) mittels elektronischen «Zeichenstiftes» oder anderer Zeigeinstrumente; Eingabegerät

Graustufe
Sättigungsgrad zwischen Weiss und Schwarz auf ↗monochromen Wiedergabemedien

Greek, Greekmodus
Darstellungsmodus im ↗Desktop Publishing, welcher Textzeilen u.U. auf eine graue Linie reduziert, dafür ein ganzes Seitenlayout wiedergibt

Green PC
↗Power Management

GRF
↗Dateiformat für ↗Vektorgrafiken von Micrografx

Gross-System
↗EDV-Grossanlagen, wie sie einerseits lange Zeit die ↗EDV dominierten und wie sie andererseits auch heute noch, im Zuge der verteilten Datentechnik, ihre Bedeutung als Zentralrechner in Grossfirmen und deren Rechenzentren haben

Grotesk Schrift
In der Typografie: Schrift ohne ↗Serifen; siehe auch ↗Antiqua

Groupware
Sammelbegriff für ↗Software zur Erleichterung der Teamarbeit: Termin- und Sitzungsverwaltung, Protokollierungen, Mitteilungswesen, Pendenzenverwaltung, «Zettelwirtschaft» usw.

Grundlinie
Unsichtbare Linie zur Ausrichtung von ↗Zeichen; Zeichenbestandteile, die unter die G. zu liegen kommen, heissen Unterlängen

Gruppe
1. Sammlung von ↗Programmen und ↗Dienstprogrammen, die anwenderseitig im ↗Programm-Manager von ↗Windows zu logischen Einheiten zusammengezogen und unter einer ↗Ikone gegliedert sind; im ↗Explorer von ↗Windows 95 kann eine G. auch Dateien enthalten; 2. siehe detailliert bei ↗Telefax

GS
↗ASCII-Zeichen 1D(H) (239): Group Separator; Gruppentrennzeichen

GSM
Groupe Spéciale Mobile oder Global System for Mobile Telecommunication; Spezifikation zur Internationalen Mobiltelefonie; das System erlaubt ↗Natel D-Benutzern, von allen europäischen Ländern aus zu telefonieren und erreichbar zu sein

GSP
Graphic Subprocessor; grafischer ↗Coprozessor auf dem ↗Bildschirm-↗Adapter

Guest
↗Gast

GUI
Graphical User Interface; 1. grafische ↗Benutzeroberfläche; 2. ↗Hardware oder ↗Software-↗Schnittstelle für Grafik-↗Anwendungen

GWBASIC
↗Microsoft Standard-↗BASIC für ↗kompatible ↗PCs

Haarlinie
In der Typografie: Dünnste auf einem Ausgabegerät darstellbare Linie

Hacker
Meist jugendlicher, unbefugter Eindringling in geschützte ↗Datenbestände; die H. haben durch ihr Wirken auf erhebliche Lücken und Nachlässigkeiten in der ↗Datensicherheit aufmerksam gemacht

Halbleiter
Chemisches Element mit leitenden oder isolierenden Eigenschaften – je nach Beschickung mit elementfremden Atomen (genannt: Dotierung)

Halbton
↗Graustufe

Hallo, hello
Noch häufig verwendetes ↗Passwort, welches seinem Inhaber / seiner Inhaberin indessen ein schlechtes Zeugnis bezüglich Kreativität und Bewusstsein für Belange der ↗Datensicherheit ausstellt

Handscanner
Familie von Kleinst-↗Scannern, welche von Hand über das zu «lesende» ↗Dokument geführt werden

Handshake, handshaking
Händeschütteln; ↗Protokoll zur Bestätigung des Aufbaus einer Datenleitung bzw. zur Quittierung des ↗Datenempfangs ohne Überprüfung auf dessen Richtigkeit

Handshake, Hardware-
Von der ↗Hardware gesteuerte Start-/Stop-Signale bei der Schnittstelle V.24 über die entsprechenden Leitungen ↗RTS oder ↗CTS; benötigt entsprechend ausgerüstetes Kabel

Handshake, Software-
Von der ↗Software gesteuerte Start-/Stop-Signale bei der ↗Daten-↗Kommunikation; sehr häufig sind ↗XON / XOFF

Handy
1. allgemein: Handstation in der Mobiltelefonie; 2. pauschale Bezeichnung für Mobiltelefone und den Mobiltelefondienst

Hardcopy
↗Bildschirmausdruck

Harddisk
↗Festplatte

A B C D E F G H I J K L M N O P Q R S T U V W X Y Z etc.

Hardware
Materielle Komponenten eines ↗Datenverarbeitungs-↗Systems: Bauteile, Geräte und ↗Datenträger

Hashing
Besser: ↗Directory Hashing; Tabellierung und ↗Indexierung von ↗Verzeichnissen zum schnelleren Auffinden

Hauptspeicher
↗Arbeitsspeicher

Hayes
1. Dennis H.; ↗Telekommunikations-Pionier; 2. Hersteller vieler ↗Modems und Modem-Standards; siehe auch ↗AT-Kommando

HD
1. ↗High Density; 2. Hard Disk, ↗Festplatte

HDLC
High Level Data Link Control Procedure; universelles ↗Daten-↗Protokoll in der ↗Dfü für den ↗asynchronen Datenverkehr im Halb-↗Duplex- oder Voll-Duplex-Betrieb; die Daten werden in sogenannten Rahmen (↗frames) geschickt, die an beiden Enden Leit- und Prüfdaten enthalten; in der ↗IBM Version als ↗SDLC bekannt

HDR
↗Header

HDTV
High Definition Televison; Hochzeilen-Fernsehen mit einem Bildlängenverhältnis von 16:9 und 1100 Zeilen mit je 1920 ↗Pixeln

Head crash
Absturz des ↗Schreib-/Lesekopfs auf die magnetische Schicht einer ↗Festplatte, was meist deren vollständige Zerstörung bewirkt

Head Mounted Display
«Helm» einer sich im Raum der ↗virtuellen Realität bewegenden Person; in diesem Helm werden Töne auf das Ohr abgegeben und zwei unterschiedliche Bilder auf das Auge projiziert, um eine dreidimensionale, audiovisuelle Wahrnehmung vorzutäuschen

Header
Kopfbereich in 1. Dokumenten, 2. ↗Daten ↗Paketen in der Daten-↗Kommunikation, 3. Daten-↗Blöcken auf ↗Datenträgern; die in den Fällen 1 und 2 genannten H. enthalten Daten- und ↗Adressinformationen sowie oft Prüfsummen

Headlift
Leichtes Abheben und ↗Parkieren des ↗Schreib-/Lesekopfes in Festplatten nach einem ↗Zugriff

Heap
Durch ein ↗Programm temporär geöffneter ↗Speicher zur Ablage von Zeigeradressen

Heap Sort
Schneller Sortier-↗Algorithmus, welcher die zu sortierende Folge in Kleinstfolgen oder Paare zerlegt und diese zuerst sortiert

Heimcomputer
Unterklasse der ↗Mikrocomputer

Helical Scan
Aus der Unterhaltungselektronik stammendes Schreib-/Leseverfahren bei Band-↗Laufwerken, das eine besonders hohe ↗Datendichte erlaubt

Help
↗Hilfe

Help Desk
Betriebliche Instanz, Anlaufstelle zur Unterstützung der Benutzer, vor allem bei Anwendungsproblemen; das Help Desk sollte auch dann angerufen werden, wenn die Anwenderin / der Anwender droht, sich in Selbstzweifeln zu zerfleischen: die Auskünfte des Help Desk sind oft erfrischend inkompetent …

Hercules
Firmenbezeichnung und Quasi-Standard für hochauflösende ↗monochrome Grafikmodi der älteren Generation: 720x348 Punkte und zwei Farben

Heredity, hereditary
↗Vererbung, vererbend, vererbt

Hertz
Masseinheit für ↗Frequenzen: 1 Hz = 1 Schwingung pro Sekunde

A B C D E F G H I J K L M N O P Q R S T U V W X Y Z etc.

Herunterfahren
In einem Anfall von sprachlicher Demenz entstandender Begriff für das schrittweise Stillegen des ↗Betriebssystems (Abmelden aller Teilnehmer/innen, Schliessen aller Dateien, Beenden aller Aufträge, ↗Jobs, Abkoppeln der ↗Peripherie) bis zur Möglichkeit, den Strom abzuschalten; die Bezeichnung kommt aus dem Bereich der Grossysteme; die Vorsilbe «her» deutet sprachlich auf eine Bewegung zum Sprechenden hin, jedoch ist dem hier Schreibenden beim Stillegen des Betriebssystems noch nie etwas entgegengefahren

Herunterladen
Übernahme eines ↗Programms, einer Binärdatei aus dem ↗Host via ↗Dfü

heterogen
Aus Komponenten mit unterschiedlichen Standards bzw. verschiedener Hersteller bestehend

Hexadezimalzahl, hexadezimal
Zahl im Sechzehner-Zahlen-↗System; das Hexadezimal-System dient der rationelleren Darstellung von ↗Bytes, Beispiel: 01101101(2) = 6D(H)

Hexagesimalzahl, hexagesimal
Zahl im Sechziger-Zahlen-↗System; das Hexagesimal-Zahlensystem gehört zu den ältesten auf der Welt und hat sich bei uns in der Zeit- und Winkelrechnung erhalten

HFS
Hierarchical ↗File Structure; ↗hierarchisches ↗Dateisystem des ↗Macintosh (ab Macintosh Plus) mit den durch ↗Ordner dargestellten ↗Verzeichnisebenen

HGC
↗Hercules Graphics Card; ↗monochromer Grafikmodus für ↗PC-↗Bildschirme; 720x348 ↗Punkte, zugleich Produktname; 9poliger TTL-Stecker

HHC
Hand Held Computer; tragbarer Kleinstcomputer

Hidden
Versteckt; diverse Bedeutungen im Zusammenhang mit einer beabsichtigten Unsichtbarkeit: h. ↗files sind unsichtbare ↗Dateien und «h» ist ihr entsprechendes ↗Attribut; h. ↗volumes sind unsichtbare ↗Laufwerke oder ↗Verzeichnisse in ↗Netzwerken; siehe ferner ↗hidden lines

Hidden Lines
Versteckte Linien; Linien, welche bei der Projektion der dreidimensionalen Wirklichkeit auf eine zweidimensionale Darstellungsebene «hinter» dargestellte Flächen zu liegen kommen und deshalb nicht gezeichnet werden

hierarchisch
Einer systematischen, logischen Rangordnung folgend; Beispiele: hierarchische ↗Dateisysteme bestehen aus einem Haupt-↗Verzeichnis (↗Wurzelverzeichnis) und ↗Unterverzeichnissen, mit immer feinerer Verästelung entlang einer logischen Struktur (z.B. KORRESPONDENZ/OFFERTEN/ERLEDIGTE)

High Density
Hohe ↗Datendichte auf ↗Datenträgern, bei 3.5 ↗Zoll ab 1.44 ↗MByte, bei 5.25 Zoll ab 1.2 MByte ↗formatierte Kapazität; H. wird ermöglicht durch die Art der magnetischen Beschichtung sowie durch die ↗Modulation der Signale; das Extra HD-Format umfasst 2.88 MByte formatierte Kapazität

High DOS Memory
Synonym für ↗Upper Memory und nicht zu verwechseln mit der ↗High Memory Area

High Level
Hoher Spannungspegel in elektronischen Schaltungselementen; um 2 bis 5 Volt; Zustand 1; Gegenteil: ↗Low Level

High Memory Area
Die ersten 64 ↗KByte des ↗Extended Memory (Adressenraum 1024 KByte bis 1088 KByte): durch einen ↗Treiber wird dem ↗MS-DOS vorgeschrieben, es habe einen Speicher über 1 ↗MByte zu adressieren: MS-DOS kann dies nicht und kehrt zyklisch in die ersten 64 KByte nach unten zurück, der ↗Prozessor (ab ↗80286) hingegen adressiert hinter seinem Rücken über 1 MByte hinaus; dadurch werden unter MS-DOS einige weitere KBytes verfügbar; hier werden oft ↗Treiber usw. untergebracht, sofern diese der ↗XMS genügen; der Treiber zur Adressierung der HMA durch MS-DOS heisst ↗HIMEM.SYS

High Sierra
Eigentlich High Sierra Ad Hoc Group; nach dem Tagungsort benanntes Firmenkonsortium mit einem standardisierten Aufzeichnungsformat für ↗CD-ROM -↗Daten; später erweitert zur ↗ISO-Norm 9660

HighColor
↗Bildschirmmodus zur Wiedergabe von Farben mit einer ↗Farbtiefe von 16 ↗Bit und demnach rund 64 000 Farbtönen

Highspeed, High Speed
Meist Bezeichnung für ↗analoge ↗Modems ab 9600 ↗bps; der Begriff ist darauf zurückzuführen, dass schon für eine bps-Rate von 9600 ausgereifte ↗Kompressionsverfahren nötig sind, weil die Kapazität des analogen ↗Telefonsystems bei höchstens 3000 ↗Baud liegt

Hilfe
Jederzeit abrufbarer Hinweistext innerhalb einer ↗Applikation (heute üblicherweise mit F1); wenn die H. nicht ↗kontextbezogen ist, erscheint nach F1 ein Auswahlmenü

HIMEM.SYS
↗Treiber unter ↗MS-DOS für die Verwaltung des ↗Extended Memory; mit H. kann 1. eine ↗Anwendung gemäss ↗XMS auf Extended Memory und 2. MS-DOS auf die ↗High Memory Area ↗zugreifen

Hintergrund
1. Versteckte Aktivität des ↗Computers ohne Beeinträchtigung der derzeitigen Aktivität; Beispiel: Ausdruck eines ↗Dokuments bei gleichzeitigem Arbeiten an einem anderen; 2. neben der ↗Applikation «versteckt» ablaufende ↗Routine z.B. ein ↗residenter ↗Treiber oder eine weitere Applikation

HIPO
Hierarchy plus Input Process Output; hierarchische Zerlegung eines Problems in Teilfunktionen vom Allgemeinen zum Speziellen (Top Down) und Eingliederung in ein ↗EVA-Modell; ↗Analyse- und ↗Designmethode

History
In eine separate ↗Datei oder einen ↗Pufferspeicher geschriebenes Protokoll der letzten paar ↗Kommandos eines ↗Betriebssystems oder einer ↗Programmiersprache

HLS
Hue-Luminance-Saturation; Farbmischverfahren mit parametrisierbaren Farbtönen, Helligkeiten und Sättigungen; weil für die Helligkeit oft auch die Bezeichnung «Value» verwendet wird, heisst dieses Verfahren oft auch HSV

HMA
↗High Memory Area

HMD
↗Head Mounted Display

Hoher Speicherbereich
Wegen einer möglichen Verwechslung mit dem ↗«Oberen Speicherbereich» nicht sehr geglückter Name für die ↗UMBs (Achtung: es gibt Abweichungen im Wortgebrauch zwischen der Sekundärliteratur und ↗MS-DOS-Handbüchern, ja sogar in Büchern von ↗Microsoft)

Holografischer Speicher
Mögliches optisches ↗Speichermedium der Zukunft; hohe Speicherdichte dank bleibender optischer Dreidimensionalität als Abbild der räumlichen Verteilung von ↗Daten

Home
Heim, nach Hause; Positionierung des ↗Cursors / ↗Zeigers in der linken oberen ↗Bildschirm-Ecke, bzw. am Anfang eines ↗Dokuments

Homepage, Home Page
Ur-Seite, Hauptseite, von welcher aus mit ↗Hypertext verknüpfte, ↗multimediale ↗Systeme in einzelne Informationsbereiche verzweigen; kommerzielle Unternehmen, Hochschulen, Vereinigungen usw. haben z.B. eine H. im ↗WWW

homogen
Aus Komponenten mit einheitlichen Standards bzw. eines Herstellers bestehend

Hook
Haken, Gabel; englische Bezeichnung für die Hörergabel eines ↗Telefonapparates; ein ↗Hayes ↗kompatibler ↗Modem kann das ↗Kommando ↗ATH0 empfangen: «On Hook»: Hörer einlegen, aufhängen, «disconnect» oder dann ATH1

Horner-Schema, Horner-Algorithmus
↗Algorithmus, welcher in der Algebra zur Ermittlung der Koeffizienten bei der Division von Polynomen dient; in der ↗Informatik wandelt man mit einem entsprechenden Algorithmus ↗Dual- in Dezimalzahlen um

Host
↗Computersystem mit der höchsten Rangordnung in einem Verbund mehrerer ↗Systeme; in einer Einplatzlösung muss auch der einzelne ↗Computer als H. betrachtet werden

Host Modus
Betriebsmodus von ↗Terminalprogrammen, in welchem der ↗Computer als ↗Host auf eingehende Anrufe und evtl. Bearbeitung seiner ↗Datenbestände wartet; dieser Modus ist nur mit Vorsicht zu aktivieren, da die ↗Integrität der Daten nicht mehr gewährleistet ist

A B C D E F G **H** I J K L M N O P Q R S T U V W X Y Z etc.

Hot Line
Telefonischer Beratungsdienst der ↗Hardware und/oder ↗Software-Lieferanten bzw. Grossisten, zum Teil als gebührenpflichtige Dienstleistung mit 157er-Nummern

Hotlist, Hotliste
Liste mit interessanten Seiten im ↗WWW; «heisse Listen» sind überall erhältlich (Publikationen, Herunterladen usw.) und die ↗Surferin bzw. der Surfer kann sich jederzeit selber solche H. zusammenstellen

Hotplugging, Hot Plugging
Heisses Verbinden; elektrisches Verbinden von Gerätekomponenten im Betriebszustand

Hotspot, Hot Spot
Als ↗Link hinterlegter Grafikbereich einer ↗WWW-Seite

Hotswapping, Hot Swapping
Spezialfall des ↗Hotplugging im Falle von ↗PC Cards

HP-GL
Hewlett-Packard Graphics Language; Quasi-Standard einer ↗Programmiersprache für ↗Plotter

HP-PCL
Hewlett-Packard Print Command Language; ↗Seitenbeschreibungssprache für ↗Laserdrucker von HP; Versionen als PCLn

HPFS
High Performance File System; ↗Dateisystem von ↗OS/2; die Dateizuordnungstabelle wird in der Mitte einer ↗Partition angelegt: so sind die Zugriffe schneller; ferner versucht HPFS, Dateien möglichst in einer zusammenhängenden ↗Cluster-Kette abzulegen und somit die ↗Fragmentierung zu vermeiden

HPG
↗Dateiformat für ↗Vektorgrafiken von Hewlett-Packard; die Grafiken sind vollständig in der ↗HPGL beschrieben und deshalb problemlos ↗skalierbar

HPGL
Hewlett-Packard Graphics Language; ↗Seitenbeschreibungssprache für ↗Vektorbilder also für Plotter

HPL
↗Dateiformat für ↗Vektorgrafiken von Hewlett-Packard

HRG
High Resolution Graphics; nicht standardisierter Begriff für hochauflösende Grafik

HSV
Hue-Saturation-Value; siehe ↗HLS

HT
↗ASCII-Zeichen 09(H) (9): Horizontal Tabulator; Sprung bis zur nächsten Tabulator-Position

HTML
Hypertext Markup Language; plattformunabhängige Dokumenten-Beschreibungssprache für die Verknüpfung von ↗Informationen zu einem ↗Hypertext-Dokument; die in das Dokument eingebundenen Befehle heissen Tags und werden durch den WWW-↗Browser entschlüsselt; siehe auch ↗HTTP; HTML wurde am CERN in Genf entwickelt und zwar für ↗Intranet-Aufgaben, schon lange bevor es dieses Schlagwort gab

HTTP
Hypertext Transport Protocol; ↗Protokoll zur Verknüpfung von Textdokumenten zu einem ↗Hypertext-Dokument im ↗WWW des ↗Internet: ein per Mausklick aufgerufener Verweis veranlasst WWW, zum entsprechenden Begriff zu verzweigen, auch wenn dieser auf einem anderen ↗Server lokalisiert ist

Hub
Je nach Sicht ↗intelligente Konzentratoren (Sternkoppler) oder Verteilerknoten in der ↗Netzwerk-Verkabelung; H. sind heute vielfach aktive Datenverteiler mit eigener Intelligenz für den optimierten und fehlersicheren Verkehr von ↗Daten

Hubring
Ringförmige Verstärkung der Lochung im Drehpunkt der ↗Diskette

Huffman-Code
↗Algorithmus zur ↗Komprimierung ↗binärer Daten, welche die relative Wahrscheinlichkeit des Auftretens bestimmter ↗Zeichen verwendet

Hurenkind
In der Typografie: Übertrag der letzten Zeile eines Absatzes auf die nächste Seite nach dem automatischen Seitenumbruch; gilt als ästhetischer Fehler (wie er hier zur Veranschaulichung absichtlich pro-

duziert wurde)

Hybrid, hybrid

Aus der Naturwissenschaft kommender Begriff für ein Zwischenprodukt in einer Dualität, also z.B. für einen Zwitter in der Geschlechtlichkeit; in der ↗Informatik Sammelbegriff für Mischtechnologien, Multinorm-Tauglichkeit usw.

HyperCard

Multimediales ↗Datenbanksystem, gilt als Standard-↗Applikation von ↗Claris für den ↗Macintosh und stand Pate für diverse ↗Autorensysteme in ↗Multimedia; H. verwendet schon seit den achtziger Jahren ↗Hypertext-↗Links und nahm damit eine Idee von ↗HTML vorweg; Bill ↗Atkinson von ↗Apple ist Ur-Autor von HyperCard, hat es jedoch nicht geschafft, diese Idee erfolgreich zu vermarkten

Hyperlink

Verbindung, Verknüpfung einzelner ↗Dokumente, ↗Dateien innerhalb eines ↗Systems zu einem ↗multimedialen Gesamtsystem: der Aufruf eines ↗Movies innerhalb eines Textdokuments geschieht durch einen Hyperlink

Hypermedia

↗Multimedia

Hyperterminal

Standard-↗Programm in ↗Windows 95 zur ↗Terminalemulation nach der Anbindung an einen ↗Host, z.B. im ↗Dfü-↗Netzwerk

Hypertext

Medium, welches textlich gespeicherte und damit ↗unstrukturierte ↗Informationen, nach Suchbegriffen gewichtet, über Schlüsselwörter zur Verfügung stellt und die Anwender damit vom ↗sequentiellen Lesen befreit

Hyphen

Trennstrich in der ↗Textverarbeitung: ein Soft Hyphen ist das ↗ASCII-Zeichen 45(10) und kann von vielen Textsystemen bei der Umformatierung unterdrückt werden; ein Hard Hyphen ist das ASCII-Zeichen 196(10) und bleibt beim Umformatieren erhalten

Hz

↗Hertz

I/O
Input /Output, mit Ein- und Ausgabe von ↗Daten zusammenhängend

IAC
Inter Application Communication; Technologie, welche den Programmen im ↗Mac OS von ↗Apple die lokale oder vernetzte Kommunikation ermöglicht: hauptsächlich Event Manager (↗Apple Events) und Edition Manager (↗Verlegen und Abonnieren)

IANA
Internet Assigned Numbers Authority; im Auftrag der ↗Internet Society tätige Kommission zur Vergabe von ↗IP-Adressen

IBM
International Business Machines Corporation; Branchenleader auf dem Markt für ↗Gross-Systeme und ↗Personal Computer

IBM DOS
Bezeichnung der ↗IBM Version von MS-DOS ab 4.0

IC
1. Integrated Circuit; elektronisches Bauteil mit einem ↗Chip als Kern, bekannt als die «↗Computerkäfer»; 2. ↗Information Center

ICO
↗Dateinamens-↗Erweiterung in ↗DOS und ↗Windows für ↗Ikonen-Dateien; das sind jene Dateien, welche die ↗pixelweise Beschreibung einer Ikon enthalten

Icon
↗Ikone

ICS
IBM Cabling System; Verkabelungssystem, wie es vor allem im IBM Token-Ring zur Anwendung kommt

ID
↗Identifikation

IDE
1. Integrated Drive Electronics; oft auch AT/IDE genannte ↗Festplattenspezifikation der preisgünstigen und leistungsfähigen Art: ↗Transferraten bis 4 ↗MByte/s, Speicherraum theoretisch mehrere GByte und praktisch 504 MByte; die Steuerungselektronik befindet sich im Festplattengehäuse bzw. oft schon auf der ↗Mutterplatine; IDE hat direkt ↗MFM abgelöst; 2. Integrated Development Environment; integrierte Entwicklungsumgebung, entsprechend einer einfachen Verfügbarkeit sämtlicher Hilfsmittel der ↗Software-Entwicklung

Identifier

↗Bezeichner

Identifikation

1. Durch den Benutzer / die Benutzerin über exklusiven ↗Code oder ein Peripheriegerät mit automatischer Kennung zu erfolgende «persönliche» Anmeldung; 2. im ↗Mikrokanal notwendige, durch den Hersteller bei ↗IBM einzutragende, exklusive Nummer eines ↗Adapters; diese ID dient der Selbst-↗Konfiguration des Adapters im Mikrokanal

Idle, IDL

Untätig, abwartend; IDL ist eine oft gebrauchte Abkürzung / Meldung dafür

IDN

Integriertes Text- und Datennetz der Deutschen Telekom AG; das ↗digitale Netz umfasst die Dienste ↗Telex, ↗Datex-L, ↗Datex-P und das ↗Fernsprechnetz

IDV

Individuelle Datenverarbeitung; Tendenz zur Dezentralisierung in der betrieblichen ↗Datenverarbeitung; als koordinierendes und beratendes Organ wird rund um die IDV eine eigene betreuende Infrastruktur aufgebaut, das ↗Information Center

IEC

International Electrotechnical Commission; Internationale Kommission zur Normengebung vorwiegend im Starkstrombereich

IEEE

Institute of Electrical an Electronics Engineers; weltweite Vereinigung von Elektroingenieuren u.a. zur Normengebung («I triple E»)

IEEE 1394

Neuer, ↗bidirektional ↗serieller ↗Schnittstellenstandard zur verketteten Anbindung von ↗Peripheriegeräten an den ↗Computer; der Standard ermöglicht den Anschluss von 63 externen Geräten während des Betriebs (↗Hotplugging); die angeschlossenen Geräte – angepeilt wird Peripherie aus der Unterhaltungselektronik – melden sich mit ↗Plug and Play selber an; als ↗Transferraten werden bis 400 MByte/s angestrebt; die Kabellänge zwischen den Geräten soll bis 10 m betragen können; IEEE 1394 wird mittelfristig ↗SCSI ablösen; ↗Apple und Texas Instruments haben diesen Standard unter dem Namen Firewire gefördert, als IEEE 1394 sind nun auch ↗Microsoft und ↗IBM dazugestossen

IEEE 488

Von Hewlett-Packard vorgeschlagene und durch das IEEE normierte Kabel- und Steckverbindung für ↗Peripheriegeräte; der Stecker am Kabelende verfügt rückseitig über eine Buchse; so können Peripherieketten (↗Daisy Chaining) gebildet werden; die Gerätekette nennt sich bei HP GPIB: General Purpose Interface Bus und ist ein schnelles, ↗paralleles Verkabelungskonzept

IEEE 802.3

Norm für die elektrischen Eigenschaften von ↗Ethernet-Kabelverbindungen via Thick Ethernet und die tiefschichtigen Signal-↗Protokolle

IEEE 802.5

Norm für die elektrischen Eigenschaften von ↗Token-Ring-Kabelverbindungen und die tiefschichtigen Signal-↗Protokolle

IEEE 802.6

↗DQDB

IETF

↗Internet Engineering Task Force

IF… THEN (ENDIF)

In vielen Sprachen der ↗Strukturierten Programmierung realisierte «Bedingte ↗Auswahl», ↗Bedingung

IF… THEN… ELSE (ENDIF)

In vielen Sprachen der ↗Strukturierten Programmierung realisierte «Alternative ↗Auswahl», ↗Bedingung

IFS

Installable File System; ↗Dateisystem von Windows 95 mit langen ↗Dateinamen (255 ↗Zeichen); der Name deutet auf die ↗Offenheit des Dateisystems für andere Dateisysteme sowie für seinen künftigen Ausbau hin; das Dateisystem beruht auf der ↗FAT, welche in ihrer Länge erweitert wird und bisher reservierte Bereiche für Datei-Informationen zur Verfügung stellt; IFS und FAT sind gegenseitig kompatibel

IIS

Internet Information Server; von ↗Microsoft stammende, an ↗Windows NT angebundene ↗Server-↗Software für das ↗Internet

A B C D E F G H I J K L M N O P Q R S T U V W X Y Z etc.

Ikone
Bildsymbol, Sinnbild in grafischen ↗Benutzeroberflächen oder ↗Menüs, Beispiel: Gänsekiel für ↗Textverarbeitungsprogramm

Image
1. Image Processing: Verarbeitung von Bild-↗Dokumenten, 2: Image Backup: Archivsicherung von ↗Disketten ↗Spur für Spur auf Band zur originalgetreuen Disketten-Duplizierung; siehe auch ↗Full image

IMG
1. ↗Dateiformat für ↗Bitmap-Grafiken von ↗GEM; 2. Image Color Matching; unter ↗Windows 95 von Kodak lizensierte Technologie zur optimalen Übereinstimmung der Farben auf dem ↗Bildschirm und dem ↗Drucker

Impact
Aufschlag; ↗Physisches Anschlagen auf das Papier beim Druckvorgang bzw. Begriff für die ↗Drucker mit anschlagender Drucktechnik

Implementierung
1. Umsetzung der Spezifikationen in einen ↗Programm-Code; 2. Eingliederung eines ↗Softwaresystems in die ↗System- und Arbeitsumgebung

Import
Übernahme von ↗Daten aus einer anderen ↗Systemumgebung; I. kann auf verschiedenen Stufen stattfinden: je grösser die ↗Kompatibilität der beiden Partnersysteme, desto mehr Begleitinformationen kommen mit den Kerndaten; Beispiel: I. eines Textes bedeutet bei grosser Kompatibilität die Mitnahme von ↗Format-Informationen (Tabulatoren, Blocksatz usw.) und bei geringer Kompatibilität die Übernahme des reinen, unformatierten Textes

Inch
↗Zoll

Indeo
↗Komprimierungsverfahren von ↗Intel für ↗digitale Videodaten

Index
1. Stichwortregister; 2. in ↗Datenbanken: separate ↗Datei mit ständig sortiertem Eintrag eines ↗Datenfeldes aus allen ↗Datensätzen, z.B. des Familiennamens; 3. ↗Zeigerposition in ein- oder mehr-↗dimensionalen Datenfeldern

Index Print
Darstellung des ganzen Inhalts einer ↗Photo-CD als Kleinstbilder

Infobox
Dienstleistung der Telecom PTT zur Hinterlegung einer Sprechmeldung über das ↗Telefonnetz; also eine Art abonnierter Telefonbeantworter

Infonaut
↗Cybernaut

Infonet
↗VAN-Dienstleistungen eines Konsortiums von Europäischen PTT-Organisationen für den universellen ↗Daten-Verkehr auf der Basis von X.400

Informatik
Wissenschaft rund um die systematische Verarbeitung von ↗Informationen

Information
Folge von physikalischen Signalen mit benachrichtigendem Charakter; werden die Signale für die ↗EDV aufbereitet, spricht man von ↗Daten

Information (Super-) Highway
Wortschöpfung aus dem Jahre 1978 des US-Senators Al Gore; ↗Datenautobahn

Information Center
Dienstleistungsstelle in der Industrie zur Betreuung, Schulung der ↗PC-Benutzerschaft im Rahmen der ↗IDV; das IC evaluiert ↗Hardware und ↗Software, bringt sein Know-how unter die Leute und erstellt u.U. selber Software

Inhouse
Im Hause befindlich, die Grundstücksgrenzen nicht überschreitend; als Teilbegriff verwendet für Aktivitäten, welche mit eigenen Ressourcen oder auf dem eigenen Grundstück stattfinden; Beispiel: Inhouse-Kommunikation

INI
↗Dateinamens-↗Erweiterung für Initialisierungs- und ↗Konfigurationsdateien unter ↗Windows

INIT
Initialization Resource; beim ↗Booten des ↗Macintosh ↗resident in den ↗Arbeitsspeicher geladenes ↗Programm, sogenannte Startdatei; ab ↗System 7 des ↗Mac OS «Systemerweiterung» genannt

A B C D E F G H I J K L M N O P Q R S T U V W X Y Z etc.

Initiale
In der Typografie: In Schrift oder Stil besonders hervorgehobener erster Buchstabe am Beginn eines Absatzes

Initialisierung
Herstellen eines Grund-, Startzustandes bei einem ↗Objekt, ↗Programm, einer ↗Prozedur usw.; siehe auch ↗default

Ink Jet
↗Tintenstrahl(-drucker)

Inkrement
Wert, um welchen eine ↗Variable in einer ↗Schleife schrittweise vergrössert wird

Innensteg
In der Typografie: Innenrand einer gegenüberliegenden Seite, je vom ↗Satzspiegel bis zum Papierrand

Input
Eingabe

Insert
Einfügen, Einfüge-Modus

Installation
Einrichtung von ↗Hardware bzw. von ↗Software auf diese; gute Software bietet entsprechende Hilfen oder gar I.-Programme an

Instruktion
1. Unterweisung, ↗Anweisung, ↗Befehl in einer ↗Programmier- oder ↗Kommandosprache; 2. Kommando, so wie es auf der Ebene des ↗Mikroprozessors verarbeitet wird

INT
Funktion in der ↗Programmierung; ermittelt den ganzzahligen Anteil einer Zahl

Integer
↗Ganzzahl

Integration
Zusammenwachsen, Verschmelzen; 1. Mikroelektronik: Dichte der auf ↗Chips aufgetragenen «Bauteile»; 2. ↗Telekommunikation: Zusammenlegung mehrerer ↗Kommunikations-↗Kanäle der PTT; 3. ↗Informatik: Multifunktions-↗Software

Integrierte Schaltung
↗IC

Integrität
Unberührtheit; pauschaler Begriff für die Korrektheit, aber auch für die Unverletzlichkeit von ↗Daten

Integrität, referentielle
Verhinderung der Verletzlichkeit verknüpfter ↗Datenbestände durch Löschen von Bezugsdaten: die referntielle Integrität verhindert also namentlich, dass eine Verknüpfung auf ein nicht mehr existierendes ↗Datum zeigt

Intel
Herstellerin in der Mikroelektronik-Branche; von I. stammen die ↗Mikroprozessoren in der ↗MS-DOS-Welt: 80xx, 80yyy, ↗Pentium

Intelligenz, intelligent
Im Zusammenhang mit Gerätekomponenten: mit eigenen steuernden, überwachenden, entscheidenden und/oder rechnenden Möglichkeiten versehen, also aktiv

Intellisense
Technologie von ↗Microsoft zur Anwenderunterstützung: Wie ein unsichtbarer Roboter beobachtet I. die Manipulationen der Anwender und gibt laufend Ratschläge zu ihrer Rationalisierung

Interaktion
↗Dialog mit der Anwenderschaft

Interaktives Fernsehen
Ausbaustufe des ↗Video on demand: Fernsehen, bei dem benutzerseitig in die Abläufe von Spielfilmen eingegriffen wird: Rambo könnte so durchaus auch mal im Kampf sterben…

Interface
Elektronische Einheit zur Umwandlung von ↗Datensignalen für ↗Kommunikations-Zwecke

Interferenz
Unerwünschte Auswirkung auf andere ↗Systemteile

Interlaced
Durchwoben; Bezeichnung für den Bildaufbau in Form von zwei kurz nacheinander folgenden Halbbildern wie beim Fernsehen

A B C D E F G H I J K L M N O P Q R S T U V W X Y Z etc.

Interleave

Überlappung, Versetzungsfaktor; 1. zwecks zeitlicher Optimierung versetzte ↗Adressierung von ↗Speicherbanken bei ↗I/O-Operationen zwischen ↗Mikroprozessor und ↗Arbeitsspeicher mit verschiedenen ↗Zugriffsgeschwindigkeiten; 2. bei ↗Festplatten: versetzte Numerierung der ↗Sektoren, z.B. 1-7-13-2-8... bei Faktor 1:3, zwecks Synchronisation von I/O-Zugriffen auf die rotierende Scheibe mit dem Datenfluss; Faktor 1:1 optimiert die Anzahl Umdrehungen

Internet

Das grösste internationale Daten-↗Netz, welches theoretisch alle ↗Computer, die das ↗TCP/IP-↗Protokoll verwenden, verbindet; Internet ist zwar dem universitären Milieu und dem Dunstkreis von ↗Unix entwachsen, bietet deshalb aber immer noch schwergewichtig ↗Zugriff auf wissenschaftliche ↗Datenbanken und viele thematische ↗BBS; seit 1990 ist das Internet jedoch offen für kommerzielle Anbieter und seither in einem unglaublichen Wachstum begriffen, dies betrifft vor allem den Teilbereich ↗World Wide Web

Internet Engineering Task Force (IETF)

Konsortium zur Vergabe von Standards im ↗Internet

Internet Society, ISOC

Nicht profitorientierte Gesellschaft zur Förderung des ↗Internet, zur Vergebung von ↗Domänennamen, zur Standardisierung von Spezifikationen und Kodices rund ums Internet

InterNIC

Internet Network Information Center; Organisation in den USA zur Bereitstellung von Verzeichnissen im Internet (Listen, Adressdatenbanken usw.)

Interpreter

Sprachübersetzer; übersetzt das ↗Quellenprogramm beim Ablauf ↗Anweisung für Anweisung; interpretierte ↗Programme sind handlich zu ↗editieren, aber langsam im Ablauf

Interrupt

Unterbrechung; ↗systeminternes oder externes Unterbrechungssignal, welches vom ↗Betriebssystem periodisch abgefragt wird und dessen weitere Aktivitäten bestimmt; Beispiele: Signal vom Messgerät an ↗Daten-↗Schnittstelle, Signal von ↗Tastatur usw.; maskierte I. werden ignoriert, unmaskierte verarbeitet

Interrupt Controller

Elektronischer Baustein im Computer, welcher die ↗Interrupt-Verarbeitung koordiniert: so muss die ↗CPU nach dem Auftreten eines Interrupts informiert werden, dass eine andere Einheit Aufmerksamkeit verlangt, dass somit die gegenwärtige Aktivität in einem ↗Stack gespeichert werden und an die im ↗Interrupt-Vektor angegebene Adresse verzweigt werden soll

Interrupt, nicht maskierbarer

↗Interrupt mit der höchsten Priorität; wird z.B für die ↗Paritäts-Prüfung verwendet

Interrupt-Vektor

↗Software-↗Zeiger, der angibt, wohin das ↗Betriebssystem oder ein Programm verzweigen sollen, wenn ein ↗Interrupt auftritt

Intranet

Hausinternes ↗TCP/IP-↗Netzwerk mit ↗Messaging und ↗HTML-Technik für das Informationswesen; das weltweite Wachstum von ↗Internet bringt ab 1995 viele Firmen dazu, die Internet-Technik gewissermassen ins Haus zu nehmen; I. wird viele hergebrachte Vernetzungstechnologien (firmeninternes ↗E-Mail, ↗LAN-Technik mit ↗NOS usw.) neu definieren

invers

Negativ, umgekehrt dargestellt (z.B. weiss auf schwarz)

invertieren, Invertierung

Umkehren des ↗Bit-Wertes von 0 auf 1 bzw. von 1 auf 0

IP

Internet Protocol; Komponente der Protokollfamilie ↗TCP/IP; die heutige Version IPv4 (↗OSI ↗Schicht 3) stellt die Pakete zu 64 ↗KBit bereit und übernimmt die Wegfindung, das ↗Routing; jeder Teilnehmer im ↗Internet oder ↗Intranet hat eine einmalige IP-↗Adresse aus einem 32 Bit breiten Vorrat; seit Mitte der 90er Jahre wird zur Verhinderung der vorhersehbaren Engpässe an einem Nachfolgeprotokoll gearbeitet, dem ↗IPNG

IP-Adresse

Rein numerische, in vier Gruppen zu 8 ↗Bit (dezimal 0 bis 255) unterteilte 32 Bit-↗Adresse für Subnetzwerke und ↗Server im ↗TCP/IP-Netz bzw. im ↗Internet; neben dieser ↗physischen Adresse haben ständig im Netz befindliche Server einen logischen ↗Domain Namen, welcher von Name Servern in die IP-Adresse übersetzt wird

A B C D E F G H I J K L M N O P Q R S T U V W X Y Z etc.

IPNG

Internet Protocol Next Generation; zur Zeit (1996) noch in der Erarbeitung befindliches Netzwerkprotokoll als Nachfolge für ↗TCP/IP: der Adressenraum ist neu 128 ↗Bit breit

IPX/SPX

Internet Packet Exchange/Sequence Packet Exchange Protocol; Paketübertragungs-↗Protokoll von ↗Novell für ihre ↗Netzwerksoftware ↗Netware; eine Entwicklung von Xerox, welche auch in ↗Windows 95 Anwendung findet

IRC

Internet Relay Chat; Dienst im ↗Internet, der Ihnen das direkte Gespräch via Tastatur erlaubt; dazu müssen Sie auf Ihrem Rechner ein entsprechendes ↗Programm, einen ↗Client, laufen haben und die Verbindung zu einem IRC-↗Server herstellen

IrDA

Infrared Data Association; Konsortium verschiedener ↗Hardware-Hersteller, welches Spezifikationen für die Infrarot-Datenkommunikation zwischen ↗Computern und deren ↗Peripherie-Komponenten erlässt

IRQ

Interrupt Request; Unterbrechungs-Anfrage von einem ↗Programm oder einer ↗Peripherieeinheit an das ↗Betriebssystem zwecks Durchführung einer ↗I/O-Routine, der ↗Interrupt ist dann die Unterbrechung selbst

ISA

Industry Standard Architecture; bei den Herstellern als Quasi-Standard akzeptierte ↗Bus-↗Architektur der ↗PCs ab der ↗AT-Klasse: Datenbus 16 Bit, Adressbus 24 Bit, Bustakt 8.33 MHz, Transfer 5 MByte/s

ISAM

Index Sequential Access Method; ↗Daten-↗Zugriff in zwei Schritten: 1. ↗sequentielles Durchsuchen eines ↗Indexeintrags (z.B. Name), 2. nach dem Lesen einer Daten-↗Adresse direkter Sprung zu den Einträgen des zugehörigen ↗Datensatzes (z.B. Wohnort)

ISAPI

Internet Server API von ↗Microsoft; ↗Programmierschnittstellen für ↗Client/Server ↗Applikationen im ↗Internet und ↗Intranet; eine solche Schnittstelle wird z.B. dann benötigt, wenn eine ↗Textverarbeitung vom ↗WWW Daten ↗herunterladen und ↗konvertieren soll

ISDN, S-ISDN, N-ISDN, B-ISDN
Integrated Services Digital Network; leistungsfähiges Kommunikationsnetz der Telecom PTT / Deutschen Telekom: Sprache, Bild, Computerdaten, Texte usw. gehen über einen ↗Kanal, welcher mit grosser ↗Bandbreite, hohem ↗Multiplex und voll ↗digitalisiert arbeitet; die Übertragungsraten im ↗Basisband-ISDN (auch Schmalband-ISDN, S-ISDN oder N-ISDN für Narrowband) sind: 2 mal 64 ↗kbps (bei getrennter Nutzung von zwei sog. B-Kanälen) bzw. 128 kbps bei deren Kombination; B-ISDN (↗Breitband- oder Broadband-ISDN) kommt ab Mitte der 90er Jahre zum Tragen und bringt eine Transferrate von 140 ↗mbps

ISO
International Standardization Organization; Internationale Organisation zur Normengebung in der ↗Telekommunikation und ↗Informatik; 1946 von der UNO in Genf gegründet und dort domiziliert

ISO 9660
Standard für ↗CD-ROM-↗Datenträger; gewährleistet die Kompatibilität der CD-ROM Daten für möglichst viele Computer; Nachfolger von ↗High Sierra; ↗proprietär erweitert zu ↗CD-TV

isochron
Zeitgleich, gleichzeitig; im Zusammenhang mit der ↗Daten-↗Kommunikation ist die gleichzeitige Übermittlung von verschiedenen ↗Informationsträgern wie Sprache, ↗Computerdaten usw. gemeint

ISP
↗Internet Service Provider; siehe beim geläufigeren ↗Provider

ISV
Independent Software Vendor; (meist) herstellerunabhängiger Grossist oder Detailverkäufer von Software

Italic
In der ↗Textverarbeitung: Kursivschrift

Iteration
1. ↗Wiederholung oder ↗Schleifenprozess; 2. Mathematisches Näherungsverfahren

ITU
International Telecommunications Union; Unterorganisation der UNO; Behörde u.a. zur Normengebung in der ↗Telekommunikation, als Nachfolgerin des ↗CCITT seit 1993 tätig

ITU-TS

International Telecommunications Union – Telecommunications Standardisation Sector; Nachfolgeorganisation des ↗CCITT; Internationales Konsultativgremium zur Normengebung in der ↗Telekommunikation von Sprache und ↗Daten

Jackson-Diagramm
Form der grafischen Darstellung eines ↗Algorithmus mit starker Berücksichtigung der ↗Datenflüsse

Jackson-Methode
Entwurfsmethode für grössere ↗Programmprojekte mit ganzheitlicher Darstellung der Programm- und ↗Datenstruktur und mit einem ↗Strukturierten Programm als Resultat; Jackson-Diagramme gliedern hierarchisch in ↗Folge (Sequenz), ↗Wiederholung (Iteration) und ↗Auswahl (Selektion)

Java
↗Objektorientierte ↗Plattform von Sun Microsystems für die Entwicklung von interaktiven, multimedialen Präsentationen im ↗Internet, namentlich für das ↗World Wide Web; mit J.-Elementen (↗Applets) lassen sich multimediale Elemente im WWW-↗Dokument generieren oder ↗Objekte einbauen, welche in eine arbeitsteilige Interaktion mit dem ↗Web-↗Server in Sinne von ↗Client/Server treten

JavaScript
↗Programmiersprache als Erweiterung von ↗HTML zur Einbettung kleiner, oft animierter oder interaktiver Objekte in ↗WWW-Seiten, welche in HTML entwickelt wurden; J. ist eine Entwicklung von Netscape, doch dürfte die namentliche Verwandtschaft mit ↗Java von Sun nicht zufällig sein

JEIDA
Japanese Electronic Industries Association; Japanisches Firmenkonsortium, welches eine Spezifikation als Vorgängerin von ↗PCMCIA entwickelte; ab Version 4.1 identisch mit PCMCIA, welches heute ↗PC Card heisst

Jewel Box
Standardisierte Verpackung einer ↗CD oder ↗CD-ROM

Job
Ein bestimmter, in sich geschlossener Auftrag für den ↗Computer, ein J. kann aus mehreren ↗Programmteilen oder Programmen bestehen

Join
1. Allgemein: Verknüpfung von ↗Laufwerken, ↗Programmen oder ↗Daten; 2. in relationalen ↗DBMS bedeutet der Equi Join, dass nur ↗Datensätze verknüpft werden, deren verknüpfte Felder identisch sind; der Outer Join, dass neben diesen durch identische Felder verknüpften Datensätzen auch andere in den Verbund kommen können; 3. Beitritt zu einer Diskussionsgruppe in einem ↗Forum, in einer ↗Newsgroup usw.

Joker
Ersatzzeichen; z.B. * und ? bei ↗Dateinamen in ↗MS-DOS

Joystick
Gerät zur Steuerung des ↗Cursors oder anderer Objekte auf dem ↗Bildschirm, meist in Spielprogrammen; Eingabegerät

JPEG
Joint Photographic Experts Group; Normengremium von ↗ISO und ↗ITU; international als Standard akzeptiertes Verfahren für die ↗Komprimierung und den Transport von unbewegten Farbbildern; der Speicherbedarf vor und nach der Komprimierung beträgt bis 15:1 verlustfrei bzw. 65:1

JPG
↗Dateinamens-↗Erweiterung für ↗Bilddateien, welche nach ↗JPEG ↗komprimiert vorliegen

JSD
Jackson System Development; Weiterentwicklung des ↗JSP als integrierte Methode der ↗Systemanalyse, des ↗Programmdesigns und der Programmierung in drei Phasen: Modellierung, ↗Netzwerk, ↗Implementierung

JSP
↗Jackson Structured Programming; die ↗Jackson-Methode der ↗Strukturierten Programmierung

Jukebox
Plattenwechsler für optische ↗Datenträger

Jump
↗Sprung

Jump and Run
Kategorie von ↗Computerspielen, bei welchen Spielfiguren rennend und springend durch verschiedene Spielebenen gejagt werden; das Ziel von möglichst vielen Punkten wird durch das Bezwingen von Hindernissen und Feinden erreicht bzw. durch das Mitnehmen von Gegenständen aller Art; siehe auch ↗Adventure

Jumper
Elektronischer Schalter in der Form kleiner, mobiler Steckbrücken

Kalkulation
Buchhalterische Tätigkeit, in der ↗Informatik oft synonym für ↗Tabellenkalkulation gebraucht

Kaltstart
Einschalten des ↗Computers; siehe auch ↗Warmstart

Kanal
↗Datenleitung zwischen zwei ↗kommunizierenden Einheiten und entsprechende Kontrollmechanismen, z.B. zwischen dem ↗Computer und der ↗Peripherie

Kanalbündelung
Möglichkeit in ↗ISDN, zwei physische sogenannte B-Kanäle zu einem ↗logischen mit doppelter ↗Transferrate zusammenzulegen

Kapazität
Fassungsvermögen von ↗Speichern, Durchsatzleistung in ↗Datenkanälen

Kapitälchen
In der ↗Textverarbeitung: Schriftart, bei der anstelle von Kleinbuchstaben etwas verkleinerte und angepasste Grossbuchstaben verwendet werden

Karte
Saloppe Bezeichnung für ein steckbares, elektronisches Erweiterungsmodul, auch ↗Adapter, ↗Controller, Board; siehe auch ↗Steckplatz

Kaskade
In einem einzigen Block von Anweisungen mögliche Trennung mehrerer Fälle; Mehrfachentscheidung oder Fallentscheidung

KAT
Katalog; ↗Erweiterung von ↗Verzeichnisnamen in eingedeutschten ↗Versionen von ↗MS-DOS; Original: ↗DIR

Kathodenstrahlröhre
Herkömmliche ↗Bildschirmröhre

KB, KByte
↗Kilo-↗Byte

kbps
Kilobits Per Second; Mass für den ↗Datendurchsatz

Keep Alive

Bei neueren ↗WWW-↗Browsern vorgesehene Fähigkeit, eine Verbindung zum ↗Server offenzuhalten; dadurch kann das Blättern und Herunterladen aus dem entsprechenden Server schneller stattfinden; der Nachteil besteht in einer erhöhten Dauerbelegung des Servers

Kegel

In der Typografie: gesamte Buchstabenhöhe, also samt Unterlänge

Keller

1. Aufenthaltsort für Weinflaschen und Waschmaschinen; 2. ↗Speicher oder Register im ↗LIFO-Prinzip

Kermit

Quasi-standardisiertes, zusammen mit ↗XMODEM ältestes ↗Protokoll mit Fehlerkorrektur zur Übermittlung von ↗Binärdateien in der Klein-↗Dfü; dieses Protokoll ist auch auf Gross-Systemen und der ↗mittleren Datentechnik, namentlich im ↗Unix-Umfeld zu finden

Kernel

Kern eines ↗Betriebssystems, meist ↗Assembler- oder ↗Maschinensprache-↗Code; in ↗Unix grösstenteils in ↗C

Kerning

Manuelles Verändern des Abstandes zwischen zwei Buchstaben zur Harmonisierung des Schriftbildes

Kernspeicher

Eigentlich eine historische ↗Speichertechnologie; heute oft und fälschlich verwendet für ↗Arbeitsspeicher

Key

↗Schlüssel

Keyboard

↗Tastatur

Keypad

Externe ↗Tastatur bzw. Zusatztastatur mit dem ↗numerischen Tastenfeld, dem Zahlenblock

KI

↗Künstliche Intelligenz

kilo-, Kilo-
kilo- (klein «k») ist nach der Norm des ↗SI ein Vorsatz für «tausend»; Zeichen «k»; die ↗Informatik spricht ebenfalls häufig von Kilo- (gross «K»), meint damit aufgrund der ↗binären Arbeitsweise aber 1024; ein KByte ist demnach ein KiloByte, das sind 1024 ↗Bytes

Kit, KIT
1. Satz aus Zubehörteilen; Bausatz; 2. Kernsystem für intelligente Terminals: von einem Partner der Deutschen Telekom AG entwickelter Standard zur grafisch besser aufbereiteten Präsentation der sonst nur halbgrafischen ↗Btx-Seiten

Klammeraffe
Sonderzeichen «@» in der ↗Datenverarbeitung; je nach ↗Software sehr unterschiedliche, ab und zu auch gewollt «leere» Bedeutung

Klarschrift
↗Dokument in einer vom Menschen, im Zusammenhang mit ↗Informatik-Mitteln aber auch von Maschinen, lesbaren Form

Klasse
1. Siehe detailliert unter ↗Telefax und ↗Class; 2. Typdeklaration in der ↗objektorientierten ↗Programmierung, legen die Eigenschaften und das Verhalten der ↗Objekte fest

Kleincomputer
Eine der vielen Bezeichnungen für die Klasse der Tischrechner; wenn von ↗Personal Computern oder ↗Personal Systemen die Rede ist, dann meint man damit meist die mehr oder weniger standardisierte Familie von ↗Computersystemen mit ↗Intel und ↗MS-DOS

Klick
1. Tastenbetätigung bei der ↗Maus; kurzer Druck auf die Maustaste, aktiviert ein Objekt; 2. im ↗Terminal ausgelöste akustische Quittierung eines Tastendrucks

Klon
Eigentlich aus der Genetik stammender Begriff; in der ↗Informatik bezeichnet man damit einen völlig identischen Nachbau, z.B. die detailliert dem Original nachempfundenen ↗PCs aus Fernost

Knopf
Kleines Feld in einer ↗Dialogbox, mit welchem eine von mehreren sich gegenseitig ausschliessenden Optionen aktiviert werden kann; Optionsschaltfeld

Knotenrechner
Rechner im Knoten eines ↗Netzwerks; vermittelt und überprüft die Leitungen sowie den ↗Datenverkehr

Koax
1. ↗Koaxialkabel; 2. Bezeichnung für die ↗Bildschirm- und ↗Drucker-↗Schnittstelle bei grossen ↗IBM ↗Systemen

Koaxialkabel
Abgeschirmtes Spezialkabel zur ↗breitbandigen ↗Datenübertragung

Kombinationstaste
Taste, welche immer in Kombination mit einer anderen zu drücken ist; damit wird die Möglichkeit der ↗Tastaturbelegungen vervielfacht

Kommando
Einzelne, durch den Anwender vom ↗Betriebssystem, einer ↗Applikation, einem ↗Dienstprogramm oder einer ↗Programmiersprache verlangte Aktivität; das K. kann durch ein standardisiertes Befehlswort, einen ↗Maus-↗Klick bzw. aus ↗Makros und ↗Batchprogrammen heraus übermittelt werden

Kommando, externes
Nicht ständig im ↗Arbeitsspeicher ↗residierendes ↗Betriebssystem-↗Kommando, dessen zugehörige Aktivität also nach dem Aufruf vom ↗Massenspeicher ↗geladen wird

Kommando, internes
Ständig im ↗Arbeitsspeicher ↗residierendes ↗Kommando

Kommunikation
Austausch, Übermittlung, Mitteilung von ↗Informationen bzw. ↗Daten, Verbindung zweier informationsverarbeitender ↗Systeme

Kompatibilität, kompatibel
Gegenseitige Verträglichkeit von ↗Hardware und ↗Software-↗Systemen untereinander; leider oft missbrauchter und keineswegs klar definierter Begriff; rückwärtskompatibel sind Produkte, die zu früheren Versionen kompatibel sind

Komplement
1. Negation; 2. Form der internen Repräsentation von ↗binär ↗codierten ↗Dezimalzahlen; es gibt mehrere Methoden der Umrechnung und Darstellung: beim Einerk. sind einfach die binären Werte vertauscht; das Zweierk. ist das Einerk. vermehrt um den binären Wert 1; die Subtraktion ist eine Addition von Operand 1 mit dem Zweierkomplement von Operand 2

Komponente
1. Allgemeine Bedeutung als Baustein; 2. in der ↗objektorientierten Programmierung grosse, mit universellen ↗Schnittstellen versehene und deshalb in mehreren ↗Anwendungen einsetzbare ↗Objekte

Kompression, Komprimierung
1. ↗Algorithmisches Verfahren zur Verdichtung der ↗Datenbestände auf dem ↗Datenträger oder bei der ↗Kommunikation; 2. in der Typografie: Text ohne ↗Durchschuss

Konfiguration, konfigurieren
Anpassen eines ↗Datenverarbeitungssystems an die speziellen Bedürfnisse der Anwenderschaft in den Bereichen ↗Peripherie, Landessprache, Arbeitstempo usw.

Konsistenz
Vollständigkeit und Richtigkeit der ↗Daten in einer ↗Datenbank

Konsole
Bedienungseinheit beim ↗Computer

Konstante
Im ↗Deklarationsteil eines ↗Programms definierter ↗Bezeichner mit einem festen Wert

kontextbezogen, -sensitiv
Funktionsweise der Benutzer/innen-↗Hilfe, deren Spezialität darin besteht, dass textliche oder grafische Hilfestellung automatisch zur gerade bearbeiteten Aktivität angeboten wird

Kontrollfeld
1. ↗Dialogdatei im ↗Macintosh, über welche die ↗Mensch-Maschine-Schnittstelle des ↗Systems grafisch konfiguriert wird; 2. Auswahlmöglichkeit in einer ↗Dialogbox, mit der eine einzelne Option ein- oder ausgeschaltet wird, Checkbox

Konventioneller Speicher
↗Speicherraum bis 640 ↗KByte in ↗MS-DOS und ↗Intel, 638 KByte stehen für MS-DOS und ↗Anwendungen zur Verfügung; Low Memory Area oder Conventional Memory

Konversion
Umwandlung von ↗Daten, ↗Protokollen u.a. durch spezielle ↗Hardware oder ↗Software

Konzentrator

Einrichtung, welche mehrere ↗physikalische ↗Kanäle zu einem einzigen mit entsprechend höherer ↗Durchsatzrate zusammenfasst; im Gegensatz zum ↗Multiplexer erreicht beim K. die Durchsatzrate nicht die Summe aller Teilraten

Kopfsteg

In der Typografie: Raum zwischen ↗Satzspiegel und Papieranfang

Kopierschutz

Schutz von ↗Programmen auf ↗Datenträgern gegen Kopieren; verwendet werden verschiedene Methoden mit ↗hardware- oder ↗softwaremässigen Eingriffen, der K. ist bei der Anwenderschaft wenig beliebt, weil die Originale verwendet werden müssen

kryptographieren

Verschlüsseln von Klartext; es gibt standardisierte K.-↗Algorithmen, z.B. den ↗DES

Künstliche Intelligenz, KI

Ausstatten von ↗Hardware und ↗Softwaresystemen mit ↗intelligenten Leistungen wie automatisches Beweisen, ↗Expertensysteme, natürlichsprachliche ↗Kommunikation; Bildverstehen und Animation, Robotik, Abstraktion, Lernvermögen usw.; von KI erwartet man «fehlerfreie» und wesentlich leistungsfähigere Hard- und Software

Kupferleitung

Elektrischer Signalleiter nach herkömmlicher Technologie; wird aufgrund diverser Nachteile (↗Bandbreite, ↗Multiplex, Kosten, Signalverlust usw.) in der ↗Telekommunikation zusehends durch ↗Glasfaserkabel ersetzt

Label
1. Adressetikette für den Massenversand; 2. ↗Sprungmarke in einem ↗Programm; 3. namentliche Identifikation des ganzen ↗Datenträgers

laden
Vorgang des Kopierens von ↗Daten oder ↗Programmen vom ↗Massenspeicher in den ↗Arbeitsspeicher; Programme werden dabei gleichzeitig aktiviert

LAN
Local Area Network; lokales ↗Netzwerk; physikalische Verknüpfung von mehreren ↗Computern auf dem gleichen Grundstück mit dem Zweck der ↗Datenkommunikation; die zentrale Station heisst ↗Datei-↗Server und beherbergt die Datenbestände von gemeinsamem Interesse sowie evtl. ↗Programme; die ↗Arbeitsstationen der Anwenderschaft sind der Ort der Verarbeitung

LAN Manager
↗Netzwerk-↗Betriebssystem von ↗Microsoft und IBM; durch Microsoft ab 1993 zugunsten von ↗Windows NT aufgegeben und von IBM als Bestandteil von ↗OS/2 weitererentwickelt; später ↗LAN Server; heute OS/2 Warp Server

LAN Server
↗Netzwerk-↗Betriebssystem von ↗OS/2

Land
Erhebung in der Datenspur einer ↗CD, binär eine 1; siehe ↗Pit

Landing Zone, Landzone, Lzone
↗Datenfreie Zone auf einer ↗Festplatte zum ↗Parken der ↗Schreib-/Leseköpfe im Ruhezustand; früher musste das Parken manuell befohlen werden, heute erfolgt es automatisch einige Sekunden nach dem letzten ↗Zugriff

Landscape
Landschaft(-smalerei); Druck eines papierenen ↗Dokuments im Querformat

LAPM
Link Access Procedure for Modems; ↗Protokoll zum Aufbau einer Verbindung zweier ↗Modems ab V.42; gewisse Terminalprogramme geben beim Verbindungsaufbau eine mit obigem Kürzel versehene Rückmeldung

Laptop
Klasse der tragbaren ↗Kleincomputer mit Flach-↗Bildschirm

Las Vegas Algorithmus
Algorithmus, der als Entscheidungen neben «ja» und «nein» auch «ungewiss» kennt und deshalb sehr viel in ↗stochastischen Modellen anzutreffen ist

Laser
Light Amplification by Stimulated Emission of Radiation; extreme Bündelung von elektromagnetischen Strahlen gleicher Wellenlänge im Sichtbereich, der entstehende Lichtstrahl ist sehr energiereich

Laserdrucker
↗Nonimpact-↗Drucker mit einem Arbeitsprinzip analog dem Fotokopierer; Einsatz als Schönschriftdrucker und im ↗Desktop Publishing

Latenzzeit
Zeit, welche verstreicht, bis bei positioniertem ↗Schreib-/Lesekopf ↗Daten geschrieben oder gelesen werden können; der Kopf muss zuerst ausschwingen und auf den vorbeikommenden ↗Sektor warten

Laufweite
In der Typografie: Abstand zwischen einzelnen ↗Zeichen

Laufwerk
↗Hardware für Verwaltung, ↗Speicherung und ↗Zugriff von ↗Daten auf einem ↗Datenträger (Platte, Band); die automatische Mechanik nimmt dem Bediener dabei alles ab im Gegensatz zur Station, wo noch menschliche Manipulationen nötig sind wie z.B. bei einer Bandstation

Laufzeit, -fehler, -system
Zustand, ↗Variable, Fehler, ↗Speicherkonfiguration usw., welche erst während des ↗Programmlaufs auftreten (können); Laufzeitfehler sind auf einer korrekten ↗Syntax beruhende aber logische Fehler (z.B. eine Division durch 0); unter dem Laufzeitsystem versteht man zusammenfassend sämtliche Ressourcen, welche erst während des Programmlaufs programmspezifisch ↗konfiguriert werden (↗dynamische Daten und anderes)

Lauschen, Lauscher
Zuhörerin oder Zuhörer in gewissen Internet-Bereichen wie: ↗Chat oder ↗Usenet; es gehört zum guten Benehmen, zur ↗Netiquette, in den genannten Aktivitätsbereichen zuerst einmal eine Weile zu lauschen, bevor man eigene Beiträge bringt

Layer
↗Schicht

LCD
Liquid Crystal Display; ↗Flüssigkristallanzeige

LDSG
Landesdatenschutzgesetz in Deutschland

Leased Line
↗Mietleitung

Lebenszyklus
Lebensdauer, Lebenszeit einer ↗Software-Lösung von den ersten Schritten der Entwicklung bis zur Ausserbetriebnahme und Deinstallation

LED
Light Emitting Diode; 1. Leuchtdiode; 2. neue, zukunftsweisende Technologie für Seiten-↗Drucker (noch weniger Mechanik, keine Umlenkspiegel wie beim ↗Laserdrucker)

LEO
Low Earth Orbit; Netz von erdnahen Satelliten (500 bis 9000 km über der Erdoberfläche), wie es seit 1995 privatwirtschaftlich schrittweise aufgebaut wird und im Jahre 2000 für die Mobiltelefonie erdumspannend in Betrieb sein soll

Letter
Buchstabe; Schönschriftqualität beim Drucken (↗NLQ, ↗LQ)

LF
↗ASCII-Zeichen 0A(H) (10): Line Feed, Zeilenvorschub

LIB
↗Dateinamens-↗Erweiterung in ↗DOS und ↗Windows für ↗Bibliotheksdateien

Library
Bibliothek; 1. Sammlung von ↗Dateien mit bei Bedarf verwendbaren ↗Dokumenten, z.B. ↗Clip Arts; 2. Sammlung fertig programmierter ↗Routinen, welche in der Entwicklung in ↗Programme eingebunden werden können

Lichtgriffel
Gerät zur Abtastung einer Koordinate vom ↗Bildschirm, Eingabegerät

Lichtwellen- (mit Zusatzbezeichnung)
Das Licht, meist ↗Laser-Strahlen als Signalträger benutzend (↗Glasfaser)

LIF
Light Insertion Force; ↗Prozessorsockel, dessen bauliche Eigenschaften einen geringen Kraftaufwand zum Auswechseln des Bausteins erfordern; siehe auch ↗ZIF

LIFO
Last In, First Out; ↗Speicher ohne ↗Adressierungsmöglichkeit, sondern mit stapelartiger Anordnung und lesendem ↗Zugriff in umgekehrter Reihenfolge, wie das Schreiben erfolgte

Light Pen
↗Lichtgriffel

LIM
Lotus – ↗Intel – ↗Microsoft; Firmenkonsortium, welches den Standard ↗EMS (↗Expanded Memory Specification) zur ↗Speichererweiterung unter ↗MS-DOS setzt und auch entsprechende Lösungen anbietet

Line
Anschluss an ↗Modems als Abzweigung in die ↗Telefonbuchse; leistungsfähige Modems haben oft einen Anschluss L. und Phone; in diesem Fall kann ein Telefonapparat direkt an Phone angeschlossen werden, so dass die Telefonsteckdose nicht doppelt belegt ist

Line out, in
Unverstärkter Ausgang für ↗Audiosignale an ↗Soundkarten, ↗CD-ROM-Laufwerken usw.; Eingang für Audiosignale zwecks weiterer Bearbeitung in der Tonbearbeitung

linear
Im Zusammenhang mit dem ↗Arbeitsspeicher: nur durch die Breite des ↗Adressbusses beschränkte und in allen Bereichen gleiche Adressierbarkeit des Arbeitsspeichers (z.B. volle 4 ↗GByte bei 32 ↗Bit Busbreite); also ohne ↗Segmentierung, wie wir sie von ↗MS-DOS kennen

Link
Bindeglied; 1. ↗datenmässige Verbindung zwischen zwei ↗Computern; 2. ↗linken; 3. Querverweis von einem ↗WWW-Dokument aufs andere

linken
Nach dem ↗Compilieren zu erfolgende Anbindung von ↗System-↗Routinen (↗Bibliotheksroutinen) z.B. für Ein- und Ausgabe; Resultat ist ein lauffähiges, (↗EXEcutable) ↗Programm

Linux
↗Unix «Light» als ↗Shareware im universitären Umfeld; L. entsprang der privaten Initiative eines Studenten und in Zusammenarbeit mit Hunderten von Leuten im ↗Internet; als grafische ↗Benutzeroberfläche kommt ↗X-Windows zum Zug

LISA
Logical Integrated Software Architecture; erster PC von ↗Apple mit einer grafischen ↗Benutzeroberfläche

LISP
LISt Processing; höhere ↗Programmiersprache auf der Basis ↗Künstlicher Intelligenz

Listing
↗Kommando-Liste eines ↗Programms

Listserv
«Geschlossene» Gruppe von ↗Internet-Benutzer/innen, welche untereinander ↗Mailings zu einem bestimmten Thema austauschen; siehe auch ↗Usenet, ↗Listserver und ↗Maillist

Listserver
↗Server oder ↗Programm, welche eine Metaliste von E-Mail-Adressenlisten verwalten und die aufgelisteten Verzeichnisse (↗Maillists) automatisch mit elektronischer Post bestücken; siehe auch ↗Listservs verteilt

Literal
Unbenannte ↗Konstante in einem ↗Programm; Konstante, die keinerlei Stellvertretungsfunktion übernimmt bzw. auch keiner Erläuterung bedarf, z.B. ein ↗Kommando oder die ↗Zeichenkette «November»

Live Object
Modul, ↗Objekt einer ↗OpenDoc ↗Applikation; auch ↗Part genannt

Liveware
Der menschliche Anteil zwischen, unter und über all der ↗Hardware, ↗Software und ↗Firmware

Living Links
Gelegentlich aufblitzender Begriff für den ↗dynamischen Datenaustausch, ↗DDE

Lizenz
Benutzungsgebühr, entspricht rechtlich nicht dem Besitzstatus

LOC, locate
1. Lines Of Code, Anzahl der Codezeilen in einem ↗Quellprogramm; 2. Kommando in diversen ↗Programmiersprachen zur Lokalisierung eines (↗Zeiger-) Standortes

Local Area Network
↗LAN

A B C D E F G H I J K L M N O P Q R S T U V W X Y Z etc.

Local Bus

Lokaler Bus; direkte elektronische Koppelung des ↗Prozessors mit Erweiterungseinheiten unter Umgehung des ↗Systembusses, also u.a. mit dem graphischen ↗System eines ↗PCs; L. B. ↗Adapterkarten übernehmen den externen Prozessor-↗Takt und sind nicht mehr auf die Taktfrequenz des Systembusses limitiert; dank dem L. B. werden als wichtigstes die Grafikdaten schneller aufgearbeitet, was vor allem in der ↗Windows-Umgebung wichtig ist; der Prozessor wird mit dem L. B. durch einen eigenen Prozessorsatz (Fachsprache: ↗Chip Set) gekoppelt; L. B. Steckplätze können auch «normale» Karten aufnehmen

LocalTalk

Kabelsystem und Signalvermittlung (↗OSI-↗Schichten 1 und 2) von ↗Apple im ↗AppleTalk-↗Netzwerk mit ↗Bus-↗Topologie, einem ↗Datendurchsatz von 230 ↗kbps und 256 möglichen Knoten bzw. 16 Mio Knoten in mehreren Zonen

Lochkarte, Lochstreifen

Nicht erneuerbarer, veralteter ↗Datenträger

Locking

Sperre von ↗Dateien (↗File L.) oder ↗Datensätzen (↗Record L.), um in ↗vernetzten ↗Systemen die gleichzeitige ↗Transaktion durch verschiedene Benutzer zu verhindern

Log in / on

Sich anmelden bei einem ↗System (↗Parameter, ↗Identifikation und ↗Passwort); die Anmeldungen werden bei grösseren Systemen auf einem sog. ↗Audit Trail protokolliert

Log out / off

Sich abmelden bei einer ↗Netzwerk-↗Ressource, z.B. dem ↗Dateiserver

Log, Logbuch

Bordbuch; bei ↗mittleren und grösseren ↗Systemen ist damit die Buchführung über alle ↗Transaktionen auf dem System gemeint (meist auf Band); der Prozess des sich An- und Abmeldens am System heisst ↗log in (on) und ↗log out bzw. log off

Logik

Entscheidungsfähigkeit mikroelektronischer Bausteine im ja/nein-Prinzip; alles, was die Mechanismen von Aktion und Reaktion in ↗Programmen betrifft

logisch
1. Mit der ↗Logik eines ↗Computers zusammenhängend; 2. nur der planerischen Struktur und nicht irgendwelchen ↗physischen Gegebenheiten entsprechend; Beispiel: das logische ↗Format auf einem ↗Datenträger meint die nicht sichtbare ↗Blockbildung sowie Anordnung der ↗Daten und nicht das physische Abbild auf dem Datenträger

LOGO
Höhere, leicht erlernbare ↗Programmiersprache; LOGO leistet wesentlich mehr als die von den Medien her bekannte Schildkrötengrafik: diese ist nur ein Hilfsmittel, Kindern die Strukturen modernen ↗Programmierens beizubringen

Lokal
1. In der Datenkommunikation: an den örtlichen ↗Host angeschlossen; 2. beim ↗Programmieren: nur auf der Ebene einer Subroutine, einer ↗Prozedur usw. gültig

Lokales Netzwerk
↗LAN

Loop
↗Schleife

löschen
Tätigkeit des Ausradierens von ↗Daten im ↗Arbeitsspeicher oder auf dem ↗Massenspeicher

Low Cost
Im unteren Preisbereich angesiedelt

Low DOS Memory
Synonym für ↗Konventioneller Speicher

Low Level
Tiefes Niveau; 1. Tiefer Spannungspegel in elektronischen Schaltungselementen; um 2 bis 5 Volt; ganz neue ↗Festplatten bis zur Generation ↗RLL wurden in zwei Arbeitsgängen ↗formatiert; die L.-Formatierung kam einer Vormagnetisierung gleich, während die High Level-Formatierung die ↗Spuren, ↗Sektoren und das leere Inhaltsverzeichnis anbrachte; ab ↗EDI ist diese Art Formatierung nicht mehr nötig, bzw. werksseitig vorgenommen; Gegenteil: ↗High Level

Low Memory Area
↗Konventioneller Speicher

lpi

Lines Per Inch; Mass für die Dichte der Zeilen in einem ↗Dokument in Zeilen pro ↗Zoll

lpm

Lines Per Minute; eines der Masse für die Geschwindigkeit beim Drucken in Zeilen pro Minute

LPT

1. Line ↗Printer; 2. Bezeichnung für die ↗Parallelschnittstelle in ↗MS-DOS

LQ

Letter Quality; Schönschrift mittels ↗Matrixdrucker

LSI

Large Scale Integration; ↗Chips mit 100 bis 100000 Bauteilen

LST

Least Significant Bit, niederwertigstes ↗Bit, Bit in der «Einer»-Position rechts aussen

LU6.2

↗Netzwerk-↗Protokoll von ↗IBM für die verteilte Datenverarbeitung vor allem für die neueren ↗Client/Server Applikationen

Lurk, lurking, lurker

↗Lauschen

MAC
Media Access Control; Teilschicht der Sicherungs-↗Schicht im ↗Netzwerk zur ↗Daten-↗Kommunikation zwischen dem ↗Treiber der Netzwerkkarte und deren ↗ROM; damit wird die Netzwerkkarte ins Netzwerk eingebunden und gegenüber dem Netz identifiziert

Mac OS
Durch Apple im Jahre 1993 festgelegte Bezeichnung für das ↗Betriebssystem des ↗Macintosh; das M. hat als Betriebssystemkern das ↗«System» und als grafische ↗Benutzeroberfläche den ↗«Finder»; die beiden gehören im Normalfall zusammen

Mac, Macintosh
Familie von Kleincomputern der Firma ↗Apple ab 1984

MacPaint
1. Produktbezeichnung; 2. Dateiformat für ↗Bitmap-Grafiken

Magnetband
↗Erneuerbarer ↗Datenträger; wird heute im wesentlichen noch für Langzeitsicherungen und ↗Datenverarbeitungs-↗Logbücher verwendet

Magnetblasenspeicher
Elektronischer ↗Speicher mit sehr wenig Energiebedarf sowie lesender und schreibender ↗Zugriffsmöglichkeit; wird in tragbaren Geräten deshalb sogar als ↗Massenspeicher eingesetzt; kostenintensiv

Magneto-optische Speicherung
Technologie zum mehrfachen Beschreiben optischer ↗Datenträger mit einer Kapazität von 230 ↗MByte (3.5 ↗Zoll) bis 650 MByte (5.25 Zoll); der Schreibvorgang erfolgt magnetisch nach starker Erhitzung durch einen ↗Laserstrahl, der Lesevorgang erfolgt rein optisch durch unterschiedliche Reflexion der magnetischen Polaritäten; die Datentäger mit ähnlichem Aussehen wie die 3.5-Zoll-Disketten befinden sich in festen Gehäusen

Mail Merge, Mailmerge
↗Serienbrief-Funktion

Mailbox, -system
↗Computer als elektronischer Briefkasten, als Meldungsvermittler; E-Mailing ist ein in der Bedeutung explosiv wachsender Zweig der ↗Telekommunikation für den kommerziellen und privaten Bereich; ein Mailboxsystem umfasst die ganze technische und administrative Infrastruktur rund um das elektronische Postwesen; der Begriff Mailbox wird oft auch verwendet für kleinere ↗Online-Dienste

A B C D E F G H I J K L M N O P Q R S T U V W X Y Z etc.

Maillist, Mail List
Liste von Empfängerinnen oder Empfängern identischer elektronischer Briefe, E-Mails; solche Listen existieren zu Tausenden im ↗Internet (Bereich ↗Usenet) und bei Firmen; Achtung: mit dem Eintrag in eine solche Liste kommt viel elektronische Post auf Sie zu; das sich austragen ist dann oft nicht so einfach!

Mainboard
Motherboard, ↗Mutterplatine

Mainframe
Eine der Bezeichnungen für ↗EDV-Grossanlagen

Majuskeln
In der Typografie: Grossbuchstaben einer Schrift

Makro
Kleinstprogramm innerhalb einer ↗Applikation meist als Folge von Tastatur-Betätigungen

male
Männlich; bei Steckverbindungen der Teil mit den Stiften

MAN
Metropolitan Area Network; auf ↗Glasfaserübertragung basierendes, ↗breitbandiges Hochleistungs-↗Netzwerk innerhalb eines Gebietes von bis 50 km Durchmesser; Stadtverkehrsnetz

Management Information System
1. ↗System zur Verwaltung sämtlicher fürs Management relevanter Daten: Personaldaten, Produktions- und Bewirtschaftungsdaten, Terminplanung, Sitzungsverwaltung; 2. Gesamtheit aller Daten zum Unterhalt eines ↗Informationssystems oder ↗Netzwerkes

Mantisse
In der Potenzschreibweise von ↗Fliesskommazahlen die Basis

Map, Mapping
Landkarte; 1. Modell oder visuelle Darstellung der ↗Speicherbelegung (↗Memory Map); 2. Modell, Abbild der ↗Dateistruktur in einem ↗physischen oder ↗logischen Laufwerk

MAPI
Messaging ↗API; Programmierschnittstelle über welche ↗Applikationen auf ↗E-Mail-Dienste zugreifen können

Mappe
↗Arbeitsmappe

Margin
In der Dokumentgestaltung: Rand

Marginalie, Marginspalte
In der Typografie: Randspalte mit Stichworten, z.B. in Gesetzbüchern, Sachbüchern usw.

Marvel
Name für ↗The Microsoft Network (↗MSN) in dessen Entwicklung

Masche
↗Netzwerk-↗Topologie; ein am Netzwerk teilnehmendes Gerät ist elektronisch mit mehreren anderen gekoppelt, in der Darstellung der Gesamtheit ergibt dies eine bildliche Maschenstruktur

Maschine
Ausführender Kern eines ↗Programms, um den herum es noch der ↗Daten- und Bedienungs-↗Schnittstellen bedarf; oft auch Engine; eine ↗Datenbank-Maschine ist demnach der Kern eines ↗Datenbanksystems aus dem ↗Softwarehaus A, welcher u. U. dann von der Firma B zu einer käuflichen ↗Applikation ausgebaut wird; Beispiel: der Kern des neuen ↗Hilfesystems von ↗Windows 95 heisst bei ↗Microsoft «Help Engine»; bei einer M. ist es also wie bei der Kaffeemaschine: was eigentlich drin steckt, bleibt unbekannt (siehe auch ↗OEM)

Maschinensprache
↗Programmiersprache mit direkter ↗Byte-Eingabe als ↗Kommandos; die M. ist sehr schwierig zu handhaben, weil sie dem Anwender keinerlei Gedächtnisstützen liefert und ↗prozessorspezifisch ist

Maske
1. Layout zur Eingabe oder Ausgabe von ↗Daten: Bildschirm, Drucker; 2. Gitter hinter dem Bildschirmglas zur Fokussierung der Elektronenstrahlen

maskieren
↗Hardware- oder ↗Softwaresignale so verändern, dass sie nur noch bestimmte Zwecke erfüllen und andere Zwecke verändern; Beispiel: ↗Hacker m. fremde Daten mit eigenen ↗Adressen und umgekehrt; siehe auch ↗Interrupts

Massenspeicher
↗Hardware und ↗Software zur dauerhaften ↗Speicherung von ↗Daten oder zu deren Transport; das eigentliche Speichermedium ist der ↗Datenträger; die M.-Hardware umfasst mindestens ein ↗Laufwerk mit ↗Controller und zugehöriger (↗System-) ↗Software

Master

Meister; 1. ↗Adapter mit direkter Kontrolle über den ↗Bus im ↗Mikrokanal; 2. Mutter- oder Hauptversion von Datenbeständen, z.B. die Mutter-↗CD-ROM

Mastering

Herstellen reproduzierbarer ↗Datenträger, vor allem ↗multimedialer ↗CDs

Matched Memory

Etwa: Angepasster Speicher; automatische Anpassung des ↗I/O-↗Taktes auf die ↗Zugriffsgeschwindigkeit der Speicherbausteine; realisiert im ↗Mikrokanal; Gegenteil: ↗Wartezyklus

Matrix

1. ↗Datenstrukturen: ein- oder mehr-↗dimensionales ↗Datenfeld – in der Regel ist ein zweidimensionales gemeint; 2. Drucktechnik: ↗Matrixdrucker

Matrixdrucker

↗Drucker, welcher die zu druckenden Zeichen aus ↗Punkten zusammenstellt; Beispiele: ↗Nadeldrucker, ↗Tintenstrahldrucker, weniger verbreitet sind ↗Thermodrucker oder ↗Thermotransferdrucker mit Punktematrix

MAU

Media Access Unit; elektronisches Koppelelement zum Anschluss eines ↗Token-Ring-Teilnehmers, bzw. dessen zwei verdrillter Kabelsegmente mit seiner Nachbarstation

Maus

Gerät zur schnellen Bewegung einer Eingabemarke auf dem ↗Bildschirm (zeigen), zur Anwahl einer ↗Menüoption (klicken), zum Markieren (doppelklicken), zum Bewegen von Objekten über die Arbeitsfläche (bewegen oder ziehen) usw.; die Maus wird über den Tisch gefahren und überträgt die Bewegung auf eine mitrollende Kugel und diese ihre Signale in den ↗Computer; eine optische Maus wertet von ihr selber ausgestrahlte und von der Unterlage, einer speziellen Mausmatte, reflektierte Lichtkegel aus; angeschlossen wird die Maus über die ↗Schnittstelle RS-232C (Serielle Maus) oder via eine eigene Schnittstelle direkt auf der ↗Mutterplatine (Bus Maus); auch bei der ↗Macintosh-Maus handelt es sich um eine solche – sie besitzt zusammen mit der Tastatur eine eigene Schnittstelle, den ↗Apple Desktop Bus

Mäuseklavier

Etwas saloppe Bezeichnung für die ↗DIP-Schalter

MB, MByte
↗Mega-↗Byte; 1024 ↗KByte

mbps
Megabits Per Second; siehe ↗bps

MCA
Aus rechtlichen Gründen nicht mehr verwendbare Abkürzung für den ↗Mikrokanal von ↗IBM

MCD
Produktename für ↗magneto-optische ↗Speichertechnologie und entsprechende ↗Datenträger im Format 3.5 ↗Zoll

MCGA
Multicolor Graphics Array; Grafikmodus für ↗Bildschirme, typischerweise 320x200 oder 640x480 ↗Punkte und 256 aus 262144 Farben (Norm für Farbbildschirme auf ↗PS/2 mit ↗AT-Bus)

MCI
Media Control Interface; geräteunabhängige ↗Softwareschnittstelle, welche ↗Multimedia-↗Applikationen den ↗Zugriff auf Multimedia-↗Dateien und -Geräte erlaubt; die Abkürzung hat so gesehen eine funktionale Bedeutung, wird von ↗Windows aber gleichzeitig als interner Standard verwendet

MDA
1. ↗Monochrome Display and Parallel Printer Adapter; Name des ersten ↗Bildschirmadapters für ↗PCs, 25 Zeilen zu 80 ↗Zeichen, nur Textmodus, 9poliger TTL-Stecker; 2. Multi Device Arbitration; prioritäre Vergabe von ↗Buszeit für ↗Adapter im ↗Mikrokanal nach zyklischer Abfrage

Mega-
Sogenannter Vorsatz des ↗SI für Faktor 1'000'000; Zeichen «M»; in der ↗Informatik 1'048'576 (siehe dazu ↗Kilo-)

Megacom
↗ISDN-Stufe der Telecom PTT mit 1920 ↗kbps bis 2 ↗mbps

Mehrplatzsystem, Mehrplatz-...
↗Datenverarbeitungsanlage mit mehreren Bedienungseinheiten (↗Terminals oder ↗Arbeitsstationen); die heutige Verwendung des Begriffs meint in der Regel ↗Systeme mit zentraler ↗Intelligenz und «dummen» Terminals, also nicht ↗LANs

Memo
1. Notiz; 2. in gewissen ↗Datenbanksystemen: eigener ↗Datentyp für Notizen, welche ↗dateiextern gespeichert werden

A B C D E F G H I J K L M N O P Q R S T U V W X Y Z etc.

Memory
Gedächtnis; ↗Speicher

Mengengerüst
Aus der statistischen Erfassung betrieblicher Abläufe resultierende, quantitative Zusammenstellung des Flusses von ↗Dokumenten und ihres Platzbedarfs für die Archivierung; das M. dient als Basis für die ↗Kapazitätsberechnung von ↗Systemen

Mensch-Maschine-Schnittstelle
Gesamtheit aller Bedienungselemente, Geräte und Tätigkeiten im ↗Dialog zwischen Mensch und ↗Computersystem; alle diese Elemente werden oft als Gradmesser für die Benutzerfreundlichkeit herangezogen

Menü
Zunehmend ↗ikonisch auf dem ↗Bildschirm dargestellte Auswahl an verschiedenen ↗Programmteilen oder ↗Funktionen usw.

Merlin
Codename für die Haupt-↗Version 4.0 von OS/2, welche Ende 1996 auf den Markt kam

Metadatei
↗Metafile

Metadaten
↗Daten über Daten; um die Suche nach über viele ↗Datenbanken und ↗Datenbanksysteme verteilten Informationen zu erleichtern, werden oft möglichst standardisierte Daten über ebendiese Datenbanken gesammelt und mit Suchwerkzeugen verknüpft

Metafile
↗Datei für ↗Vektorgrafiken unter ↗Windows mit universellem Dateiformat zwecks ↗Kompatibilität mit verschiedenen Grafik-↗Anwendungen

MF, MF-2
Multifunction; heutige Vielzweck-↗Tastatur mit 12 ↗Funktionstasten, getrenntem Zahlenblock und den ↗Cursor-Tasten in der Anordnung eines kopfstehenden «T»

MFM
Modified Frequency Modulation; verbesserter ↗Algorithmus und Aufzeichnungsverfahren für magnetische ↗Datenträger (↗Diskette, ↗Festplatte); Vorgänger: ↗FM, Nachfolger: ↗MMFM

MFS
Macintosh File System; ursprüngliches Dateisystem des ↗Macintosh mit bloss einer ↗Verzeichnisebene

MHS
Message Handling System; Elektronischer Mitteilungsdienst; oft Synonym für ↗X.400

MIB, MIS
↗Management Information Base / System

Micro Channel
↗Mikrokanal

Micro Spacing
Fähigkeit einer ↗Textverarbeitung zur gleichmässigen Verteilung der Abstände zwischen mehreren Wörtern in einer Textzeile beim ↗Blocksatz

Microcom Networking Protocol
Verbreitetstes ↗Protokoll zum Transport, zur Fehlerkorrektur und ↗Komprimierung von ↗Daten in der schnellen ↗Dfü; die Protokolle mit verschiedenen Leistungsmerkmalen werden als Klassen MNPx bezeichnet; ab MNP5 enthält die Fehlerkorrektur auch eine Datenkomprimierung um Faktor 2 oder mehr

Microsoft
Wichtigster Hersteller von ↗Betriebssystemen und ↗Applikationen für den ↗PC

Microsoft At Work
Spezifikation von ↗Microsoft zur ↗Integration aller wichtigen Geräte der Bürokommunikation in eine ↗Informatik-Umgebung

Microsoft Exchange
Konkretisierung von ↗Microsoft At Work in ↗Windows 95: Zusammenzug von ↗Online-Dienst, ↗Telefax und ↗E-Mail unter einheitliche Verwaltung und Bedienung

Middleware
Sammelbegriff für die ↗Schnittstellensoftware, welche der einen Umgebung den ↗Zugriff auf Datenbestände der anderem Umgebung erlaubt; Beispiele sind die vielen Umsetzungssprachen für Zugriffe auf ↗Mainframe-Datenbanken oder ↗SQL

A B C D E F G H I J K L M N O P Q R S T U V W X Y Z etc.

MIDI
Musical Instrument Digital Interface; 1. genormte ↗Schnittstelle in der Musikelektronik (↗seriell, ↗asynchron, 31.25 ↗kbps), physikalisch als 5poliger ↗DIN-Anschluss; 2. ↗Dateiformat für Klangdateien

Midrange System
Computersystem der mitteren Datentechnik, siehe auch ↗Minicomputer

Mietleitung
Sammelbegriff für kundenspezifische, gemietete ↗Datenleitungen der Telecom PTT für den Transport ↗digitaler oder ↗analoger Signale

Migration
Prozess des Umrüstens von ↗Applikationen und ↗Daten von einer ↗Systemumgebung auf eine neue

Mikro-
Sogenannter Vorsatz des ↗SI: millionstel-; Zeichen «μ»; im Zusammenhang mit einem Objekt meist als «kleinst-» verwendet

Mikrocode
Innerster Maschinencode auf ↗Hardware-Einheiten (vor allem im ↗Steuerwerk) zu deren eigener Steuerung bzw. als Schnittstelle zum ↗Betriebssystem; ↗residiert im ↗ROM oder anderen ↗Festwertkomponente und wird u.U. in ↗gepuffertes ↗RAM geladen, so z.B. bei Grossystemen

Mikrocomputer
↗Kleincomputer von der Grössenordnung eines ↗Personal Computers; der Begriff M. umfasst aber auch ganz spezielle ↗Computersysteme, die mit dem eher aufs Büro ausgerichteten ↗PC wenig zu tun haben: Mess- und Steuereinheiten, Bordcomputer usw.

Mikrokanal
Die von ↗IBM zusammen mit dem ↗Personal System/2 und als Nachfolge des ↗ISA-↗Bus angekündigte ↗Systemarchitektur für ↗Kleincomputer, rechtlich geschütztes, neuartiges elektronisches, ↗logisches und ↗physisches ↗Systemdesign: 15 ↗Adapter, 32 ↗Bit ↗Datenbus; Bustakt 10 MHz, Transfer bis 40 MB/s

Mikroprozessor
Mikroelektronisches Bauteil; ↗IC mit ↗logischen und meist auch rechnenden Fähigkeiten; der M. bildet als sogenanntes ↗Steuerwerk und eben meist auch ↗Rechenwerk das «Gehirn» des ↗Datenverarbeitungs-Systems

Milli-
Sogenannter Vorsatz des ↗SI: tausendstel-; Zeichen «m»

MIME
Multipurpose Internet Mail Extension; ↗Protokoll, welches im ↗Internet eine ↗Binärdatei beliebigen Inhalts in eine Textdatei einbindet; elektronische Post via Internet wird also dann durch MIME gepresst, wenn z.B. an einen Text noch ein Programm geheftet ist

Minesweeper
Spiel-Einstiegsdroge unter ↗Windows; es geht darum, verborgene Minen zu ertasten und entschärfen

Minicomputer
Heute verwirrender Name für Geräte der ↗mittleren Datentechnik; muss historisch verstanden werden: früher gab es nur die saalfüllenden Kolosse und die zimmerfüllenden Minis, geblieben ist die Koppelung der ↗physikalischen Grösse mit dem Namen…; heute spricht man besser vom ↗Midrange System oder von der ↗mittleren Datentechnik

Minitel
↗Vtx / ↗Btx in Frankreich und im grenznahen Raum

Minuskeln
In der Typografie: Kleinbuchstaben einer Schrift

MIPS
1. Million Instructions Per Second; Millionen ↗Instruktionen pro Sekunde, ein Mass für die Rechenleistung von ↗Prozessoren oder ganzen ↗Hardware-Einheiten; da eine Instruktion bis zu 300 Taktzyklen braucht, ist M. zur Angabe der reinen Prozessorleistung bedeutungslos; 2. humoristisch in Fachkreisen: Meaningless Indicator of Processor Speed

Mittellänge
In der Typografie: Höhe eines Kleinbuchstabens ohne ↗Ober- und ↗Unterlänge

Mittlere Datentechnik
↗Computer-↗Systeme von der Grösse und dem Leistungsumfang im Bereich zwischen den ↗PCs bzw. ↗Workstations einerseits und den ↗Gross-Systemen andererseits; oft, jedoch verwirrlich, als Minis oder Minicomputer bezeichnet; man spricht ferner von ↗Midrange Systems

MM
↗Multimedia

MMA
MIDI Manufacturers Association; Firmenkonsortium, welches Spezifikationen für ↗MIDI-↗Dateien erlässt

MMFM
Modified Modified Frequency Modulation; weiter verbesserter ↗Algorithmus und Aufzeichnungsverfahren für magnetische ↗Datenträger; Vorgänger: ↗MFM, Nachfolger: ↗RLL

MMU
Memory Management Unit; Separater Baustein oder im ↗Mikroprozessor untergebrachte Funktionseinheit zur optimierten Verwaltung des ↗Arbeitsspeichers

MMX
Multimedia Extension; neuere Technologie von ↗Intel in ihren ↗Mikroprozessoren: auf Multimedia getrimmte ↗Hardware-Zusätze: ↗Kompression und Dekompression von Bildern und Filmen, Hilfsroutinen für Grafik und Ton

Mnemonik, Mnemotechnik
Gedächtniskunst, Kunst des Einprägens von Lernstoffen durch «Eselsleitern»; in der ↗Informatik: Wahl der Namen von ↗Kommandos, ↗Programmen oder ↗Dateien, die das Sich-Einprägen ihrer Funktionen / ihres Gehalts erleichtert, z.B. «BESTFORM.TXT» für Bestellungsformular; benannt nach Mnemosyne, Gedächtnis(göttin) und Mutter der Musen

MNP
↗Microcom Networking Protocol

MO, MOD
Magneto Optical, Magneto Optical Disc; ↗magneto-optische Speicherung

MOD, Modulus, Modulo
Funktion in der ↗Programmierung; ermittelt den ganzzahligen Rest bei der Division zweier Ganzzahlen, ↗Integers; gleichbedeutend mit NACHKOMMAANTEIL(a/b) * b

Modelling, Solid oder Surface
Darstellungsweise dreidimensionaler Objekte: plastisch und eingefärbt; das Resultat ist ein optisch gut erkennbares aber noch nicht fotorealistisches Modell; Surface Modelling stellt nur Oberflächen dar, Solid Modelling auch Körperteile, Querschnitte usw.

Modem
MOdulator – DEModulator; Signalwandlungsgerät für die ↗Telekommunikation, ein M. wandelt die ↗digitalen Signale des ↗Computers in ↗analoge um und speist diese in eine ↗Telefonleitung, der Umkehrvorgang ist ebenfalls Sache des Modems

Modul
1. elektronisches Bauteil; 2. Teilprogramm mit abgeschlossener Funktion, Routine

Modula
Durch den Autor von ↗Pascal, Niklaus Wirth, ausgebaute ↗Programmier- und Entwicklungumgebung; ähnlich Pascal wurzelt auch M. stark in einer pädagogischen Absicht und wuchs auch nur rudimentär aus der universitären in die kommerzielle Entwicklung hinaus

Modulation
Mathematische Kombination eines variablen Übertragungssignals mit einem konstanten Trägersignal in der ↗Telematik und Unterhaltungselektronik

Modulo-10, Modulo-11
↗Algorithmen zur Berechnung einer Prüfziffer; beiden Verfahren ist gemeinsam, dass jede Ziffer einer Zahl mit einem bestimmten Faktor multipliziert und aus diesen Produkten die Summe berechnet wird; die Summe dividiert man anschliessend durch 10 bzw. 11 und errechnet aus dem Divisionsrest eine Prüfsumme, ein ↗Prüfbit

Moiré
↗Interferenz von Punktrastern bei unterschiedlicher ↗Dichte (z.B. beim Scannen von Rasterbildern); das Resultat sind schillernde Linienmuster

Monitor
1. ↗Bildschirm; 2. elementarste im ↗Festwertspeicher ↗residierende ↗Betriebssoftware zur Überwachung bestimmter Abläufe; 3. ↗Dienstprogramm zur dynamischen Überwachung und Dokumentierung von Abläufen, z.B. zur Anzeige der Auslastung eines ↗Netzwerks

monochrom
Einfarbig, bezieht sich auf ↗Bildschirme

Monte Carlo-Algorithmen, -Methoden
↗Algorithmen, welche auf ↗Zufallszahlen beruhen, z.B. in der Statistik, in ↗Iterationen usw.

Morph, Morphing
Technologie in der Bildverarbeitung / ↗Animation: Ein Bildmotiv geht durch schrittweise Verfälschung in ein anderes über

A B C D E F G H I J K L M N O P Q R S T U V W X Y Z etc.

MOS

Metal Oxyde Semiconductor; Technologie in der Herstellung von ↗Chips

Mosaic

Sehr verbreitetes Abfrageprotokoll (↗Browser) mit grafischer ↗Benutzeroberfläche zum Durchsuchen von ↗World Wide Web-↗Servern im ↗Internet; Autor ist das NCSA: National Center for Supercomputing Applications, bzw. dessen Mitarbeiter Marc Andreesen, welcher 1994 die Firma Netscape gründete

Motherboard

↗Mutterplatine, Hauptplatine

Motif

Grafische ↗Benutzeroberfläche unter Unix aus der Küche von ↗OSF

Motorola

Hersteller in der Mikroelektronik-Branche; von M. stammen die ↗Mikroprozessoren in der ↗«680xx-Welt» (↗Apple ↗Macintosh, Commodore Amiga, Atari ST), sowie diejenigen vieler Hochleistungs-↗Arbeitsstationen: 68000, 68010, 68020, 68030, 68040,...; M. ist am PowerPC mitbeteiligt

Mount, «mounten»

1. In ↗Unix das Zubinden eines Dateisystems zu einem gerade benutzten; 2. Neudeutscher Ausdruck für das Anmelden von ↗Peripherie auf einem ↗SCSI-↗Bus

Mousepad

Mausmatte mit textiler oder Kunststoff-Oberfläche; bei einer optischen ↗Maus ist ein geometrisches Muster eingedruckt, damit die Bewegungen analysiert werden können

MOV

↗Dateinamens-↗Erweiterung für ↗QuickTime-↗Movies in der ↗Windows-Welt

Movie

Film; Ton/Bildsequenz in ↗Multimedia

MP

1. Multilink ↗PPP; auf der ↗OSI Sicherungsschicht operierendes ↗Protokoll zur Verbindung verschiedener ↗physikalischer ↗Netzwerke zu einem einzigen ↗virtuellen Netzwerk; 2. ↗Multiprocessing

MPC, MPC-II

↗Multimedia-PC

MPEG
Motion Picture Experts Group; Normengremium von ↗ISO und ↗ITU; international als Standard akzeptiertes Verfahren für die ↗Komprimierung und den Transport von bewegten Videobildern sowie von Audioinformationen; der Speicherbedarf vor und nach der Komprimierung beträgt bis 200:1; M. ist nicht kompatibel zu ↗JPEG

MPR
Methode zur Messung sowie Norm über die Zulässigkeit von ↗Bildschirm-Abstrahlungen des Schwedischen Institutes für Messwesen (National Board for Measurement and Testing); MPR-I ab 1987 und MPR-II ab 1990 mit zusätzlichen Normen in Bereich niederfrequenter Strahlung und elektrischer Felder

MS-DOS
↗Microsoft Disk Operating System; ↗Betriebssystem für ↗Kleincomputer mit ↗Prozessoren der Familie 80xx und 80yyy von ↗Intel, oft einfach ↗DOS

MSAU
Multistation Access Unit; zusammenführendes Schaltelement für mehrere Teilnehmer im ↗Token-Ring-Kabelsystem von ↗IBM; siehe auch ↗ICS

MSB
Most Significant Bit, höchstwertiges ↗Bit, Bit in der Position rechts aussen

MSI
Medium Scale Integration; ↗Chip mit 100 bis 1000 Bauteilen

MSN
The ↗Microsoft Network; geschlossener ↗Online Datendienst von Microsoft, zusammen mit Windows 95 produktiv eingeführt, schon 1996 zunehmend in den ↗WWW hinein geöffnet und bis Ende 1996 endgültig dorthin migriert

MTBF
Mean Time Between Failures; mittlere Zeit zwischen dem Auftreten von Fehlern; Fehleranfälligkeit eines ↗Systems ausgedrückt als mathematische Wahrscheinlichkeit

MTTR
Mean Time To Repair; durch Messungen und statistische Berechnungen ermittelte, mittlere Reparaturzeit für eine ↗Systemkomponente

A B C D E F G H I J K L M N O P Q R S T U V W X Y Z etc.

MUD

Multiple User Dungeon; Mehrbenutzer Verlies; ↗Internet-Bereiche mit mystischen, interaktiven Spielen zwischen verschiedenen Benutzer/innen

Multicast

In der ↗Daten- und ↗Telekommunikation: eine Mehrpunkt-zu-Mehrpunkt-Verbindung; siehe auch ↗Broadcast und ↗PPP

MultiFinder

↗Betriebssystem-Erweiterung im ↗Macintosh zur gleichzeitigen Arbeit mit mehreren ↗Applikationen (↗Multitasking); der M. gehörte zum Standard-Lieferumfang bzw. ist ab ↗System 7 des ↗Mac OS im ↗Betriebssystem integriert

Multifrequenz

↗Multiscan

Multimedia

Neue Generation von ↗Datenverwaltungs-↗Software und entsprechende Spezialausrüstungen in der ↗Hardware: Unterschiedliche Typen von ↗Informationen (Text, Bild, Ton, Computerdaten,…) lassen sich dynamisch und interaktiv verwalten sowie «durcheinander», unstrukturiert, abrufen; M.-↗Applikationen steuern die verschiedensten Medien an

Multimedia-PC

↗Multimedia-Standard für ↗Hardware und ↗Software durch ein Firmenkonsortium unter Federführung von ↗Microsoft; zu den Anforderungen des MPC Level 2 (MPC-II) gehören im Minimum: ↗Intel ↗80486SX, 4 ↗MByte ↗RAM, 160 MByte ↗Festplatte, 8-↗Bit ↗VGA mit 65536 Farben, ↗digitales ↗16-Bit Audiosystem, ↗CD-ROM-Laufwerk, ↗APIs rund um ↗Windows ab ↗Version 3.1; wie beim heutigen ↗Software-Gigantismus mit diesen Spezifikationen Multimedia zu betreiben ist, sagt niemand…

Multiplex

Durch spezielle ↗Codierung mögliche Mehrfachbelegung von ↗Kommunikationskanälen; siehe auch ↗Konzentrator

Multiprocessing, asymmetrisches

Gleichzeitige Abwicklung verschiedener Teilaufgaben durch zwei oder mehr ↗Prozessoren in einem Mehrprozessorsystem; die Verteilung der Aufgaben ist (z.B. durch die Prozessortypen) vorgegeben; ein Prozessor ist meist der ↗übergeordnete

Multiprocessing, symmetrisches
Verteilung einer gerade laufenden Teilaufgabe auf zwei oder mehrere ↗Prozessoren in einem Mehrprozessorsystem; das ↗Betriebssystem kann dabei die Aufgaben selbst verteilen

Multiprogramming
Möglichkeit des gleichzeitigen Laufenlassens von mehreren ↗Applikationen auf einem ↗Computer

Multiscan
Im Zusammenhang mit ↗Bildschirmen: Monitore, welche sich auf verschiedene ↗Zeilen- und ↗Bildwiederholfrequenzen automatisch einstellen können und die somit für verschiedene ↗Grafikkarten einsetzbar sind

Multisession
Fähigkeit der ↗Hardware-↗Software-Lösung zum Lesen von ↗Photo-CDs, welche zeitlich gestaffelt beschrieben wurden

Multisync
Warenzeichen von NEC für ↗Multiscan-↗Monitore

Multitasking
Wirklich oder durch Vergabe von ↗Prozessorzeit an verschiedene ↗Tasks nur scheinbar gleichzeitiges Laufenlassen von mehr als einem ↗Programm bzw. Auftrag im ↗Computer, betrachtet von der ↗Systemebene; für den Anwender äussert sich M. meist als ↗Multiprogramming; wirklich echtes Multitasking ist streng genommen nur in Mehrprozessorsystemen möglich

Multitasking, kooperatives
Auch: Nicht-↗preemptives M.; eine ↗Applikation erhält nach dem Zeitscheibenverfahren ↗Prozessorzeit und kann diese wunschgemäss lange behalten, sie ist andererseits auch in der Lage, im Falle vorübergehender Ruhe solche abzugeben; weil die Anwendung den Prozessor für andere Aufgaben gewissermassen freigeben muss, kann ein Programmabsturz das ganze System anhalten; Beispiele sind: ↗Windows 3.x und ↗Mac OS

Multitasking, preemptives
Auch: Zeitscheiben-M. bzw. Time Slicing: planmässig ausschliesslich durch das ↗Betriebssystem verteilte Prozessorzeit an jeden Task mit der Möglichkeit, diese in eine Prioritätenliste einzuteilen; kein Programm erhält die ganzen ↗CPU-↗Ressourcen oder darf seinen ihm zugewiesenen Speicherraum überschreiten; dadurch ist das preemptive M. absturzsicherer; es wird auch oft «echtes» M. genannt; Beispiele sind: ↗OS/2, ↗Windows NT, ↗Windows 95, ↗Unix

Multithreading
Gleichzeitiges Laufenlassen von mehr als einem ↗Thread im ↗Computer, gesehen von der ↗Systemebene; M. ist flexibler und für den Anwender schneller als ↗Multitasking; M. existiert in ↗OS/2 und vielen ↗Unix-Varianten, nicht aber in ↗Windows 3.x

Multiuser
↗Zugriff, Bearbeitung durch mehrere Anwender

Mutation
(Sprunghafte) Änderung; 1. Änderung / Aktualisierung eines Eintrags in einer Datenbank; 2. Änderung des «genetischen» ↗Codes (↗Signatur) von ↗Viren

Mutterplatine
Wichtigste und meist grösste elektronische Platine im ↗Computer; die M. enthält die ↗CPU, den ↗Speicher und die wichtigsten Bauteile für den ↗I/O-Verkehr

Nachfolger
1. In der ↗Tabellenkalkulation eine Zelle, deren Formel einen Quellen-↗Bezug auf eine andere Zelle enthält; 2. Nachfolger-Funktion in Programmiersprachen, welche den nächsten Wert in einem aufzählenden ↗Datentyp aufruft

Nachleuchten
Durch die Qualität der fluoreszierenden Beschichtung in der ↗Bildschirmröhre bedingtes, mehr oder weniger schnelles Eindunkeln eines gelöschten ↗Punktes oder ↗Zeichens in der Bildschirmanzeige

Nadeldrucker
↗Impact-↗Matrixdrucker, bei dem die einzelnen Punkte durch kleine Nadeln erzeugt werden, die durch ein Farbband hindurch aufs Papier schlagen

NAK
↗ASCII-Zeichen 15(H) (21): Not Acknowledge; Rückmeldung eines ↗Peripheriegeräts, dass die ↗Daten nicht korrekt ankamen oder interpretiert werden konnten

Name Server
Computer, welcher die logischen ↗Domain Namen von ↗Internet-↗Hosts in die physischen ↗IP-Adressen übersetzt

NAND
↗NOT ↗AND

Nano-
Sogenannter Vorsatz des ↗SI: milliardstel-, Zeichen «n»

Nassi-Shneiderman
↗Ablaufplan; einfach zu lernende grafische Darstellung eines ↗Algorithmus, die unstrukturierte Anweisungen verhindert; oft einfach ↗Struktogramm genannt

Natel
In Deutschland: Handy; Nationales Auto-Telefon-Netz der schweizerischen Telecom PTT, als Natel C ab Sommer 1987 mit stark gewachsener Teilnehmer-Kapazität; Natel C wird 2005 eingestellt werden; in einer starken Wachstumsphase befinden sich das ↗digitale Natel D und Natel D ↗GSM

native
Angeboren; meist verwendet für ein ↗Betriebssystem oder eine ↗Applikation, welche zu den neuen technischen Möglichkeiten einer ↗Hardware oder eines ↗Mikroprozessors nicht bloss ↗kompatibel sind, sondern dafür umgeschrieben wurden

Navigation, Navigationshilfe

Programme zur effizienteren Durchforstung von internationalen Datennetzen nach bestimmten Suchbegriffen bzw. Inhalten; solche Programme haben oft bedienungsfreundliche ↗Benutzeroberflächen

Navigator, Netscape Navigator

Abfrageprotokoll (↗Browser) mit grafischer ↗Benutzeroberfläche zum Durchsuchen von ↗World Wide Web-↗Servern im ↗Internet; es existieren ↗Server- und ↗Client-Versionen; N. entstand 1994 (↗Beta-↗Version im Dezember 1994 im ↗Internet) durch Marc Andreesen, den Autor von ↗Mosaic; zur Zeit arbeitet die Truppe von Bill Gates daran, N. als Marktleader zu verdrängen, bzw. auch den Markt des ↗WWW-Browsing zu monopolisieren

Navio

Geplante Software-Allianz von Netscape, IBM, Oracle und vielen anderen, um die ↗HTML-Technologie und den ↗WWW nicht ganz in die Hände von Microsoft gleiten zu lassen

NC

1. Numerical Control; ↗numerische Steuerung, durch Zahlencodes gesteuerte industrielle Fertigungsmaschine; 2. Net Computer: seit 1995 viel verwendeter Begriff für einen Billigst-Computer, der sich lokal nur gerade ins ↗Internet ↗bootet und seine Aktivitäten dann voll dort entfaltet: Daten laden und speichern, spielen usw.; die Industrie legt zur Zeit viel Energie in den NC, weil damit die Abhängigkeit von ↗Microsoft und deren ↗Betriebssystemen durchbrochen werden soll; Idee von Oracle

NCSA

1. National Computer Security Association; Gremium in den USA, welches sich mit Sicherheitsfragen in der ↗Informatik allgemein befasst und namentlich das ↗Hacker- und ↗Phreaker-Wesen in den USA überwacht; 2. National Center for Supercomputing Applications

NDS

Network Driver Specification; durch ↗Novell etablierte ↗Betriebssystem-Erweiterung zur Lokalisierung von ↗Arbeitsstationen in grossen ↗Netzwerken

Negation

Umkehrung eines ↗booleschen Wertes

Net

Synonym für ↗Internet

Net, Netz
Steht je nach Zusammenhang für ein ↗Netzwerk (↗LAN, ↗GAN, ↗WAN) oder das ↗Internet

NetBEUI
NetBIOS Extended User Interface; ↗Netzwerk-↗Protokoll, welches die Art und Weise definiert, wie die ↗Daten über das Netzwerk übermittelt werden; vor allem für kleinere und mittlere Netzwerke wie z.B. ↗Windows for Workgroups

NetBIOS
↗Emulationsprogramm und ↗Netzwerk-↗Protokoll von ↗IBM, welches dem Netzwerk-↗Betriebssystem u.a. den Zugang zum ↗Token-Ring und damit die ↗Datenkommunikation ermöglicht; N. ist gleichzeitig als ↗API zu verstehen, mit dessen Hilfe Anwendungsentwickler den Zugang zu Token-Ring Ressourcen erschliessen; viele Netzwerkkonzepte greifen auf N. zurück

Netikette, Netiquette
Verhaltenskodex in der Anwendung des ↗Internet bzw. vor allem seiner ↗Newsgroups; die N. verfolgt dabei Ziele der Netz-↗Performance und der Ethik (in dieser Reihenfolge?)

Netizen
Citizen of the Net; der Weltenbürger, der Weltenbummler im ↗Internet

Netware
Name des ↗Netzwerk-↗Betriebssystems der Firma ↗Novell; Marktführer N. wird durch ↗MS-DOS gestartet, kann zum Ablaufen jedoch auf MS-DOS verzichten

Network Information Service
Zentrale Datenbank von ↗Netzwerkadressen in einem ↗Unix-Netzwerk wie dem ↗Internet

Netzteil, Netzteil geschaltet
Stromversorgungs-Komponente; das Netzteil des ↗Computers hat diesen in der Regel mit 5 bzw. 12 Volt Gleichspannung zu versorgen; immer mehr Komponenten zehren sogar bloss 3.3 Volt; geschaltete Netzteile sind solche, welche auch noch weitere Hardware zu- oder wegschalten, in der Regel den Monitor

Netzwerk
Verkettung von ↗Computersystemen zu ↗Kommunikations-Zwecken; sowohl die ↗Mehrplatzsysteme wie auch die ↗LANs sind als N. zu betrachten, auch wenn sie völlig verschiedenen Konzepten gehorchen

Netzwerk-Computer
↗NC

Neuronale Netze
Mikroelektronische Schaltungen, welche funktionsmässig den Schaltungsprinzipien im Gehirn nachempfunden sind

Newbies
Neulinge in Diskussions-↗Foren wie ↗Usenet

News Server
↗Server, welcher eine bestimmte Anzahl von ↗Newsgroups verwaltet und die ↗Kommunikation unter den Teilnehmer/innen bzw. mit anderen Newsgroups unterhält

Newsgroup, Newsgroups
Diskussionsforum für Interessengruppen im ↗Internet; es existieren rund 12'000 N.

Newton
Eigentlich Newton Intelligence; von ↗Apple entwickelte Technologie, bestehend aus ↗Hardware- und ↗Softwarekomponenten; N.-Geräte unterstützen die Anwender in ihren täglichen Aufgaben aller Art und machen sich die Arbeitsgewohnheiten dieser Personen zu eigen: Verwaltung von Notizen, Ideen, Terminen, Adressen, elektronische Post, ↗Telekommunikation; siehe auch ↗Personal Digital Assistant

NewWave
Neue Welle; völlig ↗objektorientierte, grafische ↗Benutzeroberfläche von Hewlett-Packard für verschiedene Umgebungen, z.B. für ↗Windows; 1993/94 eingestellt

NeXT
Hochleistungscomputer des ↗Apple-Mitgründers Steven Jobs mit wegweisenden Standards wie: ↗Display ↗PostScript, Optischer Speicher, ↗Unix mit grafischer ↗Benutzeroberfläche u.a.; nach flauem Start wurde die Hardware-Entwicklung und Produktion 1992 aufgegeben

Nextstep
Auf ↗Unix basierendes ↗Betriebssystem mit grafischer ↗Benutzeroberfläche; N. war das Standard-Betriebssystem der ↗NeXT Computer und wird nach deren Einstellung weiterentwickelt bzw. sogar auf verschiedene ↗Prozessorfamilien ↗portiert

NFS
Auch PC-NFS; Network File System; von Sun Microsystems entwickelte, offene ↗Zugriffsmethode auf ein ↗virtuelles ↗Dateisystem in heterogenen Netzwerken; N. besorgt für die ↗Anwendung die Zugriffe und Konversionen

Nibble
Halbes ↗Byte, vier ↗Bits

NIS
↗Network Information Service

NLQ
Near Letter Quality; (nahezu) Schönschrift mittels ↗Matrixdrucker

NMI
Nicht maskierbarer ↗Interrupt

NNTP
Network News Transport Protocol; ↗Protokoll zur Übermittlung der ↗Daten von ↗Newsgroups im ↗Internet

No Name
↗Diskette oder anderes Zubehör ohne sichtbaren Herstellernamen; oft stecken hinter N.-Waren namhafte Hersteller, die sich so Preisbindungen entziehen

Noise
↗Rauschen

Nonimpact
Sammelbegriff für alle ↗Drucker-Technologien, in welchen das ↗Zeichen ohne ↗physisches Aufschlagen zu Papier gebracht wird

Noninterlaced
Angabe für ↗Monitore oder Grafikadapter, welche das Bild nicht als zwei Halbbilder aufbauen, Gegenteil: ↗interlaced

NOR
↗NOT ↗OR

NOS
Network Operating System; ↗Netzwerk-↗Betriebssystem wie ↗Novell ↗Netware, ↗Windows NT Advanced Server, ↗AppleShare File Server; ↗OS/2 LAN Server; OS/2 Warp Server (ab 1996)

NOT
↗Logische Aussage: A ist dann wahr, wenn A' falsch ist und umgekehrt; Negation

Notebook (Computer)
Nach den ↗Portablen und den ↗Laptops das Endstadium der Miniaturisierung von ↗Kleincomputern; eine weitere Verkleinerung ist nur noch über den Eingriff in die Standardgrösse von ↗Tastaturen oder ↗Bildschirmen möglich

Notepad
Kleinstcomputer in der Grösse eines ↗Notebook mit ↗Schreibstift-Betriebssystem

Novell
Software-Herstellerin, Marktleaderin für ↗Netzwerk-↗Betriebssysteme mit dem Produkt ↗Netware, ferner auch Herstellerin eines ↗MS-DOS-Konkurrenzproduktes ↗Novell-DOS und seit 1993 Lizenzgeberin für ↗Unix

Novell-DOS
Konkurrenz-↗Betriebssystem zu ↗MS-DOS von ↗Novell; früher DR-DOS

NPU
Numerical Processing Unit; mathematischer ↗Coprozessor als separater Baustein

NSAPI
Netscape Server API; Programmierschnittstellen für ↗Client/Server ↗Applikationen im ↗Internet und ↗Intranet; eine solche Schnittstelle wird z.B. dann benötigt, wenn eine ↗Textverarbeitung vom ↗WWW Daten ↗herunterladen und ↗konvertieren soll

NT
New Technology; saloppe und von ↗Microsoft nicht geduldete Abkürzung für das ↗Betriebssystem ↗Windows NT

NTFS
Windows NT File System; ↗Dateisystem unter ↗Windows NT u.a. mit ↗langen Dateinamen bis 255 Zeichen und dem ↗Unicode-Zeichensatz; die Dateizuordnungstabelle wird in der Mitte einer ↗Partition angelegt: so sind die Zugriffe schneller; ferner versucht NTFS, Dateien möglichst in einer zusammenhängenden ↗Cluster-Kette abzulegen und somit die Fragmentierung zu vermeiden

NTTP
News Transport Protocol; ↗Protokoll im ↗TCP/IP-↗Netzwerk, z.B. im ↗Internet, zum Transport von Nachrichten im ↗Usenet

NUA
Network User Adress; Leitcode zur Erreichung eines ↗Netzwerk- oder ↗VAN-Teilnehmers; in ↗Telepac (↗Datex-P) handelt es sich dabei um die Anwählnummer eines Dienstleisters (Datenbank usw.), dem gegenüber der Anwender inkl. PTT-Taxen gebührenpflichtig ist

NuBus
↗Systembus-↗Architektur von ↗Apple in seinen ↗Mac II und Nachfolgern; ↗parallel, mit einem ↗Bustakt von 10 ↗MHz und bis 40 ↗mbps; Apple ging ab 1995 schrittweise zu ↗PCI über

NUI
Network User Identification; ↗Identifikation für den Zugang zu einem ↗Netzwerk oder einer ↗VAN-Dienstleistung bzw. zum ↗Telepac-Knoten der Telecom PTT

NUL
↗ASCII-Zeichen 00(H) (0): Null; Zeichen ohne Bedeutung, Füllzeichen

Null Modem
Direkte Verbindung der ↗V.24-↗Schnittstellen durch ein Kabel, wobei die Leitungen ↗TD und ↗RD gekreuzt werden

Num Lock
Fixierung des Zahlenmodus im ↗numerischen Teil der Standard-↗Tastatur; Überbleibsel eines der Ärgernisse des Jahrhunderts, der Tastatur des ↗IBM ↗PC 1

numerisch
1. Zahlenmässig; 2. aus Zahlen bestehend(e ↗Daten); 3. für die Bearbeitung von Zahlen bestimmt

OASIS
Open Architecture System Integration Strategy; Architektur des Betriebssystems im ↗Macintosh mit fünf ↗Schichten

Oberer Speicherbereich
Wegen einer möglichen Verwechslung mit dem ↗«Hohen Speicherbereich» nicht sehr geglückter Name für die ↗High Memory Area (Achtung: es gibt Abweichungen im Wortgebrauch zwischen der Literatur und ↗MS-DOS, selbst bei ↗Microsoft)

Oberlänge
In der Typografie: Teil eines Kleinbuchstabens, welcher über die Schreiblinie der Mehrheit der Kleinbuchstaben geschrieben oder gedruckt wird; O. haben zum Beispiel die Buchstaben «l» und «k»

Oberon
Voll objektorientierte ↗Programmier- und Entwicklungsumgebung von Niklaus Wirth als Erweiterung von ↗Pascal und ↗Modula; Oberon ist ↗Betriebs- und ↗Programmiersystem als Gesamtlösung

OBJ
↗Dateinamens-↗Erweiterung in ↗MS-DOS und ↗Windows für ↗Objektprogramme

Object Linking and Embedding
↗OLE

Objekt
1. Allgemein: mit einem ↗Bezeichner identifizierte Grösse, die von einem ↗Programm behandelt werden kann; 2. beim ↗objektorientierten Programmieren ein Datenmodul, bestehend aus eigenen ↗Datenstrukturen und einem Repertoire von darauf anwendbaren ↗Routinen bzw. ↗Operationen; O. können mit anderen O. kommunizieren, indem sie sog. Messages (Nachrichten) versenden oder empfangen; ferner können O. von anderen O. wie Variablen verwendet werden; einem O. lassen sich hierarchisch beliebig viele O. unterordnen, deren Eigenschaften vom übergeordneten Objekt vererbt werden; O. und das objektorientierte Programmieren sorgen für mehr ↗Struktur und Wiederverwendbarkeit von vorhandenem ↗Code, die Codierarbeit wird reduziert

Objektcode, -programm
Maschinenprogramm nach dem ↗Compilieren

Objektorientiertes Design
↗Softwareprodukt, das eine ↗objektorientierte ↗Datenstruktur aufweist

Objektorientiertes Programmieren

↗Programmieren mit Hilfe spezieller Entwicklungswerkzeuge, z.B. Turbo ↗Pascal ab 5.5 oder C++; in der OOP besteht ein Programm aus einer Menge von ↗Objekten

Oblique

In der ↗Textverarbeitung: Kursivschrift

OCR

Optical Character Recognition; ursprünglich meinte der Begriff die normierten, maschinenlesbaren Druckschriften OCR-A (stilisiertere Variante, ↗DIN 66008) und OCR-B (natürlichere Variante, DIN 66009), heute steht O. als Überbegriff für optisches Lesen von (normierter) Klarschrift, z.B. der in OCR-B gedruckten Referenz-Nummern auf den blauen oder grünen Einzahlungsscheinen

ODA/ODIF

Office Document Architecture / Office Document Interchange Format; ↗ISO-Standard für ein applikationsneutrales Format von ↗Dokumenten aller Art; angesiedelt auf der Anwendungsschicht des ↗OSI-Referenzmodells

ODBC

Open Database Connectivity; 1992 erlassene Spezifikation von ↗Microsoft für den Zugriff von Endanwender-↗Applikationen auf rückwärtige Datenbestände; O. ist eines der Hauptkonzepte innerhalb ↗WOSA

Odd

Ungerade, nicht durch zwei teilbar

ODV

Operative Datenverarbeitung; Gesamtheit der Tätigkeiten zur Bereitstellung und zum Unterhalt von ↗EDV-Mitteln

OEM

Original Equipment Manufacturer; ein OEM-Hersteller beliefert einen anderen Hersteller zur Komplettierung von dessen Angebotspalette; der gelieferte Artikel wird mit evtl. erfolgten Anpassungen unter dem Namen des Belieferten vertrieben

offen

Allgemein zugänglich, dokumentiert, publiziert und demzufolge nachbaubar bzw. für eine heterogene Welt verfügbar; Gegenteil: ↗proprietär

Offline Reader

↗Programm, welches das Herunterladen von ↗E-Mails oder ↗BBS-Mitteilungen als Datenpakete erlaubt und so die Möglichkeit gibt, diese Texte ohne Verbindung zum ↗Host zu lesen

offline, off line
1. Zustand der Entkoppelung von ↗Peripheriegeräten und dem ↗Host; Gegenteil dazu: ↗online; 2. Betriebsart einer Datenverarbeitungsanlage, welche die Eingabe oder Ausgabe zeitlich von der Verarbeitung entkoppelt; Gegenteil dazu: ↗Dialog

Oktett
Paket zu acht ↗Bits, also ein ↗Zeichen oder ↗Byte; im französischen Sprachraum gilt die Bezeichnung «Octett» für ein Byte

OLE
Object Linking and Embedding; Technologie von ↗Microsoft zum Einbetten eines Objektes a der ↗Applikation A in ein Objekt b einer anderen Applikation B; es wird dabei nicht das eigentliche Objekt a, sondern ein ↗Alias davon eingebettet; jede Änderung von Objekt a bewirkt eine dynamische Aufdatierung in Objekt b; bei gewissen Aktivitäten der Applikation B muss OLE im Hintergrund die Applikation A aufrufen

OMI
1. Open Messaging Interface; herstellerunabhängiges Format für elektronische Post durch ↗Apple, Lotus und ↗IBM, siehe auch ↗VIM und ↗MAPI; 2. ältere Dame

On site
Vor Ort; oft als Werbeargument angebotene Garantie-Serviceleistung (Gewährleistung) am Arbeitsplatz des Kunden

Online Service, -Datenbank, -Datendienst, -Dienst
Kommerzielle, meist private und per ↗Telekommunikation erreichbare Dienstleistung für Informationsabruf und -austausch (↗BBS), elektronisches Einkaufen (electronic shopping, electronic mall), Mailing (↗Mailboxsystem), ↗Herunterladen (up- and downloading areas) usw. im weltweiten Telekommunikationsnetz; wir ordnen diesem Begriff in allen eben genannten die höchste Rangordnung ein, machen aber auf eine uneinheitliche Begriffsverwendung aufmerksam

online, on line
Aufgebaute und in Funktion befindliche Verbindung eines ↗Peripheriegeräts oder ↗Computers mit dem ↗Host

OOP
↗Objektorientiertes Programmieren

Open Desktop
Grafische ↗Benutzeroberfläche unter ↗Unix

Open Look
Grafische ↗Benutzeroberfläche unter ↗Unix aus der Küche von ↗Unix International

Open Transport
Technologie von ↗Apple zur Einbindung verschiedenster ↗Betriebssysteme, ↗Protokolle, Geräte in eine offene und transparente Kommunikationseinheit

OpenDoc
Umfassende Spezifikation von ↗Apple und ↗IBM zum Verknüpfen von ↗Objekten und für den ↗Dynamischen ↗Datenaustausch (↗DDE); das Fernziel von O. ist es, Teile von ↗Applikationen, Parts oder Live Objects genannt, je nach Benutzungsbedarf «zusammenzurufen» und temporär in einer einheitlichen Oberfläche zu verschmelzen; siehe Konkurrenzspezifikation ↗OLE

OpenGL
Open Graphics Language; in der Regel in der ↗Hardware von ↗Grafikkarten untergebrachte ↗Algorithmen zum schnellen Aufbereiten von dreidimensionalen, farbigen Grafiken, ↗Betriebssystem und ↗Applikationen bieten ↗APIs an, welche diese Grafikfähigkeiten von der ↗Software her ansprechen

OpenType
Schrifttechnologie als Verschmelzung von ↗PostScript und ↗TrueType, entstanden aus einer Allianz von Adobe und ↗Microsoft im Jahre 1996

Operand
Objekt einer Verknüpfung, Wert, auf welchen eine mathematische Operation wirken soll

Operating
Arbeitsfeld in der produktiven ↗EDV: Bereitstellen und unterhalten der Ressourcen an Maschinen, Zubehör und Verarbeitungsaufträgen bzw. Maschinenzeit

Operating System, OS
↗Betriebssystem

Operating System/2
Das von ↗IBM zusammen mit dem ↗PS/2 eingeführte neue ↗Betriebssystem für Einplatz-↗Multitasking-Anwendungen mit grafischer ↗Benutzeroberfläche

Operation
Auf ein ↗Objekt (↗Operand) angewendete ↗Verknüpfung

A B C D E F G H I J K L M N **O** P Q R S T U V W X Y Z etc.

Operations Research

Anwendung mathematischer (statistischer, ↗stochastischer, ↗heuristischer, ↗simulierender) Modelle und Methoden auf betriebliche Probleme

Operativ

Hier im engeren Zusammenhang mit der ↗EDV gesehen: die betrieblichen, maschinellen Aspekte der EDV: Maschinenpark, Arbeitsvorbereitung, Operating, Materialbeschaffung und -entsorgung

Operator

Subjekt einer Verknüpfung, verknüpfende Funktion, Vorschrift

Operator, EDV-

↗Informatik-Beruf

OPI

Open Prepress Interface; Zusatz zu ↗Desktop Publishing-Programmen, welcher ermöglicht, eine hochauflösende Bilddatei beim Arbeiten auf dem Bildschirm niedriger aufgelöst und damit schneller anzuzeigen; die Originaldatei findet dann erst beim Ausdruck Verwendung

Option

1. (Aus-) Wahlmöglichkeit in einem ↗Menü usw., ↗Schalter in einem ↗Kommando; 2. Separat zu beschaffende Erweiterung von ↗Hardware oder ↗Software

Optionsschaltfeld

↗Radio-Knopf

Opto-magnetische Speicherung

↗Magneto-optische Speicherung

OR

↗Logische Verknüpfung: C ist dann wahr, wenn A oder B oder beide zusammen wahr sind; Disjunktion

Ordinal

Geordnet, skalar, abzählbar; ordinale ↗Datentypen sind solche, die sich abzählen lassen

Ordner

Durch eine grafische ↗Benutzeroberfläche wie ↗Windows und ↗Finder bildlich zum Ausdruck gebrachte ↗Verzeichnisebene in hierarchischen ↗Dateisystemen

ORG

Organisation; Identifikation von Vereinen usw. im ↗Internet

Organisator, EDV-
↗Informatik-Kaderberuf

Originate
Status bei ↗Modems: anrufen

OS/2
↗Betriebssystem von ↗IBM für 32 ↗Bit-↗Prozessoren: preemptives ↗Multitasking, ↗Multithreading, mit grafischer ↗Benutzeroberfläche; O. kann mehrere ↗MS-DOS- und ↗Windows-Anwendungen gleichzeitig abarbeiten

OSF
Open Software Foundation; Konsortium diverser Hersteller zur Vereinheitlichung von ↗Unix; siehe auch ↗Unix International

OSI
Open ↗Systems Interconnection; seit 1977 geltende, internationale Norm von ↗ISO, in welcher auf sieben ↗Schichten die ↗daten- und ↗protokollmässige ↗Kommunikation von ↗Computern beschrieben ist, also eine sehr breit abgestützte ↗Netzwerk-↗Architektur

Osterei
Versteckte, nicht dokumentierte Funktion eines ↗Betriebssystems oder einer ↗Applikation mit humoristischem Charakter oder einem Hinweis auf das Entwicklungsteam

Outline Font
Schriftart, die im Gegensatz zu einem ↗Bitmapped Font nicht aus einzelnen ↗Punkten besteht, sondern aus mathematischen Linien und die deshalb beliebig ↗skaliert werden kann

Outlining
1. Optische Hervorhebung von Daten oder Text durch Änderung des ↗Schriftstils; 2. Gliederung eines Textdokuments

Output
Ausgabe

Outsourcing
Inanspruchnahme von ↗Informatik-Dienstleistungen bzw. Rechenkapazität Dritter zwecks Entlastung der eigenen betrieblichen ↗Informatik-Ressourcen oder für Prozesse, welche aufgrund ihrer Seltenheit keine eigene ↗Datenverarbeitungs-Infrastruktur rechtfertigen

Overdrive
Marketinginstrument von ↗Intel zur Aufrüstung «alter» ↗Mikroprozessoren der ↗80x86-Linie; ein leistungssteigernder O.-Prozessor wird in einen speziellen Zusatzsockel gesteckt; in Tat und Wahrheit ist der O.-Prozessor ein gewöhnlicher ↗80x86 oder ↗Pentium, welcher in der Regel den früheren ↗Prozessor ersetzen kann

Overhead
Sammelbegriff für die in der ↗Dfü zu Steuer- und Prüfzwecken wechselseitig übermittelten ↗Bits wie Startbit, Stopbit, Prüfsummen usw.

Overlay
↗Programmsegment, welches erst bei Bedarf ↗geladen wird

P1394
Buskonzept, besser bekannt als ↗Firewire oder ↗IEEE 1394

P5
↗Pentium

P6
↗Pentium Pro

PABX
Private Automatic Branch Exchange; private, digitale Telefonzentrale

PACE
Priority Access Control Enabled; ↗Protokoll, welches gewissen ↗Datenpaketen die Priorität für Transport und ↗Zugriff im ↗Netzwerk zuordnen kann, dadurch lassen sich ↗Multimedia-Anwendungen mit Ton und Bewegbildern zitterfreier und audio-video-synchron übertragen

packen, Packer
↗komprimieren

PAD
Packet Assembler / Disassembler; Aufbereitung der Daten, welche ↗asynchron und zeichenorientiert gemäss ↗X.28 der Telecom PTT abgeliefert werden für das X.25-Netz

Paddle
Ruder; Eingabegerät für meist spielerische Zwecke

Page
Seite; 1. Druckseite, ↗Bildschirmseite; 2. Oberbegriff für einen ↗Datenblock mit bestimmter Länge; 3. in der Daten- und Telekommunikation eine Einheit übermittelter Daten

Pager
Kleines Empfangsgerät in der Einweg-Meldungsvermittlung (Paging); numerische P. empfangen lediglich Zahlencodes; alphanumerische P. können auch mit kurzen Texten beschickt werden

Paging
1. Auslagern von Teilen einer ↗Applikation (↗Blöcke bestimmter Grösse, pages) in einen ↗virtuellen ↗Arbeitsspeicher oder in einen Bereich, der besser ↗adressiert werden kann, auch ↗swapping; 2. Europaweiter Funkruf, siehe ↗Pager

Pagina, Paginierung
In der Typografie: Seitenzahl; Vergabe der Seitenzahlen und Gestaltung mittels Kopf- und Fusszeilen

Paging

1. Auslagern von Teilen einer ↗Applikation (↗Blöcke von bestimmter Grösse, pages) in einen ↗virtuellen ↗Arbeitsspeicher oder in einen Bereich, der besser ↗adressiert werden kann, auch ↗swapping; 2. Europaweiter Funkruf

Paket

Geschlossene Gesamtheit von ↗Bits oder ↗Bytes, die in einem vernetzten ↗System vom Sender zum Empfänger gelangen müssen, ohne dass vorherige «Absprachen» durch ein ↗Protokoll stattfinden müssen; dieses Bereitschaftsmodus nennen wir ↗asynchron

Paketvermittlung

↗Dfü mit ↗blockweiser Weiterleitung der ↗Daten, z.B. ↗Telepac in der Schweiz und Datex-P in Deutschland oder ↗TCP/IP; braucht weniger Leitungen, weil gemeinsame Durchgangsleitungen und -knoten benützt werden; ist relativ abhörsicher und trotzdem recht gebührengünstig

PAL

1. Programmable Array Logic; Baustein mit fest «verdrahteten» ↗Logik-Schaltungen, die meist zu ↗Konfigurationszwecken verwendet werden; 2. Phase Alternation Line; Farbfernseh-Norm in Europa ausser Frankreich und frühere RGW-Länder

Palette

Farbvorrat, Farbskala

Palmtop

Kleinstcomputer für den Aktenkoffer und mit folgenden Merkmalen: ↗Betriebssystem und ↗Anwendungsprogramme (z.B. Textverarbeitung, Tabellenkalkulation) im ↗ROM, kleinerer ↗Bildschirm und/oder kleinere ↗Tastatur; keine mechanischen ↗Laufwerke

Panel

Bedienungszone auf der ↗Hardware; z.B. die ↗LF-, ↗FF- und ↗online-Tasten auf einem ↗Drucker

Pantone

Aus den USA stammendes Farbmodell in der Druckerbranche

PAP

↗Programmablaufplan

Paperware

Handbücher, ↗Glossarien, Befehlsregister – kurz: alle papierenen Hilfen im ↗Informatikbereich

Papierkorb
Abfallkorb im ↗Mac OS und ↗Windows 95 mit der Möglichkeit zum wieder Hervorholen weggeworfener ↗Dateien (deshalb Recycle Bin im englischen Windows 95); in den P. geworfene Dateien sind lediglich als gelöscht markiert (Papierkorb bekommt einen «dicken Bauch» oder hat sichtbaren Inhalt), bis die ↗Option «Papierkorb entleeren...» gewählt wird; danach kann nur noch ein spezielles ↗Dienstprogramm die Datei retten; im Mac OS bleibt der Papierkorb-Inhalt mit dem Datenträger verbunden; verwirrend in Windows 95 ist die Tatsache, dass weggeworfene Verzeichnisse vernichtet werden und die enthaltenen Dateien alle auf eine Ebene im Papierkorb gelangen

parallel
In der Datenkommunikation: gleichzeitige Übermittlung mehrerer ↗Bits, üblicherweise eines ↗Bytes auf einem mehradrigen ↗Kommunikationskanal

Parallel Processing, parallele Verarbeitung
Rechner-↗Architektur aus Hardware und Software: eine Aufgabe oder Teilaufgabe wird auf zwei mehrere vorhandene ↗Prozessoren verteilt, wobei das Betriebssystem und die Applikation auf eine optimierte Auslastung aller Prozessoren bedacht sind; massivparallele Rechner haben hunderte oder tausende von Prozessoren und kommen in ganz speziellen, rechen- oder grafikintensiven Aufgaben zum Einsatz

Parameter
Hilfsgrösse, Richtwert, Steuerwert

PARC
Palo Alto Research Center; Forschungszentrum von Xerox im Kalifornischen Palo Alto; einer der bedeutendsten «Think Tanks» der Welt

Parität, Paritätsbit
Methode zur Prüfung der Richtigkeit ↗binär übermittelter ↗Daten durch Auszählen der Anzahl binärer «Einser»: bei gerader Parität werden die «Einser» in den acht Datenbits gezählt und nötigenfalls durch ein neuntes ↗Bit auf eine gerade Zahl ergänzt

Parkieren
Positionieren und Absetzen der ↗Schreib-/Leseköpfe einer ↗Festplatte über einer ↗datenfreien Sonderspur, der Landing Zone

Part
Modul, ↗Objekt einer ↗OpenDoc ↗Applikation

Partition

1. ↗Logisch selbständig auftretender Speicherbereich; 2. der einem ↗Betriebssystem zugeordnete Bereich auf der ↗Festplatte; laufen mehrere ↗Betriebssysteme, dann braucht es mehrere P.; in ↗MS-DOS lässt sich die Festplatte mit FDISK in P. einteilen; sind es mehrere, dann ist die ↗bootfähige P. die «primäre», die restlichen sind «erweiterte» DOS-Partitionen; 3. Datenbank-Entwurf: Teil einer grossen Datenbank, welcher mit den anderen Teilen in Kommunikation steht und im Netz evtl. andernorts verarbeitet wird

Pascal

Höhere ↗Programmiersprache mit wissenschaftlich-mathematischem Schwerpunkt; der Autor, ETH-Professor Niklaus Wirth, benannte sein Produkt nach Blaise Pascal (1623 bis 1662)

Passivmatrix

In der Technik von ↗Flüssigkristallanzeigen: der Bildaufbau wird zuerst in einer externen Elektronik berechnet und erst dann den Kristallen unterlegt; Mängel: Schlieren bei schnellem Bewegen von Anzeigeobjekten und eingeschränkter Blickwinkel; siehe auch ↗Aktivmatrix, ↗TN

Passkreuze, Passerkreuze

In der Typografie: Kreuzartige Markierungen zur exakten Seitenmontage von Filmen

Passwort

Geheimer Zugangscode zu Einrichtungen, ↗Hardware, ↗Software, ↗Daten

Patch, patchen

Flick; 1. Entzifferung und/oder Änderung eines ↗Objektprogramms; 2. behelfsmässiges Reparieren; 3. Hilfsprogramm oder ↗Treiber, welche bekannte Mängel in ↗ROMs oder ↗Programmen beheben; 4. physikalische Steckleiste zur Verteilung von Netzwerksignalen in ↗Hubs

Path

↗Pfad

PC

Personal ↗Computer; persönlicher Computer; PC hiess vorerst undifferenziert ein Computer der Arbeitspultgrösse; später wurde daraus ein fester Begriff rund um die Kleincomputer der ↗«IBM Welt»; siehe auch ↗Personal Computer

PC Card, PC-Card

Seit Ende 1994 gültiger Name für PCMCIA; ↗Schnittstellenstandard eines Hersteller-Konsortiums für 68polige, selbst ↗konfigurierende ↗Erweiterungskarten im Kreditkartenformat ab 1989: Adressbus 26 ↗Bit, Datenbus 16 Bit; der Standard legt alle physikalischen und elektronischen Merkmale der Schnittstelle fest; Einsatzgebiete der ↗Karten sind die ↗Datenkommunikation oder ↗Massenspeicherung im Kleinstformat; drei Kartendicken, Typen genannt; V 2.0 des Standards ab 1991 mit ↗I/O-Fähigkeiten; ab 1994 32 ↗Bit Spezifikation

PC-DOS

Personal Computer Disk Operating System; ↗Betriebssystem für ↗PCs von ↗IBM, später IBM DOS genannt; IBM entwickelt PC-DOS nicht weiter, alle neuen Versionen stammen von Microsoft als ↗MS-DOS

PCD

↗Dateinamens-↗Erweiterung für ↗Photo-CD-Dateien

PCI

Peripheral Component Interconnect; sehr detailliert dokumentiertes und auf ↗ISA/ ↗EISA aufbauendes Konzept eines vom ↗Prozessor entkoppelten ↗Local Bus durch ein Firmenkonsortium um ↗Intel; in der Version II 64 Bit breit und 4 ↗Steckplätze unterstützend, mit max. 33 ↗MHz intern ↗getaktet; PCI-Komponenten ↗konfigurieren sich selber und haben einen ↗Datendurchsatz von theoretisch bis 132 MByte/ s, praktisch sind es deren 50; ab 1995 wird eine Erhöhung der Taktrate angestrebt

PCI Burst, -Streaming

Betriebsmodus neuerer PCI-Mutterplatinen: eine ↗PCI- Karte (z.B. eine ↗MPEG-Karte zur ↗Digitalisierung und ↗Kompression von ↗Videosignalen) kann direkt die Kontrolle über den ↗Mikroprozessor übernehmen bzw. Daten an ihm vorbeisenden

PCI SIG

PCI Special Interest Group; Firmenkonsortium im Umfeld von PCI zu dessen Etablierung und Weiterentwicklung

PCL

Printer Command Language; ↗Seitenbeschreibungssprache für ↗Drucker von Hewlett-Packard; Versionen als PCLn

PCM

Pulse Code Modulation; Methode der ↗analog / ↗digital-Wandlung, ↗Komprimierung und Übertragung von Sprachsignalen mit dem Zweck der Mehrfachnutzung eines ↗Kommunikationskanals

A B C D E F G H I J K L M N O **P** Q R S T U V W X Y Z etc.

PCMCIA
Personal Computer Memory Card International Association; ↗Schnittstellen- und Erweiterungskonzept; 1994 wurde die zungenbrecherische Abkürzung in ↗PC CARD umgetauft

PCS
Plastic Glad Silicia; Fiberoptisches Kabel in Kunststoffmantel

PCT
Private Communication Technology; von ↗Microsoft 1995 erlassene und auf dem Secure Sockets Layer (SSL) basierende Technologie zur Verschlüsselung von Daten, Identifikation usw. auf dem Internet (siehe auch ↗STT)

PCX
↗Dateiformat für ↗Bitmap-Grafiken von Paintbrush; keine Grenze bezüglich ↗Auflösung und Bildgrösse 256 aus 262 144 Farben

PDA
↗Personal Digital Assistant

PDC
Power Disc Cartridge; Familie zueinander ↗kompatibler magnetischer und ↗magneto-optischer ↗Datenträger im Format 3.5 ↗Zoll

Peak
Gipfel; Spitzenwert, z.B. bei der Messung der ↗Ressourcenbelastung

Peek
Anweisung u.a. in ↗BASIC; gibt den Inhalt einer ↗Speicherzelle in die Ausgabe

Peer-to-Peer
Kleines ↗Netzwerk ohne ↗dedizierten ↗Server und mit ↗Zugriffsmöglichkeit von und zu allen Beteiligten

Pen, Pen System
Elektronischer ↗Schreibstift, bzw. ↗Betriebssystem-Zusatz, welches einen solchen als ↗Mensch-Maschine-Schnittstelle benutzt

Pentium, Pentium Pro
Herstellername für einen 1993 auf dem Markt erschienenen ↗Mikroprozessor von ↗Intel, gelegentlich auch als 80586 oder P5 bezeichnet; der P. hat einen ↗Adressbus von 32 ↗Bit und einen internen ↗Datenbus von 64 Bit; Pentium Pro (P6): im Februar 1995 vorgestellt, ab November 1995 auf dem Markt; 5,5 Millionen Transistoren, Ansätze von ↗RISC, obwohl kein konsequenter RISC-Prozessor, mindestens 133 MHz Taktrate, Layout auf zwei ↗Chips und deshalb neue ↗Pin-Belegung, 2,9 Volt Betriebsspannung

Pentop
Kleinstcomputer in der Grösse eines ↗Notebook mit ↗Schreibstift-Betriebssystem

Performance
Mit irgendwelchen standardisierten oder willkürlichen Massstäben beurteilte Leistungsfähigkeit eines ↗Computersystems oder seiner Teile

Peripherie
Sammelbegriff für alle Aussengeräte wie ↗Strichcodeleser, ↗Drucker, ↗Plotter usw.

Perl
Practical Extraction and Report Language; ↗Skriptsprache zur ↗Programmierung von ↗CGI-↗Anwendungen

Persistent, Persistenz, persistente Objekte
Beharrlichkeit; 1. oft synonym für «dauerhaft existierend» gebraucht; 2. beim ↗objektorientierten ↗Programmieren: während der ↗Laufzeit eines ↗Programms existent

Personal Computer
↗PC; tatsächlich ist PC als Begriff schon fast klarer und deutlicher als die ganze Bezeichnung «Personal Computer»; dies hat vielleicht damit zu tun, dass «Personal Computer» im deutschsprachigen Raum emotional behaftete Missverständnisse weckt

Personal Digital Assistant
Persönlicher digitaler Assistent; Kleinstcomputer ohne Tastatur, dafür mit Griffelbedienung und Handschrifterkennung; der P. verwaltet und integriert alle im täglichen Geschäftsleben anfallenden kleinen Kommunikationstätigkeiten; siehe auch ↗Newton

Personal System/1

PS/1; von ↗IBM im Sommer 1990 angekündigtes System im unteren Preis- und Leistungsbereich

Personal System/2

PS/2; von ↗IBM im April 1987 angekündigte Nachfolge-Generation für den ↗PC mit dem ↗Mikrokanal als ↗Busarchitektur, mit ↗VGA als neuem Grafik-Standard und ↗OS/2 als vorgesehenem neuem ↗Betriebssystem

Personal-, Personen-Informationssystem

Datenbank mit sämtlichen erforderlichen ↗Daten über Personen: Mitarbeiter eines Betriebs, Angehörige einer bestimmten Institution, Kunden; man beachte die mögliche Begriffsverwirrung: Personal im Englischen meint «persönlich» (siehe ↗Personal Computer)

Personendaten

Eine der Bezeichnungen für gespeicherte und verarbeitete ↗Daten, welche sich auf Personen beziehen

Petri-Netz

↗Analyse- und ↗Designmethode, die nicht nur die logischen Abläufe, sondern auch deren eventuell gleichzeitiges, paralleles Auftreten darstellen kann

Pfad

1. Allgemein: Zugriffsweg für ↗Daten; 2. in ↗MS-DOS der Weg, um in ein Unterverzeichnis der ↗Festplatte zu gelangen; in MS-DOS werden Verzeichnisse und damit P. ab Version 2.0 unterstützt

PGA

Professional Graphics Adapter; Grafikmodus für ↗Bildschirme, typischerweise 640x480 ↗Punkte, 256 aus 4096 Farben; der PGA war ein in begrenzter Auflage von ↗IBM vor dem ↗VGA produzierter ↗Adapter mit beeindruckenden Leistungen

PGP

Pretty Good Privacy; Programm zur Verschlüsselung von Dateien zwecks Versand im ↗Internet

Phonebanking

Beanspruchung gewisser automatisierter Banken-Dienstleistungen via Telefon: Kontoabfrage, Konto-Umbuchungen, Bestellungen, Zahlungen usw.

Photo-CD

1. Technologie von Kodak zur ↗Komprimierung, ↗Speicherung und zum Transport von privaten Fotos (Kleinbildformat, medizinische Formate) auf ↗CD-ROM; indirekt als Konkurrenz zu ↗JPEG zu betrachten; 2. CD-ROM mit bis zu 100 Fotos und / oder Ton; die Bilder liegen in fünf Auflösungen (↗Bases) vor, von 192 x 128 bis 6144 x 4096 Punkten; siehe auch ↗Multisession

Phreaks

Phone Freaks; ↗Hacker und Datenpiraten, welche sich als Jagdgründe vor allem die Segnungen der ↗Telekommunikation zunutze machen: Fälschen von ↗Telefonkarten, Abhören von Telefonen, Verwenden fremder Mobiltelefonfrequenzen; unter fremder Anschlusskennung anrufen auf eigene gebührenpflichtige Leitungen usw.

physikalisch

Körperlich messbar, greifbar, spürbar

physisch

An die baulichen Eigenschaften von Komponenten gebunden

PIC

1. ↗Dateiformat für (untereinander zum Teil ↗inkompatible!) ↗Vektor- oder ↗Bitmap-Grafiken diverser Hersteller; 2. Picture Image Compression; Bild-↗Komprimierung nach ↗JPEG, ↗MPEG; 3. Personal Intelligent Communicator: durch zusätzliche ↗Kommunikationsmöglichkeiten erweiterter ↗PDA

Pica

1. 12 ↗Punkt, 1/6 ↗Zoll; 2. Standard-Schrifttyp auf ↗Matrixdruckern

PICT

Dateiformat für ↗Vektorgrafiken; PICT 1 schwarz/weiss, PICT 2 graustufig, farbig

PIF

1. Program Information File: ↗Parameterdatei mit ↗Konfigurations- und ↗Ressourcen-Informationen, dank deren Hilfe sich ↗Anwendungen optimal in ↗Windows konfigurieren; 2. ↗Dateiformat für ↗Vektorgrafiken von ↗IBM

Pig Tail

Sauschwänzchen; kurzes ↗Glasfaser-Anschlussstück an lichtwellengekoppelten Geräten, mit dem die Verbindung zur Langstreckenleitung hergestellt wird

A B C D E F G H I J K L M N O P Q R S T U V W X Y Z etc.

PIM
Personal Information Manager; Gerät und / oder Software zur Verwaltung persönlicher Daten wie Termine, Ideen, Projekte, Adressen usw.

PIN
1. Persönliche ↗Identifikationsnummer als Zugangskontrolle zu geschützten ↗Daten; 2. Anschluss, Stecker, Stift, Kontaktstelle eines Bauteils

Ping
↗Programm mit unzähligen ↗Shareware-Versionen zur Abfrage der Präsenz und Aktivität gewisser ↗Server im ↗Internet

PIO
Programmed Input / Output; ↗Protokoll der ↗Daten-↗Kommunikation zwischen ↗Festplatte und deren ↗Controller; als PIO n oder PIO Mode n in laufend leistungsfähigeren Spezifikationen

Pipe
Bezeichnung für das Durchleiten von ↗Daten durch mehrere aufeinanderfolgende ↗Betriebssystem-↗Kommandos und/oder ↗Dienstprogramme; diese Kommandos sind ↗Filter, das Symbol für die P. ist ein Vertikalstrich

Pipeline
1. Sequenz von ↗MS-DOS ↗Kommandos, welche durch eine ↗Pipe miteinander verbunden sind; 2. Verarbeitungsmodus von ↗Mikroprozessoren, der darin besteht, dass zwecks zeitlicher Optimierung die folgende ↗Instruktion schon während der laufenden Instruktion geladen und aktiviert wird

Pippin
Am Heimfernseher anschliessbarer Mini-↗Macintosh mit einer Magerversion des ↗Mac OS, wird vor allem als Spiel- und ↗Internetkonsole eingesetzt

PIS
↗Personal Informationssystem

Pit
Vertiefung in der Datenspur einer ↗CD, binär eine 0; siehe ↗Land

Pitch
Zeichendichte in ↗cpi

Pivot-Tabelle
Spezielle Tabellenform in der ↗Tabellenkalkulation; die P. gruppiert ausgewählte ↗Daten von ↗Bezugsblättern neu und stellt sie zur Analyse und Auswertung übersichtlich dar

Pixel
Picture Element; Bildpunkt auf ↗Bildschirm oder Papier

PKZIP, PKUNZIP
Weit verbreitete und als ↗Shareware erhältliche ↗Komprimier- bzw. Dekomprimier-↗Programme

Platine
Kunststoffplatte mit Leitungsbahnen und Bauteilen

Platte, Plattenspeicher
Scheibenförmiger, meist magnetischer und damit erneuerbarer ↗Datenträger; auch für ↗CDs und andere optische Datenträger verwendet

Plattform
Moderne, uneinheitlich verwendete Bezeichnung für eine ↗System- oder Entwicklungsumgebung; nur aus dem Zusammenhang wird jeweils ersichtlich, ob die ↗Hardware-Umgebung gemeint ist, das ↗Betriebssystem oder ein Entwicklungswerkzeug (↗Programmiersprache, ↗Tool)

Platzhalter
1. Seltene Bezeichnung für ↗Variable; 2. Ersatzzeichen für eine bestimmte oder unbestimmte Anzahl ↗Zeichen, auch ↗Joker oder ↗Wildcard

Plausibilität
Überprüfung von (Eingabe-) ↗Daten auf Richtigkeit, Vollständigkeit, Glaubwürdigkeit, Form-Konformität usw.

plesiochron
Nahezu ↗synchron; Zwischenstelle(n), ↗Knoten, mit eigenem Synchronisierungstakt in grossen ↗Netzen, denen es an einem durchgehenden Synchronisierungstakt fehlt

Plotter
Zeichnungsmaschine; Ausgabegerät

A B C D E F G H I J K L M N O P Q R S T U V W X Y Z etc.

Plug and Play

1. Plug and Play ↗ISA Specification aus dem März 1993 von ↗Intel und ↗Microsoft; Technologie zur automatisierten ↗Konfiguration (↗Interrupts, ↗DMA-Zuweisung usw.) von ↗Betriebssystem- oder ↗Applikationsteilen aufgrund der zugeschalteten ↗Hardware, letztere kann zu diesem Zweck einen Kenncode aussenden; PnP kann ferner mit einem speziell dafür erweiterten ↗BIOS im PC zusammenarbeiten; 2. auf der eben erwähnten Technologie basierendes, erleichtertes ↗Einloggen in ↗Netzwerke durch ↗Laptops und ↗Notebooks, welche an eine ↗Docking-Station angeschlossen werden

Plug In, Plug-In

Kleines, optionales ↗Programmteil, welches die sie umgebende ↗Applikation um spezielle Funktionen erweitert; Beispiel: ein in den ↗Browser eingebautes Plug In untermalt das ↗Surfen mit Tönen; P. müssen kompatibel mit der umgebenden Software sein, sie sind oft fertig compiliert und nicht änderbar, was sie zuweilen etwas unbeliebt macht; gleichbedeutend: ↗Add In

PM

↗Presentation Manager

PMCD

Pre-Mastering CD; Standard, der beim «Brennen» von CDs die Pre-Mastering ↗Daten und Produktionsinformationen aufträgt; dies empfiehlt sich bei CDs, welche kommerziell vermarktet werden sollen

PnP, P&P

↗Plug and Play

Point

↗Punkt

Point Programs, -Programme

↗Programme in ↗BBS (z.B. ↗Usenet), welche dem Abonnenten oder der Abonnentin sämtliche eingehenden Mitteilungen zu einem Thema zusammenstellt und beim Anruf (zum Niedertarif etwa) als ↗komprimierte Datei zum Lesen mit einem ↗Offline Reader übermittelt

Pointer

↗Zeiger

Poke

↗Anweisung u.a. in ↗BASIC, gibt direkt einen Wert in eine ↗Speicherzelle

Policy

Gesamtheit aller Massnahmen für den geordneten und befugten Zugriff der Anwender an einem ↗Computer oder Netzwerk

Polling
Fernabfrage von ↗Daten in der ↗Dfü

Pop, POP
1. Aufhebung des obersten Elements in einem ↗Stack, d.h. in einem kleinen, ↗adressierten ↗Speicherbereich; 2. Point of Presence: Einwahlpunkt, Knoten in ein globales ↗Netzwerk, also z.B. der Knoten eines ↗Internet-↗Providers; 3. Post Office Protocol (mit Versionsbezeichnung): ↗Protokoll zum Versenden und Lagern von ↗E-Mail-Nachrichten im Internet, alle gängigen ↗Browser verfügen über einen POP-↗Client, siehe auch ↗SMTP

Pop up
Über die ↗Applikation geblendetes, durch Benutzerin, Benutzer oder ein Ereignis ausgelöstes und mittels ↗residenter Routinen verwaltetes ↗Menü- oder Meldungsfenster

Port
↗Schnittstelle in Form eines Steckers oder einer Buchse, über welche die ↗Kommunikation des ↗Computers mit der «Aussenwelt» hergestellt wird

Portabilität
1. Tragbarkeit im physikalischen Sinn, also bei handlichen Geräten; 2. Übertragbarkeit von ↗Applikationen von einem ↗System auf das andere

Portrait
Ausdruck im Hochformat

POS
Programmable Option Select; ↗softwaremässig ↗programmierbare ↗Konfiguration von Erweiterungen, ↗Adaptern im ↗Mikrokanal

Positionsrahmen
In der ↗Dokumentgestaltung frei verschiebbarer, optional umflossener Rahmen mit in der Regel Grafikobjekten oder Texten

POSIX
Portable Operation System Interface for Computer Environments Based On Unix; durch ↗IEEE 1986 standardisierte ↗Schnittstelle zwischen ↗Unix und anderen ↗Plattformen (z.B. ↗Windows NT) zwecks ↗Datenaustausch; P. floss fast vollständig in ↗X/Open ein

POST
Power On Self / System Test; durch das ↗ROM (im ↗PC: ↗BIOS) abgewickelte Selbstdiagnose vor dem ↗Urladen; siehe ↗POST-Prozess

A B C D E F G H I J K L M N O P Q R S T U V W X Y Z etc.

POST-Prozess

Der ↗POST verläuft in den ↗IBM-↗kompatiblen ↗PCs wie folgt: 1. Löschen der ↗Register und Selbsttest der ↗CPU, 2. Initialisierung des Programmzählers in der CPU, 3. Aufrufen des ↗Ureingabeprogramms im ↗ROM ↗BIOS und Start des eigentlichen POST, 4. Test des Busses, 5. Test der Uhr, 6. Test des Video-↗RAM und Einordnen des Video BIOS in den ↗Adressenbereich, 7. Test des RAM, 8. Test der ↗Tastatur, 9. Appell der Laufwerke, 10. Einordnen des BIOS anderer Controller, 11. Vergleich der Test-Ergebnisse mit den Eintragungen in einem ↗CMOS RAM, 12. Ausgabe eines Tonsignals als Quittung oder Fehlermeldung

PostScript

Eine Art ↗Programmiersprache von Adobe zwischen ↗Desktop Publishing ↗Systemen (hier residiert das Seitenerstellungsprogramm) und Wiedergabegeräten wie ↗Seitendruckern oder Satzanlage (↗Interpreter); PostScript bringt als ↗Seitenbeschreibungssprache das auf dem Bildschirm gestaltete Layout zu Papier oder auf den Druckfilm; als PostScript Level 2 im Jahre 1991 gründlich erweitert: Farben, ↗Kompressionen, ↗TrueType u.a.m.

PostScript Level 1

↗Spezifikation aus dem Jahre 1986 der Firma Adobe zur ↗Kompatibilität von Schrifttechnologien Dritter mit der ↗Seitenbeschreibungssprache ↗PostScript

PostScript Level 2

Neuere Fassung der ↗Seitenbeschreibungssprache mit erweiterten ↗Kommandosatz, besserer Schriftwiedergabe auf dem ↗Bildschirm, Verarbeitung von ↗TrueType-↗Schriften und schnellerem Bildaufbau im Druckmedium; Adobe hat damit auf die Allianz von ↗Apple / ↗Microsoft und deren TrueImage geantwortet

PostScript Level 3

Seit Mitte 1996 gültige Spezifikation von PostScript für die Unterstützung von 3D-Bildern, bessere ↗Graustufendarstellung und den Druck komplexer Grafiken aus dem ↗WWW

PostScript Type 1

Schriftfamilien, welche der Spezifikation ↗PostScript Level 1 von Adobe entsprechen, Adobe sah sich 1990 zur Publikation dieser Spezifikationen gezwungen, weil einerseits viele PostScript-↗Klone und andererseits ↗TrueType auf den Markt kamen

Power Management
Sammelbegriff für standardisierte (↗EPA) oder ↗proprietär eingebaute Energiesparfunktionen; entsprechend ausgerüstete Computer tragen oft auch den Namen Green PC; Doze Mode / Sleep Mode: Schlummer-Modus; Reduktion der Energieaufnahme um ca. 80 %; Standby Mode: über 90 %; Suspend: über 98 %

Power Supply
↗Netzteil

PowerMac
↗Macintosh von ↗Apple mit einem ↗PowerPC-↗Prozessor

PowerPC
Performance Optimization With Enhanced RISC Performance Chip; 1993 erschienener ↗RISC-↗Prozessor aus einem Joint Venture zwischen ↗Apple, ↗IBM und ↗Motorola; P. umfasst eine ganze Familie von Prozessoren mit 32 oder 64 Bit breitem ↗Datenbus und einen 32 Bit breiten ↗Adressbus; ↗Caches sind für ↗Daten und Instruktionen separat verwirklicht; geringere Wärmeentwicklung dank 3,6 statt 5 Volt Versorgungsspannung; Rechner mit dem P. können verschiedene ↗Betriebssysteme fahren

PowerTalk
Haueseigenes ↗E-Mail-System von ↗Apple als Teil des ↗Mac OS

Poweruser, Power User
Sammelbegriff für fortgeschrittene ↗Computer-Anwenderinnen und Anwender

PPC
↗PowerPC

PPD
Adobe PostScript Description File; ↗Treiber zum Ausdrucken von ↗PostScript-↗Dateien

ppm
Pages Per Minute; eines der Masse für die Geschwindigkeit beim Drucken in Seiten pro Minute

PPP
Point-to-Point Protocol; ↗Protokoll für den Zugang zu bzw. den ↗Dateitransfer mit einem ↗TCP/IP-↗Netzwerk wie ↗Internet über eine ↗Telefonleitung; das auf der ↗OSI-Verbindungsschicht operierende PPP kann sich auch an ↗NetBEUI- und ↗IPX-↗Protokolle anbinden, es ist leistungsfähiger und sicherer als ↗SLIP; PPP oder das etwas ältere SLIP werden also benötigt, um mit ↗Modem und Telefonleitung via ↗Provider ins Internet zu gelangen

PPS
1. Produktionsplanung und -steuerung: Einsatz rechnergestützter ↗Systeme zur Planung, Steuerung und Überwachung industrieller Produktionsabläufe (Rohstoffbeschaffung, Einteilung der ↗Ressourcen wie Fertigungsmaschinen, Termine); PPS ergänzt andere Aspekte der betrieblichen Abläufe wie ↗CAE, ↗CAD, ↗NC / ↗CNC und ↗CAQ zu ↗CIM; 2. ↗Pakete pro Sekunde

Präambel
1. Gottesfürchtiger Textvorspann in der Bundesverfassung; 2. Kollisionsfürchtiger ↗Datenvorspann in ↗Bus-↗Netzwerken

PRAM
↗Parameter ↗RAM; durch einen kleinen Akku ständig ↗gepuffertes ↗RAM, welches die ↗Konfigurations-Informationen enthält

Preempt
Anspruch eines ↗Adapters auf ↗Buszeit im ↗Mikrokanal durch Setzen einer Marke auf einer Signalleitung

Preferences, Prefs
Für ein Programm oder ein Peripheriegerät obligatorisch bzw. optional vorzunehmende Einstellungen, ↗Konfigurierungen, ↗Parameterangaben usw.; mit dem gleichen Namen werden auch die entsprechenden ↗Parameter-↗Dateien oder deren Verzeichnisse (z.B. im Mac OS) benannt

Prefetch Unit, -Einheit
Einheit im ↗Mikroprozessor, welche Anweisungen in eine Warteschlange lädt, während die übrigen Einheiten in der ↗CPU am Verarbeiten anderer Anweisungen sind

Presentation Manager
Grafische ↗Benutzeroberfläche von ↗IBM in ↗OS/2; in den Versionen ab 3.0 und ↗Warp bildet der PM einen integrierenden Bestandteil des ↗Betriebssystems

Preview
Druckbildtreue Vorvisionierung eines druckfertiges Layouts in ↗Desktop Publishing durch spezielle Teile von ↗Applikationen

Primäranschluss
Leistungsfähiger Anschluss von ↗Swissnet ↗ISDN: eine Leitung mit 30 gleichzeitig offenen Nutzkanälen (↗B-Kanälen) zu 64 ↗kbps sowie einem Signalisationskanal zu 64 kbps

Print Preview
↗Preview

Print Screen
Taste oder ↗Kommando, welche den ganzseitigen Inhalt des ↗Bildschirms ausdruckt

Printer
↗Drucker

Printer Server
↗Dediziertes Gerät, meist ↗Computer in einen ↗Netzwerk, welcher sämtliche von anderen Arbeitsstationen abgesetzten Druckaufträge abwickelt; P. werden dann ↗konfiguriert, wenn der Drucker nicht am ↗Dateiserver angeschlossen wird

PRMD
Primary Management Domain; privater Anbieter mit Infrastruktur und Dienstleistungen im Bereich ↗X.400

PRN
Erste ↗parallele ↗Schnittstelle in ↗MS-DOS, identisch mit ↗LPT1

Profil
Satz von gespeicherten ↗Parametern als Resultat der benutzer- oder ↗applikationsspezifischen ↗Konfiguration

Programm, programmieren
Folge gespeicherter ↗Kommandos, Operationen usw. in einem ↗Computer, bzw. eine solche Folge entwickeln und dem Computer eingeben

Programm-Manager
Immer aktives ↗Programm unter ↗Windows als ↗Schnittstelle zwischen dem Benutzer und den anderen Programmen

Programmablaufplan
Grafische und nach ↗DIN genormte Darstellung eines ↗Algorithmus zwecks späterer ↗Codierung in einer ↗Programmiersprache

Programmierer
↗Informatik-Beruf

Programmiersprache
Sammlung von Schlüsselwörtern, syntaktischen und semantischen Regeln zur Generierung eines ↗Programmes

Programmiersprache, höhere
↗Programmiersprache mit umgangssprachlichen Wörtern als ↗Kommandos

Programmierung, heuristische
↗Analyse- und ↗Designmethode, welche die Systematik zugunsten von Vermutungen, Intuition, Erfahrungwerten, Wahrscheinlichkeiten zurückstellt

Programmierung, stochastische
Auf Zufällen aufbauende ↗Programmierung

PROLOG
Programming in Logic; höhere ↗Programmiersprache der ↗Künstlichen Intelligenz; die Sprache beschreibt die ↗logische Beziehung von ↗Objekten und ist deklarativ, das heisst, man programmiert vom zu erreichenden Ziel her; die Sprache findet Anwendung in der Programmierung von ↗Expertensystemen und der ↗Sprachverarbeitung

PROM
Programmable ROM; ↗programmierbares aber nicht ↗löschbares ↗ROM

Prompt
1. Internes ↗Kommando in ↗MS-DOS; 2. Bereitschaft des ↗Computers oder der ↗Software, Eingaben entgegenzunehmen, meist verbunden mit einer Bereitschaftsmeldung oder einem standardisierten Symbol, in MS-DOS z.B. «C:\>»

Proof
Probeausdruck eines ↗DTP-Dokuments zur Korrekturlesung

Property
Eigenschaft; Bezeichnung für die jedem Objekt unter ↗Windows 95 zuweisbaren ↗Konfigurations-↗Parameter; ersetzt in einem gewissen Sinne ↗INI und ↗PIF

Proportionalschrift
Schrift mit individueller Breite für jeden Buchstaben

proprietär

Vom Hersteller nur für den Gebrauch in eigenen Geräten bzw. zur ↗Lizenzpflicht vorgesehenes Produkt; Gegenteil: ↗offen

Protected Mode

Geschützter Modus; der eigentliche Ursprungsmodus (↗Native Mode) der ↗Intel-↗Prozessoren ab ↗80286; im P. sind ↗Multitasking und ↗Multiprogramming möglich; es herrscht ↗Daten-↗Integrität: Schutz der Daten vor anderen, gleichzeitig laufenden ↗Tasks, indem ↗Programme in voneinander völlig getrennten Speicherräumen, sog. ↗virtuellen ↗Speichern ablaufen; ↗Adressenraum bis 16 ↗MByte; ↗Windows NT, ↗Windows 95 und ↗OS/2 machen vom P. Gebrauch

Protokoll

Normierte Abfolge von Steuer- und Kontroll-↗Bits in der ↗Telekommunikation; es gibt verschiedene normierte P.

Prototyping

Mit modernen Entwicklungsmethoden mögliche Herstellung kleiner, funktionsfähiger ↗Softwaremodule z.B. für die Vernehmlassung beim Auftraggeber

Provider

Allgemein Geber, Erschliesser; im engeren Sinne eine Firma oder ein Verein, welche am ↗Internet angeschlossen ist und dem Publikum über ↗Modem und ↗Wählleitung bzw. über ↗Standleitung den Zugang in dieses Netzwerk gewähren

Proxy, Proxies

↗Protokoll zweier Kommunikationspartner im ↗Internet, welches den Empfänger gegen nicht originale Datenpakete schützt (↗Firewall-Effekt); ferner betreiben ↗Proxy-↗Server einen eigenen ↗Cache für häufig abgerufene Seiten und Bilder im Internet

Prozedur

In sich geschlossene Teilroutine innerhalb eines grossen ↗Programms

Prozess

Umformung und/oder Transport von Materie, Energie und/oder ↗Information (DIN 66201); die ↗Informatik meint eine nach ↗algorithmischen Vorschriften ablaufende Be- oder Verarbeitung von Informationen

Prozessor

Je nach Verständnis eine einzelne ↗intelligente ↗Hardware-Komponente (↗Mikroprozessor beim ↗Kleincomputer) oder eine intelligente, bauliche bzw. ↗logische Einheit mit ↗Steuerwerk und ↗Rechenwerk, genannt ↗CPU

Prüfbit
↗Paritätsbit

PS/1
↗Personal System/1

PS/2
↗Personal System/2

Pseudocode
Eine Art «Esperanto» der strukturierten ↗Programmiersprachen, in welchen einfache ↗Algorithmen bei Erlernen der Programmierung umgesetzt werden können

Public Domain Software
Frei erhältliche ↗Software ohne Einschränkungen im Verfügungsrecht aber mit Verbot der kommerziellen Anwendung und Verbreitung

Publifax
Fernkopierdienst der Telecom PTT für Kunden am PTT-Schalter

Publish and Subscribe
↗Verlegen und Abonnieren

Puffer
Speicher «zwischen» Geräten mit unterschiedlichem Arbeitstempo, z.B. «zwischen» ↗Computer und ↗Drucker

Pufferung
1. Zwischenspeicherung; 2. Aufrechterhaltung der Energieversorgung der in einem ↗RAM-Bereich gespeicherten ↗System-↗Parameter durch einen Akku; bekannt als «Batterie-Pufferung»

PUK
Personal Unblocking Key; in der ↗GSM-Telefonie verwendeter, umfangreicher Geheimcode, dank dessen Hilfe ↗SIM-Karten deblockiert werden, welche durch dreimalige Eingabe falscher ↗Passwörter gesperrt wurden

Pull down-Menü
↗Menüfensterchen, das bei entsprechender Positionierung des ↗Mauszeigers und durch Drücken der Maustaste nach unten geklappt wird (Rolladenmenü)

Puls
↗Parameter bei der Einstellung von ↗Modems: eine ↗Telefonverbindung wird durch Stromimpulse aufgebaut

Punkt
1. Kleinstes visuell zur Wiedergabe gebrachtes Element (siehe dazu auch ↗Pixel); 2. Kleinste Längeneinheit in der Typographie, entsprechend 0.376 cm; 3. Dezimalkomma in der englischsprachigen Literatur; 4. Trennzeichen zwischen dem ↗Dateinamen und der Dateinamens-↗Erweiterung in vielen Betriebssystemen

Put, put(Argument)
↗Kommando in sehr vielen ↗Betriebssystemen und ↗Programmiersprachen; in der Regel werden damit ↗Daten in spezielle ↗Speicherbereiche, z.B. in den ↗Bildschirmspeicher oder in eine ↗Datenträger-↗Datei, gelegt

Puzzle
Spiel-Einstiegsdroge im Mac OS; es geht darum, mit der Maus ein Zahlenpuzzle zu knacken; unter System 7 wird eine Weltkarte zerlegt und muss wieder zusammengefügt werden

Q&A

Question and Answer; Fragen und Antworten; Datei oder Handbuchsektion mit häufig gestellten Fragen und entsprechenden Antworten; da zum Zeitpunkt der Handbucherstellung meist noch nicht so viele Fragen und Probleme bekannt sind, sind die entsprechenden Abschnitte oft eine Wiederholung des Handbuchtextes und betörend nutzlos; siehe auch ↗FAQ

QBE

↗Query by Example

QIC

Quarter Inch Cartridge Driver Standard; ↗Hardware-↗Schnittstelle für -↗Streamer-↗Laufwerke und -Bänder von einem Viertel ↗Zoll Breite; QIC Bänder unterscheiden sich in der Kapazität und im notwendigen Kassettentyp DCxxxx; sämtliche Formate sind normiert, entsprechend existieren diverse Bezeichnungen wie QIC-40, QIC-80, QIC Wide usw.

QSIF

Format von ↗MPEG-↗komprimierten Bildern: 176x144 Bildpunkte

Quark Xpress

Führende ↗Applikation im ↗Desktop Publishing, früher auf ↗Apple ↗Macintosh, heute auf mehreren ↗Plattformen

Quellencode, -programm

In einer höheren ↗Programmiersprache geschriebenes Programm vor dem ↗Compilieren

Query

↗Abfrage

Query by Example

↗Datenbankabfrage durch die Angabe einer ↗Entität, die beispielhaft für die übrigen gesuchten Entitäten ist und zu ihrer Eingabe keiner speziellen Syntax bedarf

Queue

↗Schlange

Quick Sort

Menge von bekannten und didaktisch wertvollen Sortier-↗Algorithmen, denen gemeinsam ist, dass der zu sortierende Bereich, in der Regel ein ↗Vektor, in Teilbereiche aufgeteilt wird

QuickDraw

↗Seitenbeschreibungssprache zum Aufbau von ↗Bitmap-Bildern von Bill ↗Atkinson; mit Q. werden der ↗Bildschirm des ↗Macintosh und Bitmap-Druckbilder auf Nicht-↗PostScript-Druckern aufgebaut

QuickTime

↗Betriebssystem-Erweiterung von ↗Apple für ↗Multimedia und entsprechender dynamischer, unstrukturierter ↗Datentyp für bewegte und akustisch begleitete Sequenzen; als QuickTime VR (↗Virtuelle Realität) für Bewegen mit und in dreidimensionalen Objekten

Quit, Quitt

Siehe Punkt 2 unter ↗Exit

Quittung

Im weiteren Sinne eine Bestätigung, eine positive oder negative Rückmeldung; im engeren Sinne ein ↗Handshake

QWERTY

Name für die amerikanische ↗Tastaturnorm als Ausdruck der Reihenfolge der ↗alphanumerischen Tasten im linken, oberen Tastenfeld; Tastaturen mit dieser Tastenanordnung entsprechen bei uns nicht mehr den heutigen Ansprüchen für landesmässig angepasstes Arbeiten

A B C D E F G H I J K L M N O P **Q** R S T U V W X Y Z etc.

Rack

Einschubkasten von normierter Breite (19 ↗Zoll) für die Bestückung mit Bauelementen: ↗Prozessoren, ↗Modems, ↗Signalwandler, ↗Hubs,...

Radio-Knopf, -Button

Auswahlmöglichkeit in einer ↗Dialogbox, mit welchem eine von mehreren, sich ausschliessenden Optionen aktiviert werden kann, Optionsschaltfeld

RAID

Redundant Array Of Inexpensive Disks; der ↗Datensicherheit dienendes Konzept zur Speicherung riesiger Datenmengen mittels einer ↗redundanten Anordnung gängiger ↗Festplatten, welche dem System als eine einzige ↗virtuelle Einheit erscheinen, deren physischeVerwaltung indessen durch spezielle ↗Dienstprogramme besorgt wird; Massnahmen zur Datensicherheit sind u. a. ↗Spiegelung, ↗Fehlertoleranz; die Normierungsstufen RAID 1 bis RAID 7 bestimmen in unterschiedlichen Sicherheits- und Kostenstufen die Effizienz der Datensicherheit

RAM

Random Access Memory; ↗Arbeitsspeicher mit wahlfreiem ↗Zugriff

RAM Disk

↗Emulation einer ↗Platte im ↗Arbeitsspeicher, Vorteil: schnellerer ↗Zugriff zu den ↗Daten, geringere Abnützung der Platte, Nachteil: Datenverlust bei Stromausfall oder beim Vergessen der Datensicherung; andere Namen: Electronic Disk, ↗Virtual Disk

RAM, Scratch

↗RAM-Bereich mit den ↗Parametern der ↗Festplatte; entweder wird hierfür separates RAM installiert oder ein Teil des Arbeitsspeichers reserviert

RAM-BIOS

Teilmenge des ↗BIOS-Codes, wie er beim Startprozess in den ↗Arbeitsspeicher (↗RAM) geladen wird, da RAM-Bausteine schneller zugreifen als ↗ROM-Bausteine

RAMDAC

Random Access Memory Digital-to-Analog Converter; Baustein auf der ↗Grafikkarte, welcher die Spannungswerte der ↗RGB-Bildpunkte auf dem ↗Monitor berechnet und ausgibt; die Qualität des R., vor allem dessen Reaktionsgeschwindigkeit und Genauigkeit, ist ausschlaggebend für die Bildschirmschärfe

random, randomize

1. Wahllos, wahlfrei, zufällig, willkürlich; 2. Kommandos zur Initialisierung des ↗Zufallszahlengenerators oder zur Erzeugung einer neuen Zufallszahl in verschiedenen ↗Programmiersprachen

Raster Font

Andere Bezeichnung für ↗Bitmap Font, also ein Zeichensatz, welcher die darstellbaren Zeichen als Punktemuster codiert hat

Raster Image Prozessor

Prozess zur Rasterung von ↗PostScript-Bildern

Raster-Zeichensatz, Font

↗Bitmap

Rauschen

In der ↗Informationstheorie: beim Empfänger ankommende, aber nie gesendete Information; kann in der ↗analogen Signalübermittlung zum «Rauschen» im umgangssprachlichen Sinn führen und durch ↗Digitalisierung weitgehend vermieden werden (z.B. Unterhaltungselektronik)

Raute

Parallelogramm, Rhombus; Symbol im ↗Programmablaufplan

Raytracing, Ray Tracing

Verfahren in der dreidimensionalen Grafik: Virtuelles Beleuchten eines Körpers

RCA-Stecker

Runde Steckverbindung für Audio- und Video-Signale als direkte Weiterführung abgeschirmter Kabel; der bekannte Cinch-Stecker in der Unterhaltungselektronik ist ein R.

RCD

↗CD-R

RD

Received Data; Empfangsleitung des ↗DTE (↗Computer) für ↗Daten vom ↗DCE (↗Modem) in der ↗seriellen ↗Schnittstelle ↗V.24 (↗RS-232C)

RDBMS

Relational Data Base Management System; ↗Relationales ↗Datenbanksystem

RDS
Radio Data System; dem Hörfunk überlagerte Signale zur Identifikation einer UKW-Radiostation: damit ist es entsprechend ausgerüsteten Empfängern möglich, beim Verlassen eines Sendegebiets die gleiche Radiostation auf einer anderen Frequenz zu suchen

README
Zur Usanz gewordener Name für ↗Dateien, welche Zusatzinformationen zu Handbüchern enthalten

Real
Standarddatentyp in den meisten ↗Programmiersprachen: ↗Fliesskomma-Zahlen

Real Mode
Modus der ↗Intel-↗Prozessoren ab ↗80286, in welchem der ↗8086 ↗emuliert und somit auf ↗Multitasking / ↗Multiprogramming verzichtet wird; ↗Adressenraum bis 1 ↗MByte; der R. ist der klassische Betriebsmodus der ↗80x86-Prozessoren unter ↗MS-DOS

Real Time
↗Echtzeit

Reboot
Neustart, ↗Warmstart, ↗Booten

Reboot, local
Neustart bloss einer einzigen, ↗abgestürzten, ↗virtuellen Maschine in einem ↗System, welches mehrere virtuelle Maschinen gleichzeitig «fahren» kann

Rechenwerk
Rechnende Einheit im ↗Computer

Rechner
Einer der vielen Namen für einen ↗Computer, oft etwas eingrenzend für das ↗Steuerwerk und ↗Rechenwerk verwendet

Record
↗Datensatz

Recorder
Aufzeichnungsgerät; 1. in ↗Betriebssystemen und ↗Applikationen, welche zu ↗Makros fähig sind, sind R. kleine Hilfsprogramme, mittels derer Manipulationen der Anwendenden aufgezeichnet und gespeichert werden; 2. in ↗Multimedia-Maschinen handelt es sich dabei um Hilfsprogramme zur Aufnahme und teilweise zum Schneiden von Ton- und/oder Filmsequenzen

Recovery
Wiederentdeckung, Wiederherstellung von ↗Daten nach fehlerhafter ↗Daten-↗Transaktion oder einem Ausfall; das ↗MS-DOS-↗Dienstprogramm RECOVER ist nur im extremsten Notfall anzuwenden!

Recycle Bin
Abfallkorb, ↗Papierkorb in ↗Windows 95 mit der Möglichkeit zum Wiederherstellen weggeworfener Dateien

Redirector
Umleiter von ↗Zugriffsadressen innerhalb eines ↗Netzwerks auf den ↗Dateiserver

redundant, Redundanz
1. ↗Informationstheorie: ↗Signal ohne Nachrichtenwert; 2. ↗Telematik: Ballastdaten für Prüf- und Korrekturzwecke beim ↗Daten-↗Transfer; 3. ↗System-↗Design: scheinbar überflüssige, in Wirklichkeit aber der Ausfallsicherheit dienende Zweifach-Installation von Komponenten

Reengineering
Durch ↗computergestützte Entwicklungsmethoden möglich gewordene Umarbeitung bestehender, «alter» ↗Applikationen für eine neue Umgebung, für mehr Leistung usw.

Refresh Cycle
Erneuerungszyklus; periodisch nötiger Wiederaufbau von ↗Daten in ↗Speicherbausteinen, sofern diese ↗«dynamisch» und demnach ↗flüchtig sind

Register
Zwischenspeicher, ↗Pufferspeicher in der ↗CPU ohne direkten ↗Zugriff für den Anwender

Registry
Zentrale ↗Datenbank mit textbasierten Informationen zur ↗Konfiguration eines ↗Systems unter ↗Windows 95 oder Windows NT; Registry ersetzt die .INI-Dateien

Rekursion
Form eines ↗Schleifen-↗Algorithmus, welcher sich selbst die ↗Daten vorgibt

Relation
Beziehung; meist gebraucht als Verbindung der ↗Felder einer ↗Datenbank zu den Feldern einer anderen im Sinne einer 1:1, 1:n, n:1 oder m:n-Beziehung

A B C D E F G H I J K L M N O P Q R S T U V W X Y Z etc.

Release
1. Entlassung, Freigabe, Loslassen (z.B. einer Taste); 2. ↗Versionsnummer einer ↗Software; oft nur für eine Hauptversion verwendet, wobei die Unterversionen dann ↗Updates heissen

Remote
Entfernt operierend(es ↗Peripheriegerät oder ↗Terminal)

Remote Install
↗Konfiguration oder Installation eines Gerätes bzw. einer Software von einem entfernten Gerät aus

Remote Procedure Call
Ruf des ↗Client nach einer in den ↗Server ausgelagerten ↗Prozedur; die RPC-Technik kommt dann zum Zug, wenn der entfernte Server für die Erledigung der Aufgabe besser geeignet ist

Rendering
Überführung eines dreidimensional entworfenen Objekts in eine fotorealistische Darstellung: plastisch, schattiert, eingefärbt, beleuchtet und mit ↗Texturen

Reorganisation
«Reinemachen» mit ↗Daten, ↗Dateien, ↗Verzeichnissen usw., wie es bei dezentral verwendeten ↗Systemen besonders oft und diszipliniert vorgenommen werden sollte

Repeater
Verstärkerstation in ↗Bus-↗Netzwerken; ein R. arbeitet auf der untersten ↗Schicht des ↗ISO-Modells und verbindet eigentlich getrennte Netzwerke zu einer ↗logischen Einheit

Repetierfunktion
Wiederholfunktion bei langem Verweilen auf einer Taste

Replikation
Zwischen ↗Client und ↗Server in beiden Richtungen wirksamer und damit echter ↗Abgleich von ↗Datenbeständen, welche dezentral und / oder zeitlich entkoppelt bearbeitet werden; dank R. bekommt z.B. der Aussendienstmitarbeiter über ↗Dfü die neusten Produktpreise übermittelt

Reply
Beantworten; Option in ↗E-Mail-↗Systemen, empfangene Post zu beantworten, wobei dann die Adresse des damaligen Absenders gleich als neue Zieladresse eingesetzt wird

Report
Strukturierte Ausgabe von ↗Informationen aus einer ↗Datenbank

Repository
Datenbank mit den ↗Metadaten von allen im Laufe der ↗Anwendungs- oder ↗Datenbankentwicklung anfallenden ↗Informationen: Spezifikationen, Schnittstellen, Code, Illustrationen, Texte, ...

Requestor
Eigenständiges ↗Programm oder ↗Treiber, mit welchem die Arbeitsstation die Anbindung an ein ↗Netzwerk herstellt

ResEdit
Resource Editor; ↗Dienstprogramm für den ↗Macintosh zum Eingriff in ↗Programme, ↗Ressourcen u.ä. Objekte in Maschinennähe

Reset
Rücksetzen eines ↗Systems in seinen Ursprungszustand, Wiederherstellung der Vorgabewerte

resident
Im Zusammenhang mit ↗Programmen: Programme, welche in den ↗Arbeitsspeicher geladen wurden und dort aktiv auf das Eintreffen gewisser Ereignisse (↗Tastatursignal, Zeitpunkte usw.) warten, um dann die derzeitige Aktivität kurzfristig zu überlagern; eine Art des Pseudo-↗Multitasking unter ↗MS-DOS; residente Programme entziehen sich dem ↗Zugriff von ↗MS-DOS und damit den Benutzern

residieren, resident
Sich zur Zeit in einem bestimmten ↗Speicherbereich befinden

Ressourcen
Rohstoff-, Energievorräte; 1. Sammelbegriff für alle ↗binär verwalteten Informationen (↗Parameter, ↗Daten, ↗Betriebssystemkommandos, ↗Ikonen usw.); 2. Potential der menschlichen und maschinellen Arbeitsleistung im System

Ressourcenanzeige
Aussagearmes, weil fast immer die gleichen Werte angebendes Standard-↗Programm in ↗Windows 95 zur Dokumentierung der Belastung der wichtigsten ↗System-↗Ressourcen

Restore
Wiederherstellen der ↗Daten von einem Sicherungsarchiv (↗Backup) auf dem aktiven ↗Datenträger

Resume
↗Kommando oder Betriebszustand der Wiederaufnahme einer angefangenen und unterbrochenen Arbeit

RET
Resolution Enhancement Technology; Technologie zur zusätzlichen Glättung schiefer Linien bei ↗Laserdruckern mit einer ↗Auflösung von 300 ↗dpi, entwickelt durch Hewlett-Packard

Retrieval
Suchalgorithmus und ↗-programm für das Wiederfinden von unstrukturierten ↗Daten wie z.B. ein Zitat in einem Volltext

return
1. «Rückkehr» am Ende eines Unterprogramms zum Hauptprogramm; 2. Bezeichnung für die ↗Carriage Return-Taste auf dem ↗Computer zur ↗Dateneingabe

REXX
↗Programmier- und Entwicklungsumgebung unter ↗OS/2

RFS
Ready For Sending; leider seltenere aber eigentlich klarere Bezeichnung für die ↗Signalleitung ↗DSR

RFT
Revisable Form Text; Datenaustauschformat für Texte, bei welchem auch Formatangaben angebunden sind

RGB
1. Red-Green-Blue; elektronischer Ausgang für Farbbildschirme mit getrennten Farbkanälen; 2. additives Farbmodell der farbigen Bildröhren

RI
Ring Indicator; ↗Signal des ↗DCE (↗Modem) an das ↗DTE (↗Computer), dass ein Anruf eingeht

RIFF
Resource Interchange File Format; durch ein Firmenkonsortium um ↗Microsoft standardisiertes und sehr offenes ↗Datenformat für ↗Multimedia; auch von ↗IBM akzeptiert

Ring
↗Netzwerk-↗Topologie

RIP
1. ↗Raster Image Prozessor; 2. Remote Imaging Protocol: Standard zur grafischen Aufbereitung einiger ↗Online-Dienste; mit solchen Diensten kann ein rein textbasierter Dialog betrieben werden, oder dann ein grafischer, wenn zwischen ↗Terminal und ↗Host das RIP aktiv ist

RISC
Reduced Instruction Set Computer; Computer-↗Architektur, die auf einem ↗Mikroprozessor mit vermindertem Satz an vorgegebenen ↗Instruktionen basiert; verzichtet wird vor allem auf die selteneren Instruktionen, diese werden stattdessen als ↗Mikrocode geladen

RJ-11, RJ11, RJ 11
Anschlussbuchse für ↗Telefonkabel oder ↗verdrillte ↗Netzwerkkabel mit vier Signalleitern und Schnappverschluss; «Western»-Buchse, weil es in den USA die übliche Buchse – auch wandseitig – ist

RJ-45
Dem ↗RJ-11 ähnliche Steckverbindung (Schnappstecker) für vieradrige ↗verdrillte Leitungen, vom Design her allerdings bis achtpolig

RLE
↗Dateiformat für ↗komprimierte ↗BMP-Grafiken von ↗Windows und ↗OS/2

RLL
Run Length Limited; ↗Algorithmus und Aufzeichnungsverfahren bei magnetischen ↗Datenträgern, mit 25 ↗Sektoren besonders dicht; Vorgänger: ↗MMFM; ↗Controller mit um 800 KByte/s

Roaming
Flächendeckende Ortung eines Mobilfunkteilnehmers über ein ganzes Versorgungsnetz und unabhängig vom lokalen Funknetz-Anbieter; R. ist vor allem in der ↗GSM-Telefonie bekannt: es erlaubt dem Abonnenten die Mobilität von einem GSM-Netz ins andere

Robinson-Liste
Liste mit den Adressen von Personen, die keine Werbung erhalten möchten; ↗Datenschutz

Robotik
Wissenschaft rund um die Roboter, das sind industrielle Fertigungsautomaten

ROD
Rewritable Optical Disc; lösch- und beschreibbare optische ↗Platte; ↗magneto-optische Platte

rollen
...der Anzeige über den ↗Bildschirm; Bewegung eines ↗Fensterinhalts durch Betätigung der Rollbalken in grafischen ↗Benutzeroberflächen

Rollout
Ausrollen, auslaufen; vollständige Umstellung, ↗Migration auf eine neue ↗Plattform

ROM
Read Only Memory; Nur-Lese-Speicher, ↗Festwertspeicher, die ↗Daten oder ↗Programme sind fest «eingebrannt» und entweder gar nicht oder nur unter ganz speziellen Bedingungen löschbar

ROM, OTP-ROM
One Time Programmable ROM; nur einmal beschreibbares ↗ROM; funktional wie ↗EPROM

ROM-DOS
↗ROM-↗residierendes ↗MS-DOS

Roman
Häufige ↗Schriftart

Root
↗Wurzel (diverse Bedeutungen)

ROS
Resident Operating System; jener Programm-Teil im ↗BIOS-↗ROM, welcher die wichtigsten Systemtest-Routinen (↗POST) durchführt, den ↗Urlader enthält und im sogenannten Boot-Sektor (Seite 0, Spur 0, Sektor 0) den ↗Boot Record sowie das Ladeprogramm ↗SYSINIT sucht

Router
1. Wegfindungs-↗Algorithmus z.B. im Layout elektronischer ↗Platinen; 2. Bezeichnung für entsprechende Algorithmen in ↗CAD-Paketen; 3. ↗intelligenter Brückenrechner auf der Netzwerk-↗Schicht von ↗OSI zwischen ↗kompatiblen aber nicht gleichartigen (Unterschiede auf Schichten 1 oder 2) Netzwerken zu deren gegenseitiger ↗Integration, zur Optimierung der ↗Datenwege und neuerdings zur ↗Komprimierung der Daten vor dem ↗Transfer; R. arbeiten mit ↗logischen Adressen und sind deshalb flexibler als ↗Bridges

Routine
Kleinstprogramm oder Teil eines Programms mit eigener Funktion

Routing
Wegwahl; 1. Tätigkeit des ↗Routers beim optimierten Verlegung von Bahnen auf elektronischen ↗Platinen; 2. optimierte Routenwahl eines ↗Datenpaketes in einem ↗vernetzten ↗System

Royal Fonts
↗TrueType-Schrift

RPC
↗Remote Procedure Call

RPN
Reverse Polish Notation; ↗UPN

RS
↗ASCII-Zeichen 17(H) (23): Record Separator; Trennung eines ↗Datensatzes oder einer Untergruppe von ↗Daten

RS-232C
Serielle Schnittstellennorm nach ↗EIA, ↗DIN 6602

RSI
Repetitive Stress Injuries; körperlicher Schaden mit Kurzzeit- oder Langzeitwirkung aufgrund sich immer wiederholender Tätigkeiten; in den USA ist RSI vor allem Futter für die Prozessmanie im Bereich der Produktehaftpflicht

RTF
Rich Text Format; durch ↗Microsoft aus ↗DCA heraus weiterentwickeltes Speicherformat für Textdateien, welches auch Formatangaben umfasst; RTF dient ferner als Brücke zwischen ↗MS-DOS / ↗Windows und ↗Macintosh

RTS
Request To Send; etwas verwirrliche Bezeichnung für die ↗Signalleitung in der ↗seriellen ↗Schnittstelle (↗V.24 / ↗RS-232C), mit welcher das ↗DTE (↗Computer) dem ↗DCE (↗Modem) mitteilt, dass es ↗Daten erwartet

Rubber Band
«Gummizug» in graphischen ↗Benutzeroberflächen; mit Hilfe des R. können mehrere Objekte auf einmal ausgewählt, also markiert werden

Rücksetzen
↗Reset

Rücktaste

Taste, welche den ↗Cursor zu einem Schritt rückwärts und Löschung des dortigen Zeichens veranlasst; mit einem nach links weisenden Pfeil versehene Löschtaste; dass nicht generell von der Löschtaste gesprochen wird, hat damit zu tun, dass es oft auch eine Taste gibt, welche nach rechts löscht: «Del» oder «Entf» auf der ↗PC-↗Tastatur

Runtime

1. Während des ↗Programmlaufs auftretend; 2. direkt lauffähige ↗Version einer ↗Applikation; die Anzahl installierter R. dient oft als Basis für die Berechnung der ↗Lizenzgebühren; 3. im Leistungsumfang reduzierte ↗Applikation, sofern sie als Voraussetzung einer anderen Applikation gilt, aber nicht die volle Leistung beansprucht wird

RXD

Received Data, siehe detailliert unter ↗RD

RZB

Rechenzentrum der (Schweizer) Banken

S-HTTP
Secure ↗HTTP zwecks Versand vertraulicher Daten über das ↗Internet

S-Register
Oft nicht ↗flüchtige ↗Register in ↗Modems zur Speicherung von Statusinformationen; der Vorteil der S. im Gegensatz zu den ↗AT-Kommandos liegt darin, dass mit einem Kommando gleich mehrere Einstellungen vorgenommen werden können

S3
Grafik-↗Prozessor zwecks Beschleunigung des ↗Bildschirmaufbaus unter ↗Windows

SA-450
↗Hardwareschnittstelle für ↗Disketten- und ↗Streamer-↗Laufwerke

SAA
Systems Applications Architecture, von ↗IBM standardisierte ↗Architektur (↗Design, ↗Programmierung, ↗Benutzeroberfläche, ...) für ↗Applikationen; S. soll der internen und externen ↗Kompatibilität, der einheitlichen, ↗ergonomischen Anwendung und der ↗Portabilität von Programmen in der IBM Familie dienen

SADT
Structured Analysis an Design Technique; Grafisches Mittel zur ↗Analyse von Problemstellungen und für den Entwurf von Lösungen; im Mittelpunkt der Darstellung stehen «Objekte» und «Funktionen»

Sampling
Zerlegung ↗analoger Klänge irgendwelcher Herkunft und ↗Digitalisierung zwecks Tonverarbeitung

SAP
1. Sammlung kommerzieller ↗Applikationen für ↗Mainframes; 2. Schweizer Automatik Pool, private Vereinigung in der Industrie

SASI
Shugart Associates System Interface; ↗Schnittstellenkonzept als Vorgängerversion von ↗SCSI

Satzspiegel
In der Typografie: zu bedruckende Fläche auf dem Papier

Save
↗Sichern

Scandisk
Standard-↗Programm in ↗MS-DOS und ↗Windows 95 zur Prüfung der Oberfläche eines ↗Platten-↗Datenträgers sowie dessen ↗Dateistruktur

Scanner
1. (Optischer) Abtaster; Gerät zur optischen Erfassung von Informationen, die (meist auf Papier) als Kontrastmuster (Druckschrift, Handschrift, Rasterbild, Foto) vorliegen; der S. verwandelt diese Information durch ↗Digitalisierung in ein hochauflösendes ↗Punktmuster zur weiteren Verarbeitung; handelsüblich sind Flachbett-, Projektions-, Trommel- und Handscanner

SCGA
Swiss Computer Graphics Association, private Vereinigung

Schachtelung
1. Bei ↗Funktionen und ↗Prozeduren; Definition und/oder Aufruf einer Funktion oder Prozedur aus einer ebensolchen heraus; damit wird eine Verschachtelungsebene in die Tiefe geschritten; 2. bei ↗Programm-↗Schleifen: Durchlauf einer inneren Schleife innerhalb einer umhüllenden; 3. bei ↗Datei-↗Verzeichnissen: hierarchische Strukturierung der Ablage in verschiedene Verzeichnisebenen mit immer feinerer Auflösung

Schaltalgebra
In der Mikroelektronik konkretisierte Form und Anwendung der ↗Boole'schen Algebra: Kombination und Verknüpfung verschiedener ↗logischer Eingangszustände zu resultierenden Zuständen

Schalter
In der deutschen Übersetzung von ↗MS-DOS etablierte, eigentümliche Bezeichnung für die ↗optionalen ↗Parameter zu MS-DOS-↗Kommandos; z.B. DIR /W

Schaltfläche
↗Maus-sensitiver ↗Bildschirmbereich zur Vornahme von Einstellungen in ↗Dialogboxen, bzw. zur Bestätigung («OK») oder Annullierung («Abbruch») solcher Manipulationen

Schattenspeicher
1. ↗Cache; 2. ↗Shadow RAM

Schedule
Terminverwaltung; 1. Sammelbegriff für Programme, welche eine Terminverwaltung ermöglichen; 2. der Teil des ↗Betriebssystems, welcher den parallel laufenden Prozessen Betriebsmittel zuweist

Schicht
Ebene in einem Hierarchiemodell der ↗Datenkommunikation mit genau definierten Normen und ↗Spezifikationen aller Bestandteile dieser Hierarchieebene; bekannt sind die Sch. des ↗Kommunikationsmodells von ↗OSI

Schieberegister
Elektronisches Bauteil, welches in der Lage ist, eine ganze Folge von ↗binären Speicherinhalten um eine Position nach links oder rechts zu verschieben

Schlange
Gesamtheit der durch die ↗Applikation oder das ↗Betriebssystem in den Wartezustand versetzten Teilprogramme oder ↗Dateien; viele Applikationen können z.B. mit dem Druck mehrerer ↗Dokumente beauftragt werden und setzen diese dann in eine Warteschlange

Schleife
Wiederholt durchlaufener ↗Programmteil; Zählschleifen durchlaufen eine schon beim Schleifenbeginn bekannte Anzahl Durchläufe (FOR-Schleifen); abweisende Schleifen prüfen die Abbruchbedingung vor Schleifenbeginn (WHILE-Schleife); nicht abweisende Schleifen werden mindestens einmal durchlaufen, weil die ↗Abbruch-↗Bedingung erst am Ende der Schleife geprüft wird (REPEAT-Schleife)

Schlüssel
↗Feld in einer ↗Datenbank, über welches ein Zugriff zu allen ↗Informationen des betreffenden ↗Objekts möglich ist; Primärschlüssel sind definiert als umkehrbar eindeutig, Sekundärschlüssel können mehrfach vorkommen; beide Typen sind sinnvollerweise ↗indexiert

Schlüsselwort
Wort innerhalb einer ↗Programmiersprache mit fester Bedeutung als ↗Kommando, ↗Funktion, ↗Operator o.ä.

Schnittstelle
1. Kontaktstelle zur ↗Daten-↗Kommunikation; also die Steckkontakte zur Verbindung mit der «Aussenwelt»; 2. Plattform der Interaktion zweier ↗kommunizierender ↗Systeme; Beispiel: Mensch-Maschine-Schnittstelle

Schreib-/Lesekopf
Mechanische Einheit, welche sich tangential über den ↗Daten-↗Spuren auf einem ↗Plattenspeicher positioniert und die magnetisch oder optisch codierten ↗Bitmuster liest

A B C D E F G H I J K L M N O P Q R S T U V W X Y Z etc.

Schreib-/Lesespeicher
↗Arbeitsspeicher

Schreibschutz
↗Physische Vorkehrung an ↗Datenträgern zur Verhinderung von ↗Lösch- und Überschreiboperationen

Schreibstift-Betriebssystem
Betriebssystem für eine neue Generation von tragbaren ↗Kleincomputern: Die Steuerung des ↗Betriebssystems und der grafischen ↗Benutzeroberfläche findet nicht via ↗Maus, sondern durch Berührung mit einem griffelartigen (↗Pen) Stift statt

Schreibtisch
Arbeitsebene einer grafischen ↗Benutzeroberfläche; der Schreibtisch des ↗Mac OS zeigt die angemeldeten ↗Laufwerke, den ↗Papierkorb und allfälliges Zubehör wie ↗Aliase, welches zum schnelleren Aktivieren hierhin plaziert wurde; der Schreibtisch ist ferner die Arbeitsfläche des ↗Finders also ↗Programm-Manager und ↗Datei-Manager in einem; der Sch. von ↗Windows 3.x ist ein blosser Hintergrund mit allfälligen ↗Symbolen; der Schreibtisch von ↗OS/2, ↗Windows NT und ↗Windows 95 erinnert funktional an den des Mac OS

Schreibtischzubehör
Die über das ↗«Apfelmenü» im ↗Macintosh stets zugänglichen Hilfsmittel wie Album, ↗Kontrollfeld, Rechner, Wecker usw.

Schrift, Schriftfamilie, Schriftschnitt
Zusammenfassende Erklärung unter ↗Font

Schrittmotor
Motor (u.a. in ↗Computer-↗Peripherie), mit festgelegtem minimalem Rotationsschritt

Schusterjunge
In der Typografie: Verbleib der ersten Zeile eines Absatzes auf der alten Seite nach automatischem Seitenumbruch; ästhetischer Fehler

schützenswert
Juristisch relevanter Begriff für eine bestimmte Klasse personengebundener ↗Daten

Schwarzes Brett
«Anschlagbrett» in einem elektronischen ↗Briefkasten

Schwingung
Signalschwankung

Screen
↗Bildschirmfläche

Screensaver
↗Bildschirmschoner

Screenshot, Screen Shot
↗Bitmapkopie des ganzen ↗Bildschirms oder eines Teils davon

Script
↗Skript

Scroll Lock
Fixierung eines alternativen Modus des ↗Bildschirm-↗Rollens

Scrollback, Scroll Back
Modus von ↗Terminalprogrammen, in welchem Sie sich durch soeben eingegangene Texte ↗rollen, jedoch gerade keine Daten senden oder empfangen können

Scrolling
↗Rollen

SCSI Host Adapter
↗Controllerkarte für die ↗SCSI-Kette; der Host Adapter verfügt in der Regel über ein eigenes ↗BIOS und hat die ↗Hardware-↗Adresse 0

SCSI, SCSI-2, SCSI-3, Fast S., Wide S., Ultra S.
Small Computer Systems Interface; ↗Schnittstellenkonzept für Kettenschaltung von bis zu sieben ↗Peripheriegeräten, meist ↗Massenspeichern; der S.-Bus ist 8 Bit breit, bidirektional und durch einen ↗Controller mit eigenem ↗BIOS ↗intelligent selbstverwaltend; fünf (bei SCSI-1) bis zehn (SCSI-2) MByte/s; verkettete Geräte können am ↗Prozessor vorbei kommunizieren; neuere Spezifikationen heissen SCSI-2, Fast SCSI-2 und Wide SCSI: die letzten beidenlassen bis 24 externe Geräte mit 16- oder 32 Bit Datenkanal zu sowie einen Datentransfer bis 20 MByte/s; eine Spezifikation SCSI-3 ist in Vorbereitung: sie wird seriell sein, um auch Glasfaserleitungen zuzulassen und bis 1 GByte/s erlauben

SD
↗Single Density

SDK
Software Development Kit; Baukasten für Programmierer/innen mit Bibliotheken, Hilfsprogrammen usw. für die Entwicklung

SDLC
Synchronous Data Link Control; ↗Protokoll der ↗Datenübermittlung in der ↗IBM ↗SNA-Welt (Grosscomputer)

SDRAM
Synchronous ↗DRAM; junge Technologie für ↗RAM-Bausteine, welche gleichzeitig mehrere Schreib-/Lesevorgänge abwickeln können

SEA
Vor allem in der ↗Macintosh-Welt sehr verbreitete ↗Dateinamens-↗Erweiterung für ↗Binärdateien, welche mit den ↗Programm ARC ↗komprimiert wurden und sich selber aus-↗packen; der Name stammt von der Entwicklerin, der Firma System Enhancement Associates

Second Level Cache
↗Cache

Security
↗Datensicherheit, im speziellen interessiert die ↗C2 Level Security

Sedezimal
↗Hexadezimal

Segment
1. Lauffähiger Teil einer ↗Applikation, ↗Overlay; 2. ↗pufferungsfähiger ↗Block; 3. Gruppe von Anzeigeelementen; 4. in einen ↗virtuellen ↗Speicher ausgelagerter ↗Block; 5. Kabelabschnitt zwischen zwei Geräteeinheiten im ↗Token-Ring; 6. totale Kabellänge zwischen zwei verstärkenden Einheiten (↗Repeater) in ↗Ethernet

segmentiert
Im Zusammenhang mit dem ↗Arbeitsspeicher: In gewissen Bereichen eingeschränkte ↗Adressierbarkeit des Arbeitsspeichers, hauptsächlich durch Reservierung solcher Bereichsadressen für bestimmte Zwecke, z.B. für ↗Controller unter ↗MS-DOS

Seite
16 ↗KByte umfassender ↗Speicherblock des ↗Expanded Memory, welche in die ↗UMBs kopiert und dort verarbeitet werden

Seitenbeschreibungssprache
↗«Programmiersprache» zum Aufbau der visuellen Wiedergabe von ↗Daten auf dem ↗Bildschirm oder einem ↗Drucker, Beispiele: ↗PostScript, ↗QuickDraw

Seitendrucker
Sammelbegriff für sämtliche ↗Druckertechnologien, bei welchen die ↗Information nicht zeilenweise (↗Typenraddrucker), sondern seitenweise aufgebaut wird

Sektor
Unterteilung der ↗Datenspuren auf einer ↗Platte

sektorieren
Den ↗Datenträger in ↗Sektoren einteilen: Entweder «hart» durch eine Lochung auf dem Datenträger oder «weich» durch ein ↗Dienstprogramm, das ↗Formatierprogramm

Sekundärcache
↗Cache

Selektion
↗Auswahl

Semantik
Der in einem ↗Programmcode zum Ausdruck kommende Wille des ↗Programmierers; eigentlich: die Bedeutung der im Programmcode verwendeten «Begriffe»

SEMPER
Secure Electronic Marketplace for Europe; Projekt der EU zur sicheren Abwicklung von Finanzgeschäften über ↗Netzwerke; das ↗Akronym knüpft ans lateinische «semper»: «immer» …

Sequencer
↗Sequenzer

Sequencing
Abspeichern und Abrufen von Tonfolgen

sequentiell, sequentieller Zugriff
↗Datenzugriff in einer linearen Reihenfolge, z.B. ab Band; Gegensatz: ↗wahlfrei, wahlfreier ↗Zugriff

Sequenz
↗Folge

Sequenzer
↗Hardware oder ↗Software zur ↗Speicherung von Musikdaten von einem ↗MIDI-kompatiblen Gerät, zu deren Bearbeitung, Wiedergabe und Rückspielung

seriell
Beim ↗Daten-↗Transfer: Datenkommunikation auf einem zweiadrigen Kommunikationskanal ↗Bit nach Bit

Serienbrief
Prozess des Erstellens einer Serie «identischer» Briefe durch das Verschmelzen eines Textdokuments, welches einige variable Einträge enthält, mit zugehörigen Feldeinträgen einer Adressdatenbank; dadurch erhält jedes Briefexemplar beim Ausdruck einen anderen Adressaten mit entsprechender Anrede

Serife
Kleine horizontale Strichlein, welche in den Buchstaben einer ↗Schriftfamilie den Lesefluss erhöhen; Serifenschriften sind z.B. Times und Courier

Serum
«Impfstoff», Programm gegen ↗Computer-↗Viren

Server
1. ↗Hardware, ↗Programm oder ↗Datenbestände in einem ↗Netzwerk, die von mehreren Teilnehmern benutzt werden können (z.B. ↗Drucker, ↗Plattenspeicher, ↗Datenbankprogramm, ↗Faxbrücke usw.); ein ↗Dateis. ist demnach ein ↗Computer, der alle Teilnehmer mit ↗Daten und/oder ↗Programmen versorgt; 2. in ↗Windows eine ↗Anwendung, welche Objekte in eine andere Anwendung einbetten und mit dieser dynamisch verknüpfen kann

Service-Techniker
↗Informatik-Beruf

Session
Sitzung; 1. aktivierte und durch den Benutzer gerade bearbeitete ↗Applikation; beim ↗Multitasking wird eine S. bearbeitet und die anderen S. laufen oder warten im ↗Hintergrund; 2. gesamtheit der Prozesse, welche ein Anwendungsprogramm bilden und in dessen Ablauf einmal «drankommen» werden

Set
1. Teilmengen-↗Deklaration in ↗Pascal; 2. auf einen bestimmten Zweck ausgerichtete Menge von ↗Objekten

SET
Secure Electronic Transaction; von ↗Microsoft, Visa und MasterCard initiiertes und mittlerweile weitherum akzeptiertes ↗Protokoll für die Verschlüsselung von Kreditkarten-↗Daten

Set top box
Zusatkasten zwischen dem Antennenanschluss und dem Heimfernseher, welcher letzterem den Zugang ins ↗Internet ermöglich; siehe auch ↗Pippin und ↗NC

Setup
1. Neukonfigurierung des ↗Systems nach erfolgten Änderungen in der ↗Hardware / ↗Software; 2. dazu dienende ↗Dienstprogramme oder auch ↗Installationsroutinen; 3. die meist in speziellen Bausteinen batteriegestützt gespeicherte Langzeitsicherung von Systemparametern

SFF
Small Form Factor Committee; Konsortium zur Entwicklung und Standardisierung von ↗Protokollen und ↗Schnittstellen rund um ↗Platten-↗Laufwerke

SFT
System Fault Tolerance; ↗System ↗Fehlertoleranz; Spezifikation von ↗Novell zur Einstufung der Ausfallsicherheit von ↗Netzwerken oder deren Geräteeinheiten in drei Stufen

SGML
Structured Generalized Markup Language: vom US-Verteidigungsministerium entwickeltes, universelles Austauschformat für Texte und Grafiken samt Schriftfamilien und -stilen bzw. ↗Parametern; SGML ist Wegbereiter von ↗HTML

Shadow RAM
1. Schattenspeicher; Speicher, welcher sich der normalen ↗Adressierung durch den ↗Adressbus entzieht und damit speziellen Zwecken dient; 2. einengend unter ↗Intel / ↗DOS: separater Speicherraum im oberen Speicherbereich von ↗MS-DOS (↗UMB), in welchen das ↗System- und das Bild-↗BIOS zwecks schnelleren ↗Zugriffs geladen werden

share, shared
Teilen, aufgeteilt; Eigenschaft von ↗Ressourcen (↗Dateien, ↗Drucker, ↗Laufwerke, …), auf die in einem ↗Netzwerk von mehreren Benutzern ↗zugegriffen wird

Shareware
↗Software ohne Kopierschutz; der Käufer ist gehalten, sich bei Gebrauch der Software registrieren zu lassen und die ↗Lizenz zu bezahlen; damit sichert er sich die ↗Aufdatierungen und die Unterstützung durch den Autor

A B C D E F G H I J K L M N O P Q R **S** T U V W X Y Z etc.

Sharing

Aufteilung; meist gemeint als ↗Zugriffsmöglichkeit durch mehrere Anwender (↗share); in der Gross-EDV die Möglichkeit zur Aufteilung eines ↗Computers in mehrere ↗virtuelle Computer

Shell

↗Softwareschale um den inneren Kern eines ↗Betriebssystems; die unter Umständen mehrschichtige Schale stellt die ↗Schnittstelle zum Benutzer her; Beispiele: rein textliche ↗Interpretation von Zeilen-↗Kommandos in ↗MS-DOS bis ↗Version 3.3; weiter «aussen»: Schale für halbgrafische ↗Benutzeroberfläche «DOSSHELL» in MS-DOS ab Version 4.0; ↗Windows 3.x kann als vollgrafische Shell zu MS-DOS betrachtet werden, die Bezeichnung grafische ↗Benutzeroberfläche hat sich indessen eingebürgert

Shift

1. Umschalttaste auf der ↗Tastatur; die Taste hat analog der Schreibmaschine meist die Funktion der Aktivierung von Grossbuchstaben, dient auch oft als ↗Kombinationstaste; 2. ↗Prozess des mathematischen Verschiebens von ↗Binärwerten oder ↗Speicherinhalten; Schieberegister

Shortcut

1. Schnellbefehl via ↗Tastatur; 2. ↗Verknüpfung

Shut down

Option zum Stillegen des ↗Betriebssystems (detailliert bei ↗Herunterfahren) eines ↗Computers vor dessen Ausschalten; vor allem bei grafischen ↗Benutzeroberflächen wird der Ausstieg über diese ↗Option erwartet, damit alle offenen ↗Dateien durch die ↗GUI geschlossen und Systemzustände notiert werden können

Shutter

Metallverschluss bei ↗Disketten und ähnlichen ↗Datenträgern

SI

1. ↗ASCII-Zeichen 0F(H) (15): Shift In; Zurückschalten auf den ursprünglichen ↗Zeichensatz; 2. Système International d'Unités: Internationales Einheitensystem in Physik und Naturwissenschaften; 3. Schweizerische Informatikergesellschaft, private Vereinigung

SIC

Swiss Interbank Clearing; Schweizerisches ↗Telekommunikationsnetz für Banken

sichern
Schreiben der ↗Daten auf einen ↗peripheren ↗Speicher, ↗Massenspeicher

Sidegrade
Marketinginstrument im Bereich der ↗Updates: Offerte mit dem verbilligten Kauf einer ↗Applikation die funktional gleich gelagerte Anwendung eines anderen Herstellers zu ersetzen

SIF
Standardformat von ↗MPEG-↗komprimierten Bildern: 384x288 Bildpunkte

Signal
Physikalisches Zeichen mit bestimmter, ↗informierender Bedeutung

Signatur, Signature
1. Erkennungscode eines ↗Virus-↗Programms, 2. persönliche Unterschrift am Ende eines Dokuments (z.B. ↗E-Mail); diese S. kann Ihr wirklicher Name sein, eine witzige Bemerkung oder ein Code, der am Zielort entschlüsselt wird, damit das Dokument eingesehen werden kann

Silicon Valley
Landstrich südlich von San Francisco, der allen nahmhaften amerikanischen High Tech Unternehmen der Computerbranche als Forschungs- oder Firmensitz dient; der Name geht auf das Silicium, den Rohstoff der Halbleiterindustrie, zurück

SIM
Subscriber Identity Module; ↗ROM mit einmaligen, unlöschbaren Daten; in der ↗GSM-↗Telefonie dient die SIM-Karte der Identifikation eines Abonnenten im Netz

SIMM
Single In-Line Memory Module; elektronische Kleinstplatine mit acht oder neun ↗Speicher-↗ICs

Simplex
↗Datenübertragung in nur eine Richtungen

Simulation, Simulator
Nachahmung von komplexen ↗Systemen in Wissenschaft, Umwelt, Verkehr, Gesellschaft usw. durch Geräte der ↗Datenverarbeitung

Single Density
Ursprüngliche ↗Dichte bei ↗Disketten: 180 ↗KByte ↗formatiert bei 5,25 ↗Zoll Durchmesser

A B C D E F G H I J K L M N O P Q R **S** T U V W X Y Z etc.

Single In-Line
Baustein der Mikroelektronik mit der Anordnung aller «Kontaktfüsschen» auf der einen Gehäuseseite

Single Sided
Einseitige Beschreibbarkeit von ↗Disketten

Singleuser
Einplatz-Computer, -Betriebssystem usw.

SINIX
↗Unix-Derivat von Siemens-Nixdorf

SIP
Single In-Line Package; kleine Platine mit auf ↗SMT basierenden ↗Speicherbausteinen und kammförmiger Anordnung der «Füsschen»

SIT
↗Dateinamens-↗Erweiterung für ↗Macintosh-↗Binärdateien, welche mit den ↗Shareware-Programm StuffIt ↗komprimiert wurden

Site
Platz, Lage, Gelände; 1. Allgemein: Bereich, Teilbereich einer Arbeitsumgebung; 2. ↗Server oder Standort eines Servers im Netzwerk; so wird z.B. häufig von «unserer WWW-Site» gesprochen: «Visit our site on the WWW»

Skalar
1. Reelle Zahl, die zum Dehnen oder Stauchen eines Objektes dient; 2. ein skalarer Datentyp ist ein solcher, dessen Komponenten sich auf dem Zahlenstrahl abbilden lassen

Skalieren
1. Mathematisches Dehnen und Stauchen von Grössen; 2. entsprechendes Verändern eines Schriftbildes; 3. in der ↗Mikroprozessortechnik: Möglichkeit, im ↗Prozessor mehrere ↗virtuelle Prozessoren zu ↗emulieren (genannt: «skalierbar»); 4. bei ↗Betriebssystemen: Möglichkeit eines einzigen Betriebssystems, auf ↗Computern unterschiedlicher Grösse und Herkunft zum Einsatz zu kommen (dito)

Skew
Versetzung der Numerierung der ↗Sektoren in einem ↗Zylinder und damit Synchronisation der ↗I/O-Operationen beim Spurwechsel, also beim Wechseln von einem aktiven Kopf auf den andern im gleichen Zylinder

Skript
Kleines, ↗makroähnliches Programm, welches in einer ↗betriebssystems- oder ↗applikationsspezifischen ↗Programmiersprache geschrieben wurde und in der Regel nur innerhalb dieser Umgebung läuft

SL
Typ der ↗Intel-↗Mikroprozessoren ↗80386 und 80486 mit niedrigerem Energiebedarf und zusätzlichem Chipsatz zur Kontrolle der Stromversorgung

Slash
Stich, Schnitt; normaler Schrägstrich, schräger Divisionsstrich

Slave
Sklave; 1. ↗Adapter ohne Kontrolle über den ↗Bus (in ↗Bus-↗Architekturen und ↗Mikrokanal); 2. untergeordneter ↗Netzwerkteilnehmer mit einem ↗intelligenten ↗Terminal, welches auch ↗Programme ↗laden und fahren kann

Slide Show
Diaschau, bzw. Fähigkeit vieler Grafikanwendungen, Bildfolgen zu speichern und in Präsentationen abzuspielen

Slimline, super Slimline
Schlanke Linie; 1. ↗Disketten- und ↗Festplatten-↗Laufwerke mit halber Bauhöhe (als Referenz dient die Bauhöhe der Einheiten beim PC1 von ↗IBM); 2. ↗PC-Gehäuse mit 100x434x427 mm; PC-Gehäuse mit 76x406x347 mm

SLIP
Serial Line Internet Protocol; ↗Protokoll zur Anbindung einer ↗seriellen Verbindung (↗Modem) oder von ↗ISDN an ein ↗TCP/IP-↗Netzwerk bzw. das ↗Internet; siehe auch ↗PPP

Slirk
Gesprochen «slörk»; es ist uns nicht bekannt, wie Sie auf diesen Begriff stossen konnten, er existiert gar nicht…

Slot
↗Steckplatz

SMART
Self-Monitoring, Analysis and Reporting Technology: Spezifikation eines Konsortiums von ↗Festplatten-Herstellern zur automatisierten Überwachung und Diagnose von Festplatten

A B C D E F G H I J K L M N O P Q R S T U V W X Y Z etc.

Smart Card
Nicht einheitlich verwendete Bezeichnung für kleine Elektronische Bauteile (↗Karten) oder die ↗PC Cards

Smart Icon
Kleine ↗Ikone; kleinstes bildliches Symbol, welches in bestimmten Anwendungsprogrammen aus einer Symbolbibliothek entnommen und im Dokument plaziert werden kann

SmartBooks
Innovativer Buchverlag für ↗Informatik-Fachliteratur

Smartdrive
↗Cache zum schnellen Wechsel zwischen den Partitionen unter ↗MS-DOS ab ↗Version 4.01

Smartphone
Noch wenig gebräuchlicher Begriff für Mobiltelefone mit eingebauten ↗E-Mail Funktionen und ↗Internet-↗Browser

SMD
Surface Mount Device; Bausteine für die Verarbeitung in der ↗SMT-Technologie

SMDS
Switched Multimegabit Data Service; dem ↗ATM sehr ähnliche Hochgeschwindigkeits-Übertragungstechnik, welche technisch auf der Norm ↗DQDB aufsetzt und ohne feste Verbindung ↗LANs koppelt

Smily, Smilies; Smiley, Smileys
Sammlung von sehr verbreiteten ↗Emoticons der fröhlichen Art, die Zeichen symbolisieren für den Betrachter lachende Gesichter wie :-) (freundlich) oder :-{) für Partner mit Schnauz

SMP
Symmetric ↗Multiprocessing

SMPT
Simple Mail Transfer Protocol; ↗Protokoll für den Transport elektronischer Post im ↗TCP/IP ↗Netzwerk, wie z.B. ↗Internet; dieses Protokoll kennt die Möglichkeit für das Anhängen von ↗Binärdateien nicht

SMS
Short Message Service; in der Mobiltelefonie angebotene Dienstleistung zur Übermittlung von kurzen Textmitteilungen (Regel: 160 Zeichen); Mitteilungen, welche dem Empfänger nicht ausgeliefert werden können, werden zentral gespeichert, um an den Empfänger zu gelangen, sobald dieser sich wieder ins Netz einschaltet; in der Schweiz: ↗Natel D Message

SMT
Surface Mount Technology; Technologie zur Verlötung von ↗IC-Bausteinen: direkte Aufbringung auf die Platine ohne Stecklöcher; platzsparend und geeignet für die automatische Fertigung durch ↗Roboter

SMTP
Simple Mail Transfer Protocol; ↗Protokoll zur Übermittlung von elektronischer Post (↗E-Mail) im ↗TCP/IP-Netz, also z.B. im ↗Internet; siehe auch ↗POP

SNA
Systems Network Architecture; ↗Netzwerk-↗Architektur in der Welt der ↗IBM ↗Mainframes

Snapshot
Schnappschuss; ↗Bitmapkopie des ganzen ↗Bildschirms oder eines Teils davon

Sniffer
Schnüffler; eingetragenes Warenzeichen und oft aber auch pauschale Bezeichnung für ↗Knoten in einem ↗Netz, welche die ganze Netzwerkaktivität verfolgen und dokumentieren

SNMP
Simple Network Management Protocol; ↗Protokoll zur Überwachung, Steuerung und Fernwartung von ↗Netzwerken, namentlich ↗TCP/IP Netzwerken

SO
↗ASCII-Zeichen 0E(H) (14): Shift On; Initialisierung des alternativen ↗Zeichensatzes

Socket
1. Generell – und aus dem Zusammenhang zu ersehen: Sockel-, Basis-Lösung (↗Hardware oder ↗Software); 2. ↗API zwischen einer ↗Applikation und ↗Internet; dank dieser residenten Sockets kommuniziert die Arbeitsstation (↗PC, ↗Macintosh) und ihre Anwendungen mit dem ↗WWW im Internet; 3. spezieller ↗Controller (Hardware) und Treiber (Software) zur Ansteuerung von ↗PC Cards

SODIMM
Small Outline Dual Inline Memory Module; speziell kleinräumige ↗Speichermodule für ↗Notebooks; siehe ↗SIMM und ↗DIMM

Soft Scrolling
Weiches ↗Rollen, d.h. nicht zuckend oder flimmernd über den ↗Bildschirm rollende ↗Datenausgabe

Softfair
Vereinigung grosser Schweizerischer ↗Softwarehäuser zur Verhinderung der Softwarepiraterie

Softfont
↗Softwaremässig zuladbare ↗Schrift

Softkey
↗Funktionstaste bzw. Taste oder Tastenkombination mit direkt auf die ↗Applikation wirkender Funktion

Software
Nicht materielle Komponenten eines ↗Datenverarbeitungssystems: ↗Daten und ↗Programme

Software-Engineering, -Entwicklung
Gesamtheit der Tätigkeiten, die im Projektverlauf sehr eng mit der Entwicklung der eigentlichen ↗Applikation verbunden sind und die unter Ausnützung wissenschaftlicher Erkenntnisse in noch kürzerer Zeit noch zuverlässigere Resultate bringen sollen

SOH
↗ASCII-Zeichen 01(H) (1): Start Of Heading; Beginn einer Zeichenfolge mit ↗Adress- oder Steuerinformationen

SOHO
1. Verruchtes Quartier in London; 2. Small Office, Home Office, das kleine Büro als Zielmarkt von ↗IDV-Produkten

SOL
Swiss Online; nach der Privatisierung von ↗Videotex in der Schweiz diesen Dienst betreibende Firma; Swiss Online soll ab 1996 zu einem ↗WWW-tauglichen ↗Online-Dienst umfunktioniert werden

Solaris
32 ↗Bit-↗Betriebssystem für ↗SPARC-↗Arbeitsstationen; neuere Versionen laufen auch auf ↗Intel-Rechnern

Solid
Ausdruck in ↗CAD für die plastisch aussehende und flächig ausgemalte 3D-Darstellung von Körpern

Solitär
Spiel-Einstiegsdroge unter ↗Windows; eine Patience-Variante

Soundblaster
Produktebezeichnung für eine Familie von ↗Soundkarten, Quasi-Standard

Soundkarte
↗Karte zur Erweiterung der Leistungsfähigkeit eines ↗PCs mit Klangaufnahme, -verarbeitung und -wiedergabe; S. haben meist Schnittstellen für Stereoanlagen, Lautsprecher (sogenannte Aktivboxen), ↗MIDI und ↗Joystick

SP
↗ASCII-Zeichen 32(H) (32): Space; Leerschlag, Blank

Space
Raum, Leerschlag-Taste auf der ↗Tastatur

Spacing
Abstand zwischen den Wörtern eines Textdokuments

Spaghetti, -Code, -Programmierung
Unstrukturierte Art der ↗Programmierung mit dem Resultat wirr durcheinander laufender Programmstränge; S.-Programme sind schlecht dokumentier- und änderbar

Spamming
Massenversand im ↗Internet entweder mit kommerzieller Absicht oder dann zur Blockierung unwillkommener, unseriöser Internet-Teilnehmer

SPARC
Scaleable Processor Architecture; Name der von der Firma SUN Microsystems entwickelten ↗RISC-↗Prozessoren

SPEC
Standard Performance Evaluation Corp.; Konsortium von Herstellern, Grossisten, Forschungslaboratorien und Hochschulen zur Entwicklung und Publikation von ↗Benchmarkprogrammen; bekannt sind die ↗SPECint 92/95 und ↗SPECfp92/95

SPECint92, SPECint95, SPECfp92, SPECfp95
Teile der ↗SPECmark-Sammlung des ↗SPEC-Konsortiums von ↗Benchmark-↗Algorithmen: SPECint mit ↗Ganzzahl-Operationen (Integers), SPECfp mit ↗Fliesskomma-Operationen (Floating Points)

SPECmark
↗CPU-↗Benchmarks in der Welt der ↗Arbeitsstationen; keine ↗I/O-Operationen, gute Aussagekraft für technisch-wissenschaftliche Anwendungen; SPEC kommt von System Performance Evaluation Cooperative; siehe auch ↗SPECint92, SPECfp92

Speech Analysis, -Synthesis
↗Sprachanalyse, -synthese

Speicher
Elektronisches oder magnetisches «Gedächtnis»

speicherresident
↗resident

Speicherschutz
Schutz von ↗Programmen und ↗Daten, welche in einem ↗Multitasking System in ihrem Speicherraum laufen, vor dem ungewollten Eingreifen durch fremde Programme bzw. vor der Verletzung nach dem ↗Absturz durch ein anderes Programm; siehe auch ↗Protected Mode

Speicherzelle
Grundeinheit in einem elektronischen ↗Speicher, meist ein ↗Byte

Spelling
Textkorrektur mittels eines ↗Programms

Sperren
In der Typografie: ↗Auszeichnung durch Erhöhung der ↗Binnenräume

Spezifikation
Tätigkeit des Festlegens bzw. Vorhandensein von technischen Normen im ↗Software-Engineering bezüglich ↗Datenstrukturen, ↗Schnittstellen usw.; die S. haben neben den ↗Algorithmen und ↗Datenstrukturen einen wesentlichen Einfluss auf die Qualität der entstehenden ↗Applikation

Spiegel
↗Satzspiegel

Spiegelung
Duplizierung, doppeltes Ablaufenlassen von Prozessen wie z.B. eines Schreibvorgangs auf einen ↗Datenträger (Plattensp.) zwecks ↗Datensicherheit und ↗Fehlertoleranz; in der Form Disk Mirroring werden beide Datenträger über einen ↗Controller angesteuert, in der Form Disk Duplexing sind sogar zwei Controller vorhanden

Spielkonsole
Universelles Gerät der elektronischen Unterhaltung für Haus und Herd; die S. wird als eine Art Heimcomputer in der Regel am Fernseher angeschlossen, verfügt über ein oft ↗proprietäres ↗Betriebssystem und einen ↗CD-Spieler; als ↗Software kommen meist Spiele, Lernprogramme und einfache ↗Bürokommunikation sowie ↗Internet-Zugang zum Einsatz

Split Speed
↗Bidirektionale ↗Daten-↗Kommunikation, bei welcher die Daten in der einen Richtung unterschiedlich schnell zur andern fliessen

Spooler
Zwischenspeicherndes ↗Programm beim Ausdruck von langen ↗Dokumenten und für den Fall, dass der ↗Drucker nicht selbst über einen ↗Puffer verfügt; S. und Puffer haben den Zweck, das Arbeiten am Computer nicht durch den langsamen Drucker blockieren zu lassen

Sprachanalyse, -synthese
Fähigkeit eines ↗Datenverarbeitungssystems zur Erkennung und Zusammenstellung der menschlichen Sprache

Spreadsheet
↗Tabellenkalkulation

Spreadsheet Publishing
Aufbereitung von ↗Daten und Grafiken aus einer ↗Tabellenkalkulation als druckreifes ↗Dokument

Sprite
Grafisches Muster auf dem ↗Bildschirm, welches sich als Ganzes bewegen lässt, z.B. in ↗Spielprogrammen

Sprung
... des ↗Programmzeigers von einem Teilprogramm zum andern

Spuler
↗Spooler

Spur
Durch die ↗Sektoren unterbrochener ↗Datenkreis auf der ↗Platte

A B C D E F G H I J K L M N O P Q R S T U V W X Y Z etc.

SQL
Structured Query Language; standardisierte Abfragesprache für ↗relationale ↗Datenbanken von ↗IBM; nach Wildwuchs 1988 durch ↗ANSI standardisiert

SRAM
Static RAM; auch bei geringster Energiezufuhr nicht ↗flüchtiger ↗Arbeitsspeicher, es genügen dem S. Batterie-, Akku- oder kurzzeitig auch Kondensatorenergie

SS
↗Single Sided

SSA
Serial Storage Architecture; ↗serielles Verkabelungssystem zum verketteten (↗Daisy Chaining) Anschluss von ↗Peripheriegeräten; bis 127 Festplatten und ↗Daten-↗Transfer von 20 MByte/s via ↗Glasfaser und in ↗Vollduplex; vorgeschlagene Spezifikation eines Konsortiums rund um ↗IBM; Vorstufe zum ↗SCSI-3 mit angestrebten 1 GByte/s; siehe auch ↗FC-AL

SSI
Small Scale Integration; ↗Chip mit bis zu 100 Bauteilen

SSL
Secure Sockets Layer; von ↗Microsoft initiiertes und mittlerweile weitherum akzeptiertes ↗Protokoll zum Transport von verschlüsselten Geschäfts-↗Daten im ↗Internet

ST-506 / ST-412
Erste Generationen von ↗Festplatten-↗Controllern für ↗IBM ↗PCs durch Seagate Technology; höchstens zwei Festplatten ansteuerbar; später zusammenfassend als: ST-506/412; 250 bis 600 KByte/s

Stack
Zwischenspeicher z.B. zum Merken von ↗Zeigerpositionen, Rücksprungadressen usw.

Stahlträger
Etwas saloppe Bezeichnung für den Textzeiger in grafischen ↗Benutzeroberflächen

Stammdaten
Zustandsorientierte ↗Datenbestände, welche über längere Zeit unverändert bleiben; sie werden durch ↗Änderungsdaten mutiert;populär und vereinfachend ausgedrückt: im betrieblichen Alltag hoffen wir, dass diese Daten sich nicht häufig ändern; siehe auch ↗Bestandesdaten

Standleitung
↗Mietleitung

Stapel
Wenig häufige Bezeichnung für ↗Batch

StarLAN
↗Netzwerkkonzept von AT&T mit ↗CSMA-↗Protokoll und ↗verdrillten Leitungen

Startbit
Bei der ↗asynchronen ↗Datenübertragung: Voraussignal vor dem Beginn des Datentransfers

Startknopf
↗Schaltfläche in ↗Windows 95 zur schnellen Anwahl von Verzeichnissen und Programmen, marketingmässig als eines der Hauptelemente von Windows 95 aufgezogen und durch den geschichtlich einmaligen Kauf eines Klassikers der «Rolling Stones» begleitet: Start Me Up; vergleichbar mit dem Apfelmenü, über welches das Mac OS seit vielen Jahren verfügt…

Statischer Speicher
↗Speicherbereich unter Verwendung von ↗SRAM oder ↗Magnetblasenspeicher usw.

Steckplatz
↗Schnittstelle für Erweiterungskarten, -Platinen im Innern des ↗Computers; jeder Computer hat eine bestimmte Anzahl solcher St. (Slots) frei; die zusteckbaren Platinen (Karten, Boards, ↗Controller, ↗Adapter) müssen elektronisch dem ↗Bus-Standard des Computers angepasst sein, was meist durch die physikalische Bauart zum Ausdruck kommt

Stern
↗Netzwerk-↗Topologie

Steuertaste
Taste mit sofort steuernder Wirkung auf der ↗Tastatur, Beispiel: BREAK für ↗Abbruch

Steuerwerk
Überwachende und steuernde Einheit in einem ↗Computer

Steuerzeichen
Als ein ↗Byte verschlüsseltes ↗«Zeichen» aus den niederwertigsten zwei Zeilen der ↗ASCII-Tabelle

A B C D E F G H I J K L M N O P Q R S T U V W X Y Z etc.

Still Video
Elektronische Kamera mit eigenem ↗Massenspeicher in Form einer kleinen ↗Diskette

Stochastik
Auf Zufallszahlen beruhende Prozesse in der ↗Informationsverarbeitung

Stopbit
Bei der ↗asynchronen ↗Datenübertragung: Signal am Ende des Datentransfers

Store
↗Speicher

Stornierfeld
Knopf in der Symbolleiste zur Annullierung einer Eingabe, z.B. in der ↗Tabellenkalkulation; das S. erscheint oft als rotes Kreuzchen

STP
Shielded Twisted Pair; abgeschirmtes, ↗verdrilltes Kupferkabel als ↗Signalleiter

STQ
Shielded Twisted Quad; abgeschirmter Leiter mit vier ↗verdrillten Litzen

Streamer
Bandlaufstation und ↗Laufwerk-Technologie für die ↗Datensicherung; ↗Datenträger ist ein beim ↗I/O-Prozess gleichförmig laufendes ↗Streamer Band

Streamer Band
Magnetband in kleiner Kassette aus Kunststoff zur Archivierung grosser ↗Datenbestände oder zur ↗Sicherung der Daten von der ↗Festplatte eines ↗PCs; S. laufen beim Sicherungsvorgang ohne Unterbruch; S. sind keine für den direkten ↗Zugriff geeigneten ↗Datenträger

Strg
Steuerung; ↗Kombinationstaste auf der ↗PC-↗Tastatur, erhöht die Zahl der mit den ↗numerischen, ↗alphanumerischen oder ↗Funktionstasten möglichen Kommandos, in der Schweiz und im Original: ↗Ctrl

Strichcode
In Form von dicken und dünnen Strichen mit unterschiedlichen Abständen vorliegende, ↗codierte ↗Information

Strichcode-Leser
Eingabegerät für die ↗Datenerfassung ab ↗Strichcodes

String
Schnur, Faden, Band; ↗Zeichenkette (↗Kommando, Wort, …)

Strobe
Signal mit dem ein ↗Peripheriegerät zu erkennen gibt, dass es gerade Daten vom ↗Host liest

Struktogramm
↗Ablaufplan; grafische Darstellung eines ↗Algorithmus; St. werden oft mit Nassi-Shneiderman-Diagrammen gleichgesetzt, obwohl der Sammelbegriff auch auf andere Entwurfsformen angewendet werden muss

Struktur, strukturiert
Bauplan, einem Bauplan entsprechend; st. ↗Daten sind hierarchisch als ↗Dateien, ↗Datensätze, ↗Felder und ↗Datentypen definiert, z.B. Daten in einer Adressendatenbank; unstrukturierte Daten sind demnach nicht mit solchen Eigenschaften versehen, z.B. Dateien mit Ton- oder Bild-↗Informationen

Strukturierte Programmierung
↗Programmierdisziplin, die sich auszeichnet durch: hierarchische ↗Strukturierung, Modularisierung, einfache Test- und Dokumentierbarkeit; die ↗Codierung beschränkt sich auf die Kontrollstrukturen ↗Folge, ↗Auswahl, ↗Wiederholung und verzichtet auf unbedingte ↗Sprünge

STT
Secure Transaction Technology; eine 1995 von ↗Microsoft und Visa erlassene Spezifikation für die Sicherheit von Kreditkarten-Transaktionen über das ↗Internet

STU
Schere – Tippex – Uhu: humoristische Umsetzung des ↗«Cut and Paste»

STX
↗ASCII-Zeichen 02(H) (12): Start Of Text; Beginn einer Zeichenfolge mit Nutz ↗Daten; z.B. zu druckender Text

Style Sheet
Formblatt in der ↗Textverarbeitung: Vordefinition diverser ↗Parameter für die Textgestaltung – Farbe, Tabulatoren, Einzüge, Zeilenabstände, Ränder usw. – die als Ganzes gespeichert und einem Text zugewiesen werden können

SUB

↗ASCII-Zeichen 1A(H) (26): Substitute (Character); Ersatzzeichen

Subnotebook Computer

Weitere Form der Miniaturisierung von ↗PCs; es wird noch nicht klar unterschieden zwischen Geräten, die unter Beibehaltung der Norm-↗Tastatur auf gewisse Geräteeinheiten (↗Laufwerk) verzichten oder andererseits das normierte Tastaturformat definitiv aufgeben

Subscript

In der ↗Textverarbeitung: Tiefstellen eines ↗Zeichens, z.B. ↗Index-Zahl

Suchmaschine(n)

Spezielles, kommerziell operierendes Suchwerkzeug im ↗Internet, das es dem ↗Surfer erlaubt, nach bestimmten Informationsangeboten zu suchen; eine S. verfügt über ein Verzeichnis von ↗URLs mit entsprechenden Stichwörtern als Suchbegriffe; die Eintragung erfolgt durch einen ↗WWW-Anbieter direkt oder automatisiert; S. finanzieren sich durch Werbung und Sponsoring; zu den bekanntesten Suchmaschinen gehören YAHOO! (http://yahoo.com), WEBCRAWLER (http://webcrawler.com) und viele andere

Suffix

Eine der vielen Bezeichnungen für die ↗Dateinamens-↗Erweiterung (Extension); die vielen Bezeichnungen für ein- und dasselbe sollen helfen, den begrifflichen Durchblick möglichst zu vernebeln…

Suite

Garnitur; Bezeichnung für die zu einem Sammelpaket gebündelten Einzel-↗Anwendungen für die ↗Bürokommunikation; nicht zu verwechseln mit den ↗Integrierten Paketen; die Verkaufsprodukte heissen dann «Office» usw.

Super-VGA

Grafikmodi mit 800x600 bis 1024x768 ↗Punkten und bis zu 256 Farben gleichzeitig; ↗SVGA

Supercomputer

Keineswegs standardisierter Begriff, der auf die überdurchschnittliche Leistungsfähigkeit eines ↗Computers hinweisen soll; S. arbeiten mit ↗Parallel-↗Prozessoren

SuperDrive

Bezeichnung für die ↗Diskettenlaufwerke mit hoher Dichte beim ↗Macintosh; S. sind kompatibel zu ↗MS-DOS und ↗OS/2

Superscript
In der ↗Textverarbeitung: Hochstellen eines ↗Zeichens, z.B. eines mathematischen Exponenten

Supervisor
1. Person oder ↗Programm als (↗Netzwerk-) Überwacher, Verwalter; 2. in ↗Motorola-↗Prozessoren der Modus mit ↗Zugriff auf den ganzen ↗Speicher und alle ↗Ressourcen (siehe auch ↗User-Modus), der S.-Modus wird vom ↗Betriebssystem verwendet

Support
1. Unterstützung der ↗Hardware durch die ↗Software oder umgekehrt; 2. Unterstützung des Anwenders durch Handbücher, Dienstleistungen des Herstellers/Lieferanten oder durch spezialisierte Firmen

Surfen, Netz-Surfen
Freizeitsport der elektronischen Art: Wildes Reiten durch die Dickichte internationaler ↗Datennetze wie ↗Internet oder durch die Verzeichnisse stark beschriebener ↗CD-ROMs

SVD
Schweizerische Vereinigung für Datenverarbeitung; private Vereinigung

SVGA
Super ↗VGA; Grafik-Modus für ↗PC-↗Bildschirme, typischerweise 800x600 bis 1024x768 ↗Punkte und 256 (bis 64000) aus 262144 Farben auf ↗Analog-Bildschirm; die ↗VESA-Standards SVGA-2 und SVGA-3 unterscheiden sich in der ↗Bildwiederhol- und ↗Zeilenfrequenz

SVHS
Aus der Unterhaltungselektronik bekannte Magnetbänder, welche sich auch zur ↗Datensicherung eignen

Swap, Swapping
1. Vertauschen von Speicherinhalten; 2. Auslagerung von ↗Daten und/oder ↗Applikationen vom ↗Arbeitsspeicher auf die ↗Festplatte; damit wird wieder zum ↗virtuellen Prinzip zurückgekehrt, das bei Grossystemen schon seit Jahrzehnten den Arbeitsspeicher entlastet

Swapfile
Durch das ↗Swapping temporär auf einen ↗Datenträger ausgelagerte Datei; siehe auch ↗Auslagerungsdatei

Swappen
↗Swapping

A B C D E F G H I J K L M N O P Q R S T U V W X Y Z etc.

SWIFT
Society for Worldwide Interbank Financial Telecommunication; weltweites ↗Telekommunikationsnetz für Banken; aus Kostengründen benutzen die CH-Banken landesintern das ↗SIC

Swissnet
Schmaldbandige ↗ISDN-Variante der Schweizerischen Telecom PTT; ein sog. Basisanschluss umfasst zwei B-Kanäle (Datenkanäle) mit je 64 ↗kbps sowie einen D-Kanal zur Steuerung mit 16 kbps; ein ↗breitbandiger Anschluss, genannt Primäranschluss, hat 30 B-Kanäle und einen 64 kbps D-Kanal; S. 1 mit einem B-Kanal seit 1. Juli 1989: Angebot für sämtliche Firmen; S. 2 seit 1992: multifunktionales ISDN auch für Private mit internationaler Vernetzung und neuer Steckdose

SwissWAN
Auf ↗ATM basierendes, ↗breitbandiges Hochleistungsnetz der Telecom PTT

Switch
1. Umschalter: ↗hardware- oder ↗softwaremässig gesteuerter Schalter zwischen gewissen Betriebsmodi; 2. Swiss Academic and Research Network: ↗Kommunikationsnetz der Schweizerischen Hochschulen

Switched Line
↗Wählleitung

SX
Typ der ↗Intel-↗Mikroprozessoren ↗80386 und 80486 mit einem internen ↗Datenbus von 32 ↗Bit und einem externen von 16 Bit Breite

SYLK
Symbolic Link; universelles Austauschformat für ↗Tabellenkalkulations-↗Dateien

Symbol
↗Ikonenhaft verkleinerte Darstellung inaktiver ↗Programme auf dem ↗Schreibtisch von ↗Windows

SYN
↗ASCII-Zeichen 16(H) (22): Synchronous Idle; Synchronisations- oder Füllzeichen in der ↗synchronen Datenübertragung

synchron
1. zeitgleich; 2. Modus der ↗Datenkommunikation: Sender und Empfänger haben sich durch die Übermittlung von Synchronisationszeichen in den gleichen ↗Takt gebracht und können einander ohne «Vorwarnung» ↗Daten zusenden: das Senden von ↗Startbits und ↗Stopbits entfällt; einfacher: taktgesteuert

Syntax
Satzbau einer ↗Programmiersprache

Syntaxdiagramm
Zum Teil recht komplexe, bildliche Darstellung der korrekten Syntax einer ↗Programmier- oder ↗Skriptsprache

Synthese
Synthesis (gr./lat.); Zusammenfügen einzelner Teile zu einem Ganzen; Synthesizer sind signalerzeugende und/oder -verschmelzende Geräte; noch viele weitere Begriffsverwendungen in der Informatik; siehe auch ↗Analyse

SYS
↗Dateinamens-↗Erweiterung für ↗Treiber-Dateien (Drivers) in ↗MS-DOS

SYSINIT
Teil des Ladeprogramms unter ↗MS-DOS, befindet sich nur vorübergehend im Arbeitsspeicher und lädt MSDOS.SYS und CONFIG.SYS ab der ↗Systemdiskette und veranlasst MSDOS.SYS, die Anweisungen von CONFIG.SYS auszuführen; danach lädt S. den Kommandointerpreter COMMAND.COM; siehe ↗Boot-Prozess mit Querverweisen

Sysop
↗System Operator; Bediener und Unterhalter einer ↗Mailbox

System
1. Umfangmässig abgegrenzte Anordnung aufeinander einwirkender Objekte; 2. Summe aller ↗Hardware- und ↗Software-Komponenten einer ↗Computeranlage aus der Sicht ihres Zusammenwirkens; 3. Bezeichnung für den ↗Betriebssystemkern der ↗Macintosh-Computer; seit 1993 zusammen mit dem ↗«Finder» ↗Mac OS genannt

System 7.x
Die 1990, im siebenten Jahr des ↗Apple-↗Betriebssystems, angekündigte neue Betriebssystem-Version, welche als die bisher grösste Erweiterung seiner Funktionalität angesehen werden darf; starke Erweiterung als S. 7.5 im Juli 1994

Systembus
Begriff für die gesamte, meist standardisierte und publizierte ↗Kommunikations-↗Architektur der elektronischen Komponenten in einem Computersystem; in der Welt der ↗Intel-↗Prozessoren siehe ↗ISA, ↗EISA, ↗VLB, ↗PCI; der Systembus des ↗Apple ↗Macintosh heisst NuBus

A B C D E F G H I J K L M N O P Q R S T U V W X Y Z etc.

Systemdisk, Systemdiskette

Startfähige ↗Festplatte oder ↗Diskette mit den notwendigen ↗Betriebssystem-↗Dateien sowie allfälligen ↗Treibern; in ↗MS-DOS sind mindestens notwendig die versteckten Dateien IO.SYS, MSDOS.SYS (IBMBIO.COM und IBMDOS.COM in ↗PC-DOS von ↗IBM) sowie der Kommandointerpreter COMMAND.COM; beim ↗Apple ↗Macintosh braucht es die Dateien ↗SYSTEM und ↗FINDER des ↗Mac OS; siehe auch ↗Boot-Prozess

Systemmenü

Spezielles ↗Menü in ↗Windows 3.x mit ↗Optionen zur Steuerung des ↗Fensters und der aktiven ↗Tasks

Systemmonitor

Standard-↗Programm in ↗Windows 95 zur Dokumentierung der ↗CPU-Belastung in Form einer grafischen oder zahlenmässigen Wiedergabe

Systemordner

↗Ordner im Hauptverzeichnis des ↗Macintosh, welcher das ↗Betriebssystem (↗System), die ↗Treiber, ↗Schriften, ↗Schreibtischzubehöre, ↗INITs und ↗CDEVs enthält

Systemprogrammierer

↗Informatik-Beruf

Systemsoftware

Gesamtheit der auf die Funktionalität des ↗Computers selbst bezogenen ↗Software; ↗Betriebssystem und ↗Dienstprogramme; ohne ↗Anwendungssoftware

Systemsteuerung

Wichtige ↗Gruppe in ↗Windows und ↗Windows 95 zur ↗Konfigurierung des ↗Betriebssystems sowie der ↗Peripherie

SyTOS

Sytros Tape Operating System; mittlerweile zum Quasi-Standard gewordene ↗Software zur ↗Datensicherung auf ↗Streamer Bänder

Szenario

Analyse verschiedener Eingabe- / Ergebnisvarianten basierend auf einem vorhandenen ↗Blatt

T-Online
Überbegriff für den um den ↗Internet-Zugang, das Internet-↗E-Mailing erweiterten und grafisch nach ↗KIT aufgebesserten ↗Btx der Deutschen Telekom AG; siehe auch unter den genannten Begriffen

T.30
Spezifikation für den Leitungsaufbau und -abbruch zwischen ↗Fax-↗Modems; siehe T.nn

T.4
Spezifikation für die Abstimmung der ↗Protokolle und die Fehlerkorrektur während des ↗Fax-↗Transfers

T.nn
1. Familie von Killermaschinen in den Streifen von Arnold Schwarzenegger; 2. Satz von Normen des ↗ITU-TS für den Leitungsaufbau, die Kontaktnahme und ↗Protokollabstimmung von ↗Fax-↗Modems sowie die Fehlerbehebung während des ↗Datentransfers

Tabellenkalkulation
Eine der häufigsten Anwendungen moderner ↗Computersysteme im Büro; Verarbeitung grosser Rechenblätter (Spreadsheets) auf dem ↗PC / ↗PS; die erste T.-Software hiess VisiCalc und wurde für den ↗Heimcomputer ↗Apple II geschrieben

Tabulator
Feste Halteposition für den ↗Cursor

TAE
Ab ca. 1990 durch die Deutsche Telekom installierte, moderne Universalsteckdose für ↗Telefonapparate, ↗Faxgeräte und ↗Modems; TAE-F für Telefonapparate, TAE-N für Modems usw.; entspricht in der Schweiz der ↗Dose von «Reichle De Massari»

Tag
1. Der 365. Teil eines Jahres; 2. aus einer Zahlen- und Buchstabenkombination bestehende Initialisierung und Beendigung eines Kommandos in einigen ↗Skriptsprachen; nachfolgend ein Beispiel aus ↗HTML: <H3 FOLDED ADD_DATE='824988559'>Apple & Claris Produkte</H3>

Takt, Taktfrequenz
Folge von Stromimpulsen in einem ↗Computersystem zur Auslösung bestimmter Schaltvorgänge und damit zur Abarbeitung von ↗Instruktionen; die Taktfrequenz ist somit einer der Indikatoren für die Arbeitsgeschwindigkeit eines Computersystems

A B C D E F G H I J K L M N O P Q R S T U V W X Y Z etc.

Taligent
Noch in den Sternen stehendes Projekt von ↗Apple und ↗IBM für ein gemeinsames ↗Betriebssystem für ↗RISC ↗PCs

Tape
Band

TAPI
Telephony ↗API; ↗Programmierschnittstelle über welche Arbeitsstationen und ihre ↗Applikationen auf ↗Telefon-Dienste zugreifen können

Target
Zielort beim Kopieren von Werten, ↗Daten usw.

Tarnkappen-Virus
Form eines ↗Virenprogramms; für das ↗System nicht identifizierbar, sei es, weil sein ↗Code dem System noch nicht bekannt ist oder weil es unidentifizierbar programmiert wurde

Task
Jener meist sehr kleine Teil eines ↗Programms, welchen der ↗Prozessor gerade bearbeitet; bearbeitet ein Prozessor T. aus verschiedenen Programmen in einer Abfolge, dann sprechen wir von ↗Multitasking

Task Switching
Eine Mittellösung zwischen Single- und ↗Multitasking: Das ↗Betriebssystem (z.B. ab MS-DOS 5.0) kann eine offene ↗Applikation temporär auslagern (↗Swapping) und zwischenzeitlich in eine andere schalten

Taskleiste, Taskbar
Eines der hauptsächlichen Bedienungsinstrumente von ↗Windows 95: eine alle ↗geladenen ↗Applikationen und offenen ↗Fenster enthaltende und weitgehend benutzungsseitig konfigurierbare ↗Menü-Liste

Tastatur
Standard-Eingabegerät für ↗Kommandos und Texte; die T. hat meist die Form einer klassischen Schreibmaschinen-T. und wird durch ↗Steuertasten, ↗Funktionstasten, ↗Kombinationstasten sowie ein ↗numerisches Tastenfeld ergänzt

Taximpuls, Taxpuls
Hochfrequentes Tonsignal in der ↗Telefonleitung des Anrufers zwecks Erhöhung der Leitungskosten um eine Taxeinheit

TCM
Trellis-Code-Modulation: Verfahren zur Fehlerkorrektur bei ↗Modems durch Einbau «nützlicher» ↗Redundanz; in den ↗Modem-Spezifikationen von ↗ITU ab V.32 vorgesehen

TCO
Durch den schwedischen Gewerkschaftsbund erlassene Methode zur Messung sowie Norm über die Zulässigkeit von Bildschirm-Abstrahlungen, elektrischen und elektromagnetischen Feldern um ↗Bildschirme; zwei Spezifikationen TCO-91 und TCO-92; diese Norm erlässt leicht strengere Richtlinien als ↗MPR

TCP/IP
Transmission Control Protocol/ ↗Internet Protocol; ↗Netzwerk-↗Protokollfamilie zur Verknüpfung mehrerer ↗Computer; IP (↗OSI ↗Schicht 3) stellt die Pakete zu 64 KBit bereit und übernimmt die Wegfindung, das ↗Routing, TCP (OSI Schicht 4) überwacht die Übermittlung und Ablieferung; ↗Unix-Standard und meist mit ↗Ethernet gekoppelt; siehe detaillierter unter ↗IP

TCP/IP Stack
↗Treiberprogramm; im vorliegenden, engeren Zusammenhang ↗Socket genanntes Programm, welches einer Arbeitsstation mit ↗Modem ihren «langsamen» Zugang zum «schnellen» ↗TCP/IP-↗Netzwerk und speziell zum ↗Internet zugänglich macht

TD
Transmitted Data; Ausgangsleitung vom ↗DTE (↗Computer) zum ↗DCE (↗Modem) in der ↗seriellen ↗Schnittstelle ↗V.24 (↗RS-232C)

TeachText
↗ASCII-Text-Editor als Standard-↗Dienstprogramm im ↗Macintosh

Teilhabersystem
↗System mit Mehrplatz-↗Zugriff auf eine einzige ↗Applikation / ↗Datenbank

Teilnehmersystem
↗System mit Mehrplatz-↗Zugriff auf verschiedene ↗Applikationen / ↗Datenbanken

Telebanking
Erledigung der Bankgeschäfte via ↗Telekommunikation, z.B. per ↗Videotex

Telebox
Dienstleistung der Deutschen Telekom: auf ↗X.400 basierender elektronischer Briefkasten für Abonnenten

Telebusiness

Dienstleistung der Telecom PTT Schweiz, bei welcher die Kundin oder der Kunde ein privates Angebot via Telefon konsumiert und dieses dann via Fernmeldegebühren abgilt; 157er-Nummern; der Unterschied zum ↗Telekiosk besteht darin, dass hier eher geschäftlich relevante Kommunikation betrieben wird (Hotlines, Auskunftsdienste und anderes)

Telefax

Fernkopierdienst in der ↗Telekommunikation; bezüglich Leitungsaufbau, Durchsatz, Signalpegel und ↗Datenformat werden die T.-Geräte in die Gruppen 2, 3 und 4 eingeteilt: heute üblich sind Geräte der Gruppe 3 (bis 14 400 ↗bps, ↗Auflösung bis 200 ↗dpi, 16 ↗Graustufen, ↗Daten-↗Kompression, Fehlerkorrektur); Gruppe 4 umfasst die Einbindung ins ↗ISDN (64 ↗kbps, 400 dpi); die Einteilung in Klassen bezieht sich auf die ↗Signal-↗Modulation in den Fax ↗Modems: Klasse 1 überlässt dies der Fax-Software, Klasse 2 verlagert diese Angelegenheiten in den ↗Modem, entlastet den ↗Computer und ermöglicht damit auch das Fax-Empfangen im ↗Hintergrund

Telefon

Fernsprechdienst der ↗Telecom PTT; benützt wird das klassische und ↗analoge, weltweite Telefonnetz mit einer ↗Bandbreite von 300 ↗Hz bis 3400 kHz

Telegiro

Erledigung der Postkontogeschäfte via ↗Telekommunikation, z.B. per ↗Videotex

Telegraf

Fernschreibdienst der Telecom PTT

Telekiosk

Dienstleistung der Telecom PTT Schweiz, bei welcher die Kundin oder der Kunde ein privates Angebot via Telefon konsumiert (Anspielen von Musik-CDs, Herunterladen von Bildern, Erotik-Geschwafel usw.) und dieses dann via Fernmeldegebühren abgilt; 156er-Nummern

Telekommunikation

↗Informationsaustausch auf weite Distanzen mit technischen Hilfsmitteln; Unterteilung in die Bereiche Endgeräte, Fernmeldenetze und Dienste; die Dienste, wie z.B. Telepac, sind unterteilt in Grunddienste – der reine Datentransport – und erweiterte Dienste, das sind darauf bauende Nutzungen wie Datenbanken, ↗Mailboxen u.a.; siehe auch unter ↗VANs

A B C D E F G H I J K L M N O P Q R S T U V W X Y Z etc.

Telematik
Kunstwort aus ↗Telekommunikation und ↗Informatik

Telepac
↗Digitales Hochleistungs-Datennetz der Telecom PTT (in Deutschland: Datex-P); die Daten werden an eine Zentrale geschickt und durch die Telecom PTT in Paketen zu 128 ↗Bytes weitergesendet, dies ergibt eine zusätzliche (Abhör-) Sicherung der Daten und könnte langfristig Mietleitungen erübrigen; die Übertragungsrate beträgt bis 64 ↗kbps

Teletex
Fernschreibdienst der jüngeren Generation; u.a. mit grösserem ↗Datendurchsatz; da weitgehend auf der ↗Telex-Philosophie basierend heute mit wenig Chancen im Markt und durch die Telecom PTT aufgegeben

Teletext
Einweg Bild- und ↗Daten-↗Kommunikation als Teil des TV-Signals («Bildschirmzeitung»)

Telex
Teleprinter Exchange Service; ↗Telegrafie-Endgerät, Fernschreiber

Telnet
↗Terminalemulation, ↗Protokoll zum ↗Einloggen in und Arbeiten mit einem ↗TCP/IP-Rechner, also z.B. mit einem ↗Computer im ↗Internet; mit T. können Sie als ↗Terminal auf rückwärtigen Computern z.B. eine Suche durchführen und bestimmte ↗Daten abfragen

Template
1. Arbeits-, Gestaltungsoberfläche bzw. -vorlage, Layout; 2. Pufferspeicher mit dem letzten Tastenkommando

Terco
Telefon-Rationalisierung mit Computern; Projekt der Schweizerischen PTT ab 1978 mit drei grossen Rechenzentren zur Verwaltung der Anschlussnummern, Redaktion der Teilnehmerverzeichnisse usw.

Terminal
Endstelle zur ↗Datenverarbeitung in einer ↗vernetzten ↗Datenverarbeitungs-Anlage; ein ↗intelligentes T. hat eigene ↗Datenverarbeitungskapazität

Terminal-Adapter
↗Hardwarelösung, welche herkömmliche, ↗analoge Geräte der ↗Telekommunikation ins ↗ISDN einbindet

Terminalemulation, Terminalprogramm

↗Software zur direkten Kommunikation mit einem ↗Host via ↗Dfü, z.B. in ↗Telnet

Terminator

1. Kleines Bauteil zum Abschliessen einer Kette von ↗Peripheriegeräten, z.B. auf dem ↗SCSI-↗Bus; 2. «Gartenhag»-Zeichen (#) zum Abschluss einer Eingabe in ↗Vtx / ↗Btx; 3. Noldi Schwarzenegger mit Bleispritze

Tetrade

Halbes ↗Byte, Nibble

Texterkennung

Überbegriff für alle Methoden und Geräte zur Umwandlung von maschinengelesener Schrift in editierbaren Text

Textur

Oberflächenbeschaffenheit, Oberflächengestalt von dreidimensionalen Grafikobjekten

Textverarbeitung

Häufigste ↗PC-Anwendung im Bürobereich

TFT

Thin Film Transistor (Display); Technologie für ↗Aktivmatrix ↗LCD-Anzeigen, bei welcher direkt auf die Anzeigefläche Dünnfilmtransistoren zur unmittelbaren Ansteuerung der Kristalle angebracht sind

TGA

Targa; ↗Dateiformat für ↗Bitmap-Grafiken in der professionellen Bildverarbeitung, 16 Mio Farben, gute Konvertierbarkeit von ↗Vektorgrafiken

Thermo, Thermotransfer

Auf Wärmeeffekten basierend, durch Wärme physisch von einem Medium (z.B. Farbband) auf das andere (z.B. Papier) übertragen

Thermosublimation

Im Zusammenhang mit Druckern: Übertragung der «Tinte» durch Verdampfung als kleine Nebelwolke auf das Papier, wo sie wieder in den kristallinen Zustand übergeht

Thesaurus

Synonymwörter-Katalog in Form einer Text-↗Datenbank in der ↗Textverarbeitung

Thread
1. Kleinster ausführbarer Teil eines ↗Tasks, Th. werden gebildet, um sogar einzelne Tasks innerhalb eines Programms in Vordergrund- und Hintergrundoperationen oder Teiloperationen aufteilen zu können; ↗Multithreading hat also dank noch kleinerer «Tasks» eine abermalige Beschleunigung der ↗Applikationen zum Ziel; 2. bestimmtes Diskussionsthema in einer ↗Internet ↗Newsgroup; es gibt sogar Hilfsprogramme im Internet, welche solche Diskussionsthemen absuchen und entsprechende Listen erstellen

Thumbnail
Daumennagel; Bezeichnung für die Kleinstreproduktion von Bildern oder Grafiken

TIA
Telecommunications Industry Association; Amerikanisches Firmenkonsortium zur Normengebung in der ↗Telekommunikation; vergleichbar ↗EIA

TIFF
Tag Image File Format, ↗Dateiformat von Aldus und ↗Microsoft für hochauflösende ↗Bitmap-Grafiken wie z.B. ↗Scanner-Bilder; keine Grössenbegrenzung; 16 Mio Farben; unter ↗MS-DOS ist TIF die ↗Dateinamens-↗Erweiterung solcher Dateien

TIGA
1. Texas Instruments Graphics Architecture; ↗Software-↗Schnittstelle für eine Familie schneller Grafik-↗Adapter mit eigenem grafischem ↗Coprozessor von TI; typischerweise 1280x1024 Punkte und 64 Mio Farben ; 2. Grafik-Modus für ↗PC-↗Bildschirme, der sich anfangs der 90er Jahre zu einem heimlichen Standard entwickelte

tilt and swivel
Neudeutsche Bezeichnung für die in allen Richtungen neigbaren Untersätze von Bildschirmen

Time Slicing
↗Multitasking

Timeout
Zeitüberlauf; Massnahme zum automatischen Abbruch einer ↗Daten-↗Kommunikation, sofern das angekoppelte Medium aus irgendwelchem Grund die zur Verfügung stehende Zeit ungenutzt verstreichen lässt

Timer
Zeitgeber, Zeitmesser

Tintenstrahldrucker
↗Nonimpact-↗Matrixdrucker, bei welchem die einzelnen Punkte als Tintentröpfchen auf das Papier gespritzt werden; der Tintenstrahl kann thermisch oder mechanisch ausgelöst werden

TMO
Thermo-Magnetic-Optic; ↗magneto-optische Speicherung

TMP
↗Dateinamens-↗Erweiterung für temporäre Dateien

TN, STN, DSTN, TSTN, FSTN
Twisted Nematic, Super TN, Double STN, Triple STN, Fast STN; verschiedene Entwicklungsstufen von ↗Flüssigkristallanzeigen die sich im wesentlichen durch zunehmende Konstraststärke auszeichnen; FSTN ist eine ↗Aktivmatrix

Toggle
Knebel; ↗Kommando oder Taste, welche einen Status ein- oder ausschaltet

Token
Befehls- und ↗Datenrahmen, wie er im Token-Ring-↗Netzwerk immer unterwegs ist; der T. kann von einer Station (↗Workstation) beladen werden, welche zu diesem Zeitpunkt also das ganze Netzwerk für sich beansprucht, eine andere Station wird den Token erhalten und gibt ihn somit wieder frei

Token Passing
↗Zugriffsverfahren im ↗Token-Ring-↗Netzwerk; es regelt, wie der ↗Token abgefangen, adressiert, beladen und wieder entladen wird

Token-Ring
↗Netzwerk-↗Protokoll mit ringförmiger Datenleitung und eigenem Datenprotokoll (↗IEEE 802.3); gleichzeitig LAN-Konzept von ↗IBM als IBM Token-Ring; kennzeichnend für den T. ist die fixe Zuteilung von Zeitabschnitten auf der Leitung; demzufolge ist kein sofortiger ↗Zugriff möglich

Ton(frequenz)
Parameter bei der Einstellung von ↗Modems: eine ↗Telefonleitung wird durch speziell modulierte Tonsignale aufgebaut; siehe auch ↗DTMF

Tool
↗Werkzeug

Toolbar
↗Werkzeugleiste

Toolbox
1. ↗Werkzeugkasten, ↗Werkzeugleiste in ↗Anwendungen; 2. Sammlung von ↗Tools in einem Produkt

Top down
Im ↗Systementwurf: ↗Design von der höchsten zur niedrigsten Abstraktionsebene; in der ↗Systementwicklung: Entwicklung vom Hauptmodul zu den Nebenmodulen

Topologie
Eigentlich eine Disziplin der Mathematik, welche sich mit der Lage und Anordnung geometrischer Gebilde im Raum befasst; in der ↗Informatik eine Bezeichnung für die diversen räumlichen ↗Netzwerk-↗Architekturen (↗Bus, ↗Ring, ↗Stern, …)

Touchscreen
Berührungsempfindlicher ↗Bildschirm, auf welchem Bildschirmpositionen oder Menüs per Fingerdruck aktiviert werden

Tower, Middle-, Mini-
Turm; Standgehäuse bei ↗PCs 1. 680x230x450 mm; 475x170x400 mm; 350x175x430 mm

tpi
Tracks Per Inch; ↗Datendichte auf ↗Datenträgern in Spuren pro ↗Zoll

TR 29.1 / 29.2
Eigentlich EIA TR 29.1 (bzw. 2): ↗Telefax ↗Class 1 (bzw. 2)

Trace
Spur; Schrittweises Durchlaufen eines ↗Programms bei der Fehlersuche

Trackball
Gerät zur schnellen Bewegung der Eingabemarke auf dem ↗Bildschirm, zur Anwahl eines ↗Menüteils usw.; als Signalgeber an das ↗System wird mit dem Handballen eine Kugel bewegt, die rund 0.5 cm aus dem Gehäuse nach oben ragt; «umgekehrte ↗Maus»

Tracking
1. Abtasten von Position und Bewegungen des Menschen in einem System der ↗Virtuellen Realität; 2. verschiedene ↗Laufweite einer Schriftfamilie bei unterschiedlichen Schriftstilen

Trackpad
Berührungsempfindliche Fläche zur Weitergabe von taktilen Signalen, welche durch das System als ↗Mausbewegung interpretiert werden; der Vorteil des T. liegt im Verzicht auf jegliche Mechanik

Trackpoint
Winziges Zäpfchen in der Tastatur, dessen Berührung ähnlich einem Joystick als Zeigen und Bewegen interpretiert werden; Ersatz für eine Maus oder einen Trackball in tragbaren Geräten

Träger, Trägersignal
Basissignal in der elektrischen oder elektromagnetischen ↗Kommunikation zwischen dem Sender und einem Empfänger; diesem Signal werden dann die Steuer- und ↗Nutz-↗Daten auf-↗moduliert; das T. von ↗Modems ist hörbar, wenn man versehentlich ein Faxgerät anruft; das T. von Radiostationen muss auf dem Radioempfänger eingestellt werden, z.B. 104.9 MHz

Traktor
Einrichtung zum Papiertransport im ↗Drucker

Transaktion
Verarbeitung bzw. Übertragung einer in sich geschlossenen ↗Dateneinheit zwischen einer ↗Arbeitsstation und einem übergeordneten System (↗Host)

Transceiver
Elektronische Einheit, internes oder externes Gerät, welches einen ↗Computer ins ↗Ethernet einbindet

Transfer
Übertragung von ↗Daten von einem Medium auf das andere z.B. zwischen zwei ↗Computern

Transputer
↗Parallel-Computer, in welchem jede ↗Prozessor-Einheit ihren eigenen ↗Arbeitsspeicher hat, was die häufige Kommunikation über einen ↗Bus erübrigt

Trash
↗Papierkorb

Travan
Jüngere Technologie zur ↗Massenspeicherung auf Datenbänder; die Kassetten sind physikalisch leicht konisch geformt und kompatibel mit ↗QIC; hoher ↗Daten-↗Transfer und ↗Kompression

Tree
Baumstruktur der ↗Verzeichnisse auf ↗Festplatten

Treiber
Je nach Bedarf zwischen die ↗CPU und eine Ein-/Ausgabeeinheit geschaltete, meist ↗residente ↗Routine zur ↗Konversion, Anpassung der ↗Daten für den ↗adressierten Datenempfänger bzw. zu dessen Ansteuerung

Trellis
↗TCM

Trojanisches Pferd
↗Anwendungsprogramm, welches neben seiner eigentlichen Aufgabe «unbemerkt» ein ↗Virus transportiert

Trouble Shooting, Troubleshooting
In der ↗Informatik nicht seltener Prozess der Fehlersuche

TrueColor
↗Bildschirmmodus zur Wiedergabe echter Farben; dazu werden eine ↗Farbtiefe von mindestens 24 ↗Bit und demnach 16.8 Mio darstellbare Farbtöne gefordert

TrueFonts
↗TrueType

TrueImage
↗Seitenbeschreibungssprache von ↗Apple und ↗Microsoft unter Einschluss von ↗PostScript und ↗TrueType-Schriften

TrueType
Zu ↗PostScript ↗kompatible ↗Zeichensatztechnologie von ↗Microsoft und ↗Apple aus dem Jahre 1990 als Teil von ↗TrueImage, die es erlaubt, ↗Outline-Zeichensätze mit nahezu allen Ausgabemedien bzw. ↗Auflösungsformaten auszugeben; T. erlaubt den direkten Schrifttransfer zwischen ↗Macintosh und ↗OS/2 bzw. ↗Windows

TRUNC(ate)
Verstümmeln; 1. Bezeichnung für das «Abschneiden» der Nachkommastellen in Gleitkommazahlen; Funktion in gewissen ↗Programmiersprachen; 2. Löschen von Inhalten ab der derzeitigen ↗Zeigerposition; 3. Suchmodus in ↗Datenbanksystemen

Trunk
Kabel, Kabelverbindung, Kabelweg in der Telekommunikation

TSR

Terminate and Stay Resident; in den englischsprachigen Ländern übliche Bezeichnung für die ↗speicherresidenten ↗Programme; der Name sagt, dass die Programme bis zum Ausschalten des ↗Computers im ↗Arbeitsspeicher verbleiben

TTL

Transistor to Transistor Logic; Familie von digitalen Schaltkreisen bei der Herstellung von ↗Chips, Merkmal: 5 Volt als Versorgungsspannung; für TTL ausgelegte ↗Grafikkarten und ↗Bildschirme haben wegen des digitalen Prinzips einen begrenzten Farbvorrat

TTY

Teletype; 1. Fernschreiber, ↗Telex oder Telexterminal, 2. einfachste Art der Emulation eines passiven Terminals: Zeichen werden ohne zwischengeschaltete ↗Steuerzeichen einfach als Sequenz übermittelt

Tuning

Eingriffe in ↗Hardware oder ↗Software zur Steigerung der Leistungsfähigkeit (↗Performance) in einem gewünschten Teilbereich; in der Schweiz würde man «frisieren» sagen

Turbo

Nicht standardisierter Begriff für beschleunigende Komponenten: Erhöhung des ↗Mikroprozessor-↗Taktes; des ↗Bustaktes, usw.

Turtle

Schildkröte; grafische Figur, welche das spielerische Erlernen der ↗Programmierlogik durch Anfänger erleichtern soll; oft mit ↗LOGO in Verbindung gebracht

Tutorial

Lernprogramm, ↗CBT

TVA

Teilnehmervermittlungsanlage; Bezeichnung für die ↗digitalen ↗Telekommunikations-Zentralen (↗«Telefon»-Zentralen)

Twain

Toolkit Without An Important Name (kein Witz); Einheitliche und herstellerunabhängige ↗Daten-↗Schnittstelle für ↗Scanner; damit entfällt das lästige Installieren von ↗proprietären ↗Treibern

Twinax

↗Bildschirm- oder ↗Drucker-↗Schnittstelle bei mittleren ↗IBM ↗Systemen

Twist
Drehung; in der ↗Informatik meist gebraucht im Zusammenhang mit der Funktionsweise einer ↗Flüssigkristallanzeige: Molekül-«Stäbchen» eines organischen, flüssigen Kristalls werden gedreht, um Licht anders zu brechen oder reflektieren; siehe ↗TN

Twisted Pair
↗Verdrillte Leitung

TXD
Transmitted Data, siehe detailliert unter ↗TD

TXT
↗Dateinamens-↗Erweiterung für ↗ASCII-↗Dateien in ↗MS-DOS; in den ↗Anwendungen werden solche Dateien zunehmend als Textdateien bezeichnet

Type Manager
↗ATM

Typeface
Schriftschnitt, siehe ↗Font

Typenraddrucker
↗Impactdrucker, bei welchem ein ganzes ↗Zeichen zu Papier gebracht wird; die Typen sind auf einem Rad am Ende radialer Ausläufer angebracht und werden mit einem Hämmerchen aufs Papier geschlagen

A B C D E F G H I J K L M N O P Q R S T U V W X Y Z etc.

UART
Universal Asynchronous Receiver / Transmitter; Umsetzer zwischen ↗parallelen und ↗seriellen ↗Daten; wichtiger Baustein der seriellen ↗Schnittstelle; beim ↗intel PC gibt es zwei Typen: den «schwächeren» 8250 (bis 9600 ↗bps) und den schnelleren 16550

Übertragungsrate
Quantitatives Mass für den ↗Daten-↗Transfer

UCS
↗Unicode

UIT
Unité Internationale des Télécommunications, heute ↗ITU-T

ULSI
Ultra Large Scale Integration; ↗Chips mit mehr als 1000000000 Bauteilen, ↗Integrations-Dichte, wie sie technisch erst an der Wende der 80er- zu den 90er-Jahren möglich wurde

UMB
Upper Memory Blocks; Bezeichnung für die ungenutzten ↗Speicherblöcke im ↗Adressbereich zwischen 640 ↗KByte und 1 ↗MByte, welche sich dem direkten ↗Zugriff durch ↗MS-DOS entziehen; mit ↗80386+, ↗MS-DOS 6.0+ sowie mind. 350 KByte ↗Extended Memory können UMB-Adressen im ↗Extended Memory abgebildet und genutzt werden; der Treiber für UMBs ist de EMM386.EXE; gefüllt werden die UMBs mit dem Kommando DEVICEHIGH; in der deutschen Übersetzung heissen die UMBs «hoher Speicherbereich»

Umgebungsvariable
Parametereingabe SET in ↗MS-DOS, über welche bestehende Kommandos bzw. Standardeinstellungen verändert oder Suchpfade angegeben werden

Umlauf, umlaufen
Umfliessen des Textes um andere in das ↗Dokument eingelagerte Objekte, z.B. Grafiken

UN/EDIFACT
United Nations/Electronic Data Interchange for Administration, Commerce and Transport; Sammlung von Standards und vorgefertigten elektronischen Dokumenten bzw. Formularen für den Austausch weiterverarbeitbarer, geschäftlicher ↗Daten auf der Basis von ↗X.400

unattended
Nicht betreut; die Bezeichnung wird meist bei ↗Software gebraucht, die auf externe Einflüsse ohne menschliche Betreuung reagieren kann (z.B. nächtlicher ↗Daten-↗Transfer über ↗Modem)

UNC
Universal Naming Conventions; Standards für die Vergebung von ↗Dateinamen zum systemübergreifenden ↗Zugriff im ↗Netzwerk

undo
Rückgängig machen, ↗Kommando oder ↗Funktion zur Retablierung des Zustandes vor einer oder mehreren unerwünschten Manipulationen

Unicode
Universal Multiple-Octet Coded Character Set (auch UCS); multilingualer ↗Zeichensatz gemäss ↗ISO mit vier ↗Bytes pro Zeichen; der Standard umfasst 128 Zeichengruppen mit einem jeweiligen Vorrat von 256x256 Zeichen; ↗Windows NT unterstützte den Unicode als erstes ↗Betriebssystem

Unit
Einheit

Unix
↗Netzwerkfähiges Standard-↗Betriebssystem; ↗multiuser- und ↗multitaskingfähig; U. entstand 1969/70 in einem universitären Umfeld mit dem Ziel der ↗Dialogfähigkeit und der ↗Hardwareunabhängigkeit; Ende der 80er Jahre existierten viele ↗Lizenzausgaben von U., am bekanntesten: System V, BSD (Berkeley System Distribution) und OSF (Open Software Foundation); später gelangte U. zu ↗Novell und ist seit Februar 1994 eine bei der Firma ↗X/Open Ltd eingetragene Marke

Unix International
Konsortium diverser Hersteller zur Vereinheitlichung von ↗Unix, federführend sind AT&T sowie Sun; siehe auch ↗OSF

Unixware
Endbenutzerversion von ↗Unix aus dem Hause ↗Novell

Unterlänge
In der Typografie: Teil eines ↗Zeichens, welcher unter die Schreiblinie geschrieben oder gedruckt wird; U. haben zum Beispiel die Buchstaben «g» und «y»

Update
↗Aufdatierung

Upgrade
Ausbau, Erweiterung von ↗Hardware oder ↗Software

Upload
Übermittlung eines ↗Programms, einer ↗Binärdatei auf den ↗Host via ↗Dfü; ein deutscher Begriff wie etwa «Herunterladen» beim ↗Downloading ist nicht üblich

UPN
Umgekehrte Polnische Notation; Notation für mathematische Ausdrücke, bei welcher zuerst die Operanden und dann die Operationen, die Verknüpfungen eingegeben werden; UPN wird auf den Taschenrechnern von Hewlett-Packard und in der Programmiersprache ↗FORTH verwendet; UPN macht Rechenoperationen sehr transparent und spart umso mehr Manipulationen, je komplexer die Ausdrücke werden; UPN ist auf einen ↗Stack-Speicher zur Zwischenlagerung angewiesen

Upper Memory Area
Oberer ↗Speicherbereich zwischen 640 ↗KByte und 1024 KByte unter ↗MS-DOS; ↗UMB

UPS
Uninterruptable Power Supply; ↗USV

Ureingabeprogramm
Allererstes ↗Programm, welches aktiv wird; initiiert den ↗POST und startet den ↗ROM-↗residenten ↗Urlader

URL
Uniform Resource Locator; einmalige ↗Server-Adresse im Internet und zugehöriges ↗Protokoll, welches über Art und Standort bestimmter ↗WWW-↗Ressourcen Buch führt und diese erschliesst; http://www.smartbooks.ch ist eine URL und findet den zugeordneten Server im Internet

Urlader
↗Programm, welches auf einem ↗ROM ↗residiert und das ↗Betriebssystem oder die ↗Applikation lädt

US
↗ASCII-Zeichen 1F(H) (31): Unit Separator; Trennung einer ↗Dateneinheit

USB

Universal Serial Bus; zur Zeit (1996) noch nicht standardisiertes, ↗serielles ↗Buskonzept eines Firmenkonsortiums als Alternative zu ↗RS-232C und ↗SCSI; 12 ↗mbps ↗synchron oder ↗asynchron an bis 127 externe ↗Peripheriegeräte mit ↗Plug and Play-Fähigkeit; siehe auch Konkurrenzstandard ↗Firewire

Usenet

Bereich im ↗Internet, wo sich Anwender/innen-Clubs treffen und untereinander elektronische Post, meist zu bestimmten Sachthemen, austauschen; die Aktivität in diesem Bereich ist so gross, dass sich hier Nachrichten oft schneller verbreiten als über die Kanäle der Nachrichtenagenturen

User

Benutzer, Anwender, Bediener

User-Modus

Modus in ↗Motorola-↗Prozessoren, in welchem nur die von einem ↗Programm verwendeten ↗Speicherbereiche und ↗Ressourcen freigegeben werden (siehe auch ↗Supervisor-Modus)

USV

Unterbrechungsfreie Stromversorgung; Sicherheitsnetzteil mit Spannungsfiltern sowie nötigenfalls sofortiger Zuschaltung einer Notstromgruppe; gewisse ↗Betriebssysteme wie ↗Windows NT Advanced Server unterstützen USV speziell

Utility

↗Dienstprogramm

UTP

Unshielded Twisted Pair; nicht abgeschirmtes, ↗verdrilltes Kupferkabel als ↗Signalleiter

UUCP

Unix to ↗Unix Copy Program; ↗Protokoll und ↗Programm zum Versenden von ↗Dateien über ↗Internet; da Internet im Schwerpunkt ein textbasiertes 7-Bit-Medium ist, werden Binärdaten, z.B. ein Kalkulationsblatt, häufig für UUCP codiert und dann als Folge von ↗ASCII-Zeichen einem elektronischen Brief angehängt; dazu braucht es einen ↗UUEncoder bzw. -Decoder am Empfangsort, um die Binärdaten aus dem Text herauszuschälen

UUEncode, UUDecode

↗Programm zur Konversion von ↗Binärdateien in ↗ASCII-Text zwecks Transport via ↗UUCP

A B C D E F G H I J K L M N O P Q R S T **U** V W X Y Z etc.

UVGA

Ultra ↗VGA; Grafik-Modus für ↗PC-↗Bildschirme, typischerweise 1024x768 ↗Punkte und 256 Farben auf ↗Analog-Bildschirm; die ↗VESA-Standards UVGA-1 und SVGA-2 unterscheiden sich in der ↗Bildwiederhol- und ↗Zeilenfrequenz; UVGA-3 löst mit 1280x960 Punkten auf

V.110
↗Protokoll der ↗Datenübertragung zweier ↗ISDN-Gegenstellen, z.B. einer ISDN-↗Karte und einer ↗digitalen Telefonzentrale; die Transferrate beträgt 64 ↗kbps

V.17
↗ITU-TS-Standard für ↗Telefax-↗Modems bis 14400 ↗bps mit ↗Fallback auf 12000 / 9600 oder 7200 bps

V.21
↗ITU-TS-Standard für ↗Modems bis 300 ↗bps in Full ↗Duplex

V.22
↗ITU-TS-Standard für ↗Modems bis 1200 ↗bps in Full ↗Duplex sowie ↗Fallback bis 600 bps; ersetzt durch ↗V.22bis

V.22bis
↗ITU-TS-Standard für ↗Modems bis 2400 ↗bps in Full ↗Duplex sowie ↗Fallback auf V.22

V.23
↗ITU-TS-Standard für ↗Modems bis 75/1200 ↗bps (1200 bps senden, 75 bps empfangen in Full ↗Duplex, früher bei ↗Videotex); veraltet

V.24
↗Serielle ↗Daten-↗Schnittstelle; genormt durch ↗ITU-TS; in allen wesentlichen Punkten entsprechend ↗RS-232C; DIN 66020, Teil1

V.25, V.25bis
Veralteter und wenig flexibler ↗ITU-TS-Standard für den automatischen Aufbau und Zusammenschluss von Verbindungen durch ↗Modems; vollständig ersetzbar durch den dem ↗AT-Befehlssatz von ↗Hayes

V.26, V.26 bis, V.26ter
Seltener ↗ITU-TS-Standard für ein ↗Daten-↗Übertragung mit 2400 bps auf ↗Mietleitungen; Wählleitungen, Wählleitungen und Mietleitungen mit Unterschieden im ↗Fallback

V.27
↗ITU-TS-Standard für die ↗asynchrone ↗Datenübertragung in ↗halbduplex mit 4800 bps und tatsächlich 1600 Baud auf Mietleitungen

V.27bis
↗ITU-TS-Standard für ↗Telefax-↗Modems bis 4800 ↗bps

V.27ter
↗ITU-TS-Standard für ↗Telefax-↗Modems bis 4800 ↗bps und ↗Fallback auf 2400 bps, tatsächliche ↗Baudrate bei 1600; ersetzt durch ↗V.32

A B C D E F G H I J K L M N O P Q R S T U V W X Y Z etc.

V.28
↗ITU-TS-Standard für die ↗Signalpegel und Signalformen in der ↗Schnittstelle ↗V.24

V.29
↗ITU-TS-Standard für ↗Fax-↗Modems bis 9600 ↗bps mit Halb-↗Duplex und Fallback auf 7200 bps; ersetzt durch ↗V.33

V.32
↗ITU-TS-Standard für ↗Modems bis 9600 ↗bps in Full ↗Duplex sowie ↗Fallback auf 4800 bps

V.32bis
↗ITU-TS-Standard für ↗Modems bis 14400 ↗bps in Full ↗Duplex sowie ↗Fallback auf 12000, 9600, 7200, 4800 bps

V.32terbo
Spezifikation von AT&T und der Firma U.S.Robotics für ↗Modems bis 19200 (AT&T) bzw. 21600 (U.S.R.) ↗bps in Full ↗Duplex sowie ↗Fallback

V.34
↗ITU-TS-Standard für ↗Modems bis 28800 ↗bps in Full ↗Duplex sowie ↗Fallback

V.34+
Zu erwartender ↗ITU-TS-Standard für ↗Modems bis 33600 ↗bps in Full ↗Duplex sowie ↗Fallback; aktuell ab Frühjahr 1996

V.34bis
Zu erwartender ↗ITU-TS-Standard für ↗Modems bis 32800 ↗bps in Full ↗Duplex sowie ↗Fallback

V.35
↗ITU-TS-Standard für ↗Schnittstellen zu ↗synchronen Mietleitungs-↗Modems ab 64 ↗kbps; zurückgezogen

V.38
↗ITU-TS-Standard für ↗digitale ↗Modems bis 64 ↗kbps digital, aber getrennt von ↗ISDN

V.42
↗ITU-TS-Standard für ↗Modems nach ↗V.32 aber mit zusätzlichen Fehlerkorrekturen; letztere ist ↗kompatibel mit ↗MNP 1 bis 4

V.42bis
↗ITU-TS-Standard für ↗Modems nach V.42 aber mit Fehlerkorrektur und ↗Daten-↗Komprimierung um Faktor 4 gemäss Spezifikation ↗MNP Klasse 5

V.Fast Class, V.FC
Lange Zeit provisorischer Standard für ↗Modems bis 28.8 ↗kbps mit ↗Fallback und ↗Daten-↗Komprimierung; weil die ↗ITU-TS sich für die Normierung Zeit liess, schossen um 1994 diverse ↗proprietäre Standards ins Kraut; der ITU-TS-Standard heisst V.34

V.nn
↗Schnittstellenkonzepte und ↗Transfer-Normen von ↗ITU-TS in der ↗Dfü über Fernsprechnetze

Value Added Reseller
In der Sicht eines Herstellers ein Unterproduzent, welcher ein eigenes, serienmässiges Produkt veredelt

VAN
Value Added Network; internationale, private ↗Netzwerk-Dienstleistung mit dem öffentlichen ↗Kommunikationsnetz als Signalvermittler (z.B. ↗Mailbox-Netze der grossen ↗Computerhersteller)

Vaporware
Dampfware; die Ankündigung eines Produkts lange, sehr lange oder noch länger vor dessen Erscheinen lässt das Produkt im Volksmund zu Vaporware verkommen; den historisch grössten Nebel verursachte demnach ↗dBASE für Windows, dicht gefolgt von ↗Windows 95 und ↗Copland

VAR
↗Value Added Reseller

Variable
Im ↗Deklarationsteil eines ↗Programms definierter ↗Bezeichner mit einem bestimmten ↗Datentyp und sich erst im Programmlauf ergebendem, veränderlichem Wert; eine globale V. ist im ganzen Programm gültig, eine lokale V. hingegen nur in einem Teilprogramm, z.B. einer ↗Prozedur, eine dynamische Variable entsteht erst im Programmverlauf

VBA
↗Visual ↗BASIC for Applications; von ↗Microsoft ab 1997 in allen ↗Applikationen eingesetzte, einheitliche ↗Programmier- und ↗Makrosprache

VCACHE
Neuer ↗Cache-↗Treiber von ↗Windows 95: VCACHE arbeitet im 32 ↗Bit ↗Protected Mode, und richtet seine Grösse je nach verfügbarem ↗Arbeitsspeicher selber ein

VCPI

Virtual Control Program Interface; Spezifikation zur ↗Adressierung von ↗Extended Memory als Teil des Arbeitsspeichers (z.B. durch Lotus 1-2-3); damit kann unter ↗MS-DOS (nicht ↗Windows!) ein ↗Prozessor ab ↗80286 im ↗Protected Mode oder ↗Virtual Mode arbeiten

VDF

Verband der Datenverarbeitungs-Fachleute, private Vereinigung

Vektor

1. ein-↗dimensionales ↗Datenfeld; 2. Grafikelement im Sinne einer echten geraden Linie

Vektor-Schriftart

Schriftart, in welcher die Zeichen als leicht ↗skalierbare Linien beschrieben sind

Verbund

1. ↗Datenstruktur, welche Komponenten verschiedenen ↗Datentyps einbinden kann; 2. Gesamtheit der ↗Programmschritte, bzw. der ↗Anweisungen in einem BEGIN… END-↗Block in vielen ↗Programmiersprachen; wird der so verbundene Block von Anweisungen als Gesamtheit betrachtet, spricht man oft von der Verbundanweisung

Verdrillte Leitung

Zweiadriges ↗Telefonkabel mit sechs Windungen pro ↗Zoll; mit entsprechendem ↗Protokoll auch als ↗Datenleitung mit bis zu 100 ↗mbps geeignet

Vererbung, vererben

1. In der ↗Datei- und ↗Zugriffsadministration: automatische Weitergabe von Eigenschaften, z.B. Rechten für alle einem ↗Objekt untergeordneten Objekte; 2. in der ↗objektorientierten ↗Programmierung: Bildung von Unterklassen mit von der übergeordneten ↗Klasse übernommenen Eigenschaften

Verfügbarkeit

1. Meist prozentual ausgedrückte Verhältniszahl für die Zeit, in welcher ein ↗System fehlerfrei und produktiv läuft, bezogen auf die ganze Betriebszeit; 2. (Termin, Frist für die) Käuflichkeit von Produkten

Verify

Vorgang des Überprüfens auf Korrektheit bzw. des Überprüfen-Lassens

Verknüpfung
Stellvertreter- oder Platzhalter-↗Datei, wie sie das ↗Mac OS unter dem Namen ↗Alias schon seit ↗System 7.x kennt und wie sie dann auch unter ↗Windows 95 verwirklicht wurde: eine auf die Verknüpfung bezogene Aktivität wird mit dem wirklichen Objekt ausgeführt – öffnen, drucken, kopieren usw.

Verlegen und Abonnieren
Form des dynamischen ↗Datenaustauschs (↗DDE) bei ↗Apple; der Autor eines Dokuments, der «Verleger», erklärt einen Teil des Dokuments zur «Auflage», die künftig in jederzeit aktualisierter Version für andere Anwender, die «Abonnenten», verfügbar ist und in deren Dokumente – auch in anderen ↗Anwendungen – eingebunden werden kann; V. gibt es ab ↗System 7 des ↗Mac OS

Veronica
Hilfsprogramm, mit welchem sich im ↗Internet der ↗Gopherspace durchsuchen lässt

Versalie
In der Typografie: Grossbuchstabe

Version
Neuauflage; erweiterte und fehlerkorrigierte Überarbeitung von ↗Software, meist ausgedrückt als V.n.m; gemeint ist Hauptv. n (nicht ↗kompatibel mit früherer Hauptv.) und Unterv. m (Unterv. sind untereinander kompatibel)

Verweis
↗Bezug

Verzeichnis
Ebene in einer hierarchischen ↗Dateistruktur wie in ↗MS-DOS, ↗Unix und ↗Apple ↗HFS: das unterste (je nach Betrachtungsweise: oberste) V. heisst Wurzel-, Haupt- oder Stammv. und enthält einzelne Dateien sowie höher (tiefer) liegende V., diese enthalten wiederum Dateien und weiter verschachtelte V.; angemeldete V. lassen sich wie ↗logische ↗Datenträger adressieren

Verzweigung
Stelle der Aufgabelung eines ↗Programmfadens in meist zwei Teile als Folge einer ↗Entscheidung

VESA
Video Electronics Standards Association; Firmenkonsortium, welches vorwiegend durch den ↗VL bekannt wurde

A B C D E F G H I J K L M N O P Q R S T U **V** W X Y Z etc.

VFAT, VFAT 16, VFAT 32
Volume File Allocation Table; unter ↗Windows 3.11 (for Workgroups) vollzogene Erweiterung der ↗FAT auf eine 16 ↗Bit und vor allem 32 Bit-Verwaltung; die ↗Wortbreite von ↗Dateisystemen bestimmt vor allem die Grösse des verwaltbaren ↗Adressenraumes und die Anzahl der Dateien; VFAT wird auch von Windows 95 verwendet und erlaubt «lange ↗Dateinamen»

VGA
Video Graphics ↗Array; Grafik-Modus für ↗PC-↗Bildschirme, typischerweise 640x480 ↗Punkte und 16 aus 262144 Farben auf ↗Analog-Bildschirm; ↗Zeichenmatrix 9x16 Punkte; 64 ↗Graustufen in ↗monochromer Darstellung; siehe auch ↗SVGA und ↗UVGA

VHLSI
Very High Large Scale Integration; ↗Chips mit mehr als 1'000'000 Bauteilen

Video CD
Bild-↗Datenträger im physikalischen ↗CD-Format; präsziser unter ↗DVD

Video on demand
Video auf Verlangen; auf der ↗Datenschnellstrasse mögliches Fernsehen auf Bestellung; eine weitere Ausbaustufe ist das ↗interaktive Fernsehen

Video Processing
Begriff in der Bildverarbeitung, Verarbeitung schwarz/weisser oder farbiger Bilder ab Video-Kamera, VHS-Recorder oder ↗PAL mittels Kleincomputer

Video-Schnittstelle
Wenig einheitlich verwendeter Begriff für ↗Datenschnittstellen zwischen ↗Computersystemen und ↗Datensichtgeräten bzw. Apparaten der Unterhaltungselektronik

Videoclip
↗Movie

Videotex, Vtx
Ältester und noch heute angebotener ↗Online-Dienst der privaten Swiss Online AG; Vtx wurde gemäss internationalen Normen (↗CEPT) durch die Telecom PTT entwickelt und bis Ende 1994 auch von dieser angeboten; Vtx bietet mit halbgrafischer Benutzeroberfläche und relativ komplizierter Benutzerführung viele Auskunftsdienste (elektronisches Teilnehmerverzeichnis ↗ETV, Fahrpläne), Einkaufsmöglichkeiten, ↗E-Mailing, ↗Chatting und mit stark wachsendem Interesse das ↗Telebanking; seit Frühjahr 1996 wird auch ein ↗Internet-Zugang zum Ortstarif gewährleistet

VIM
Vendor Independent Messaging Interface; herstellerunabhängiges Format für elektronische Post durch Lotus, Borland und ↗Novell; siehe auch ↗OMI und ↗MAPI

Vines
↗Netzwerk-↗Betriebssystem der Firma Banyan

Virtual Real Mode, Virtual 8086 Mode
Betriebsmodus von ↗Intel-↗Prozessoren ab ↗80386; ein entsprechendes ↗Betriebssystem ordnet jedem Programm einen eigenen, virtuellen Prozessor ↗8088 sowie einen Adressenraum von 1 ↗MByte zu; dadurch gleichzeitige Lauffähigkeit mehrerer ↗Tasks im ↗Real Mode

virtuell, virtual
Scheinbar, nicht tatsächlich vorhanden; 1. Hardware: ↗Emulation einer ↗Hardware auf einer anderen, z.B. während der Entwicklung eines neuen ↗Betriebssystems, einer ↗Applikation; 2. Speicher: Auslagern von ↗RAM in ↗Plattenspeicher (häufig bei ↗Mainframes) bzw. von Plattenspeicher ins ↗RAM (häufig bei ↗PC / ↗PS); 3. Betriebssysteme: Verwaltung mehrerer, gegenseitig abgeschirmter «Maschinen» in einer; siehe dazu ↗Virtuelle Maschine

Virtuelle (Speicher-) Adressierung
↗Virtuelle Maschine

Virtuelle Maschine
Modus gewisser ↗Betriebssysteme, mit welchen es möglich ist, in einem einzigen physischen ↗System mehrere logische, eben ↗virtuelle, zu laden, die alle voneinander abgeschirmt und mit einem «eigenen» Betriebssystem ablaufen; für die Anwenderin und den Anwender präsentiert sich eine solche VM als mehrere ↗Computer in einem

Virtuelle Realität
Bereich der ↗Informatik, in welchem sich reelle Begebenheiten in ↗Echtzeit, ↗interaktiv und dreidimensional ↗simulieren lassen

A B C D E F G H I J K L M N O P Q R S T U **V** W X Y Z etc.

Virus

Pathologisches Kleinstprogramm, das in ↗Applikationen schlummert und seine meist zerstörerische Wirkung nach dem Eintreffen eines Auslösers (Zeit, Ladehäufigkeit, ...) beginnt; Prophylaxe durch Hygiene und regelmässige Virendiagnose mit ↗Dienstprogrammen; Therapie oft nur noch als totale ↗Systeminitialisierung bzw. mittels spezialisierter Dienstprogramme (Impfprogramme)

Virus, stealth

↗Tarnkappen-Virus

Visual BASIC

Leistungsfähige ↗BASIC-Implementation von ↗Microsoft; ↗programmiert wird interaktiv als Mischung von ASCII-Code, Bearbeitung grafischer Elemente und Makros; das Resultat ist ein hochentwickelter BASIC-Code

VL, VLB

VESA Local Bus; ↗Local Bus-Spezifikation von ↗VESA für ↗Intel 80486; Busbreiten 32 Bit; 116 polige Schnittstelle; in den derzeit gültigen Spezifikationen können dem VL drei Komponenten aufliegen und Bustakte über 40 MHz können durch den VL-Steckplatz nicht weitergegeben werden, Transfer bis 160 MB/s, ↗Pentium wird mit Einschränkungen unterstützt; in Version 2.0 beträgt die Breite des Daten- und Adressbusses 64 Bit, der Pentium wird unterstützt

VLM

Very Large Memory; nicht näher spezifizierte Bezeichnung für die gewaltigen Datenvolumina im Bereich der Peta- und Exabyte; zur Zeit wird z.B. bereits von der 64 Bit Adressierung gesprochen, was einen Adressenraum von 1.9*10^19 Bytes ergäbe oder eben 18 Exabxyte

VLSI

Very Large Scale ↗Integration; ↗Chips mit mehr als 100000 Bauteilen

VM

↗Virtuelle Maschine

VME

Normiertes ↗Buskonzept für Rechner der ↗Prozessorreihe ↗680xx mit grosser Verbreitung und einer Vielzahl von Standard-Baugruppen zur Entwicklung ↗modularer Systeme

VMRL

Virtual Reality Modeling Language; Entwicklungsumgebung für interaktive und multimediale ↗Animationen

VOC
↗Dateinamens-↗Erweiterung für Tondateien, oft die Aufzeichnung menschlicher Sprache

Vocoder
↗System zur künstlichen Erzeugung menschlicher Sprache

Voice Mail
Elektronisches Mitteilungssystem mit ↗digitalisierten mündlichen Botschaften

Vollbild
In der Grafischen ↗Benutzeroberfläche meist über einen zugehörigen Knopf befohlene und dann die ganze ↗Bildschirmfläche ausnutzende ↗Fenstergrösse

Volltextsuche
Fähigkeit eines Dienstprogramms, unstrukturierte Klartexte nach Stichworten zu durchsuchen; siehe auch ↗Hypertext

Vollton
In der Typografie: Sättigung von 100 %

Volume
1. Sammelbegriff für einen ↗Datenträger unbestimmten Typs im ↗Netzwerk; 2. aus der Gross-↗EDV kommende Bezeichnung für die namentliche ↗Identifikation von Datenträgern (↗Diskette, ↗Festplatte, Band usw.)

Vorgänger
1. In der ↗Tabellenkalkulation eine Zelle, die Werte in eine Zielzelle weitergibt; 2. Vorgänger-Funktion in Programmiersprachen, welche den vorherigen Wert in einem aufzählenden ↗Datentyp aufruft

VRAM
Video ↗RAM; Speziell für die Auffrischung der ↗Bildschirmdaten bestimmter ↗Arbeitsspeicher auf der ↗Grafikkarte; die ↗CPU wird von der Arbeit des ständigen Auffrischens des Bildinhaltes entlastet; im Gegensatz zum normalen ↗DRAM hat das VRAM zudem eine eigene Schnittstelle zum RAM ↗DAC zur schnelleren Aufbereitung des Bildes

VRML
Virtual Reality Markup Language; eine Art Programmiersprache zur Darstellung von und Interaktion mit ↗multimedialen Informationen auf dem ↗WWW; VRML erweitert das nicht interaktive ↗HTTP; VRML wurde von ↗Microsoft entwickelt und 1995 in deren Internet Explorer eingebaut

VROOMM

Virtual Real Time Object-Oriented Memory Management; ↗Speicherverwaltung einiger ↗Applikationen im Sinne einer temporären Auslagerung gewisser Arbeitsdaten

VSI

Verband der Software-Industrie Deutschlands; Verband deutscher ↗Softwarehäuser zwecks Verhinderung der Software-Piraterie

VSM

Verein Schweizerischer Maschinen-Industrieller; Normengeber in der Schweiz für technische Geräte

VT

↗ASCII-Zeichen 0B(H) (11): Vertical Tabulator; nach unten bis zur nächsten Tabulatorposition

VT-XYZ

Video Terminal; passives ↗Terminal für die ↗Minicomputer von Digital Equipment Corporation; heute allgemein anerkannter Standard für ↗Terminalsignale in der ↗Daten- und Telekommunikation; für den ↗Zugriff auf externe ↗Hosts durch irgend einen Computer werden durch die Kommunikations-↗Software deshalb häufig diese VT-Standards ↗emuliert

VTAM

Virtual Telecommunications Access Method; universelle Schnittstelle (technische ↗Spezifikationen, ↗Kommandosatz usw.) in der Welt der ↗IBM Gross-Systeme zur Erschliessung von ↗Telekommunikations-↗Ressourcen

Vtx

↗Videotex

VxD

↗Virtueller 32 ↗Bit ↗Treiber unter ↗Windows 95; ein VDD ist also ein ↗Bildschirmtreiber; VPD: Druckertreiber, VTD Treiber für eine taktgesteuerte Einheit

A B C D E F G H I J K L M N O P Q R S T U V W X Y Z etc.

W3
↗World Wide Web

W3C
↗World Wide Web Consortium

Wafer
Siliziumscheibe als rundes Grundmaterial zur Herstellung von ↗Chip-Plättchen

wahlfrei
Willkürlich, direkt; meist gebraucht im Sinne des direkten, ↗adressierten ↗Zugriffs auf ↗Datenbestände

Wählleitung
Wie eine normale ↗Telefon-Gesprächsleitung bei Bedarf aktivierte und danach wieder freigegebene ↗Kommunikationsleitung im ↗Fernsprechnetz für meist noch ↗analoge Signale

Wahrheitswerte, -tafel
Tabellarische Übersicht der in einer ↗logischen Verknüpfung für alle möglichen Kombinationen von Eingabewerten resultierenden Ausgabewerte

WAIS
Wide Area Information System; im ↗Internet weltweit verteiltes Datenbanksystem; zu seiner Nutzung müssen Sie auf Ihrem Rechner ein entsprechendes ↗Programm, einen ↗Client, laufen haben und die Verbindung zu einem WAIS-↗Server herstellen

Wait State
↗Wartezyklus

Wallpaper
Wandpapier; Hintergrundbild in ↗Windows

WAN
Wide Area Network; die Grundstücksgrenzen überschreitendes, oft sogar internationales Netzwerk

Wanze
↗Bug

Warmstart
Neustart des ↗Computers durch Betätigen einer Taste(-nkombination, siehe ↗Affengriff) oder Eingeben eines bestimmten ↗Kommandos aber ohne Abschalten der Stromversorgung; es werden oft nicht alle Selbsttest-Routinen durchgeführt; bzw. alle ↗residenten ↗Routinen gelöscht

Warp
Kette, Verwerfung; Prosa-Zusatzbezeichnung von ↗OS/2 ab Version 3.0

Wartezyklus
Wartezustand; der ↗CPU durch langsame ↗Speicherbausteine aufgezwungene Untätigkeit während einem oder mehrerer Maschinen-↗Takte; Gegenteil: ↗Matched Memory

Watchdog
Wachthund; ↗Frontdoor

WAV
Tondatei unter ↗Windows; spezialisierte ↗Programme gestatten es, WAV-↗Dateien bei Vorhandensein eines ↗CD-Brenners in eine ↗Audio-↗CD überzuführen

Web
↗World Wide Web

Webphoning
Möglichkeit, dank entsprechender Ausrüstung an ↗Hardware (Mikrophon, Voice↗Modem) und ↗Software (↗Client) über das ↗World Wide Web weltweit zu telefonieren; die Vorteile des W. liegen darin, dass die eigentlichen Leitungskosten nur bis zum ↗Internet-Einwählknoten (z. B. die ↗Telefon-Ortszentrale) belastet werden, als Nachteil muss eine leicht verzögerte und qualitativ nicht immer befriedigende Stimme des Gesprächspartners in Kauf genommen werden

Web Publishing
Publizieren, Produktekommunikation über das ↗Internet

Web-Surfen
↗Surfen im ↗World Wide Web

Webvertising
Kunstwort aus Web und Advertising: Werbung im ↗World Wide Web des ↗Internet

Wechselplatte
Auswechselbarer, in einer möglichst staubsicheren Kassette verpackter magnetischer ↗Datenträger; physisch eine spezielle ↗Diskette (Bernoulli-System) oder ↗Festplatte (Syquest-System) mit sehr schneller Drehzahl, im Handling eine Festplatte

Weitek
Hersteller von mathematischen ↗Coprozessoren

Werkzeug
↗Software-Hilfsmittel (↗Bibliotheken, ↗Routinen, grafische Hilfen, Planungshilfen usw.) zur Erleichterung des Umgangs mit ↗Hardware oder ↗Software bzw. zur Entwicklung von Software; im Unterschied zum ↗Dienstprogramm ist ein W. nicht notwendig, sondern lediglich hilfreich

Werkzeugleiste
Im ↗Fenster einer grafischen ↗Benutzeroberfläche eingeblendete Leiste mit ↗Knöpfen zur Aktivierung kleiner Arbeitshilfen

Western-Buchse
↗RJ-11

Wetware
Der menschliche Anteil zwischen, unter und über all der ↗Hardware, ↗Software und ↗Firmware; die charmante Bezeichnung nimmt darauf Bezug, dass wir halt zum grössten Teil aus Wasser bestehen…

WFMC
Workflow Management Coalition; siehe Workflow Management

WfW
↗Windows for / für Workgroups

Whetstones
Vergleichsmass, ↗Benchmark (1984) für das Testen von mathematischen ↗Coprozessoren auf deren rechnerische Verarbeitungsgeschwindigkeit; Aussagekraft bei guten ↗Prozessor-↗Caches eingeschränkt

Whois
Auf unzähligen ↗Servern lokalisierte Verzeichnisse von Personen und ihren ↗E-Mail Adressen; Whois-Server lesen vor allem ↗Usenet-Mails durch und schälen Namen bzw. E-Mail Adressen heraus; auf W.-Server wird meist mit ↗Telnet zugegriffen

Wiederholung
Basis-Strukturelement der ↗Strukturierten Programmierung im Sinne der Wiederholung einer ↗Folge, solange eine bestimmte Bedingung erfüllt ist; auch Schleife, Schlaufe oder Iteration genannt

Wildcard
Ersatzzeichen, z.B. * und ? bei ↗Dateinamen in ↗MS-DOS

Win16
Sammelname für die ↗Betriebssysteme ↗Windows 3.x inklusive ↗Windows for Workgroups

Win32
Sammelname für die ↗Betriebssysteme ↗Windows NT und ↗Windows 95

Win32-API
↗API für Windows NT und z.T. für Windows 95; die W. unterstützen namentlich das ↗Multithreading

Winchesterplatte
Immer weniger gebräuchliche Bezeichnung für ↗Festplatten; W. war zuerst ein Deckname während der Entwicklung der Festplatten bei ↗IBM bis 1973

Window
↗Fenster

Windows
1. Produktbezeichnung ab 1983: eine in Name und Handhabung an die ↗Fenstertechnik angelehnte grafische ↗Benutzeroberfläche von ↗Microsoft; bis Versionen 3.x ist Windows ein Zusatz zu ↗MS-DOS und damit zum Teil beschränkt; 2. oft dient uns Windows als Sammelbegriff für alle grafischen Benutzeroberflächen von Microsoft

Windows 95
32 ↗Bit ↗Betriebssystem von ↗Microsoft; löst ↗MS-DOS und Windows 3.x gleichzeitig ab; Merkmale von Windows 95 sind: lineare Adressierung des Speicherraumes (also Aufhebung der damaligen Speichergrenze von 640 KByte), eine Zusammenlegung von ↗Programm-Manager und ↗Datei-Manager sowie eine grafische ↗Benutzeroberfläche

Windows for Workgroups
↗Softwarezusatz zu ↗Windows, welches diesem die Fähigkeit eines ↗Peer-to-Peer-Netzes und diverse Möglichkeiten der ↗Groupware und des ↗Workgroup Computing verleiht

Windows NT
↗Betriebssystem von ↗Microsoft ab 1993: 32 ↗Bit breiter ↗Adressbus und ↗Datenbus, ↗Multitasking, lauffähig auf ↗Intel-, ↗RISC- sowie Mehrprozessor-Systemen, mit eingebauten ↗Dienstprogrammen für das ↗Workgroup Computing; Zugang zu sehr vielen ↗vernetzten Umgebungen; die Version für Arbeitsstationen heisst Windows NT Workstation, diejenige für Dateiserver ↗Windows NT Server

Windows NT Server

↗Netzwerksoftware von ↗Microsoft mit grafischer ↗Benutzeroberfläche für ↗heterogene Netze und die Client/Server-Technologie; mit Windows NT Server lassen sich Netze von ↗Peer-to-Peer bis Firmendimensionen aufbauen

WinPad

Variante von ↗Windows 95 für ↗Pentops und ↗PDAs

Winsock, Winsock-2

Spezifikation eines Konsortiums für ↗Treiber, welche den Arbeitsstationen den Zugriff auf ↗Internet und ↗WWW ermöglichen; als Winsock-2 werden diese Treiber auch andere Arten von ↗Netzwerken unterstützen, z.B. ↗IPX/SPX oder ↗ATM

Wintel

Von der Konkurrenz geprägter Begriff für das Quasi-Monopol von ↗Windows und ↗Intel-↗Mikroprozessoren

Wizard

Zauberer; ↗Assistent

WMF

↗Dateiformat für ↗Windows Meta-Dateien; gute Austauschbarkeit unter Windows-↗Applikationen

Workflow Management

Versuch, die informationsverarbeitende Tätigkeit im Büro durch grundlegende Neustrukturierung den technischen Möglichkeiten anzupassen; die Informationstechnologie und die informationsverarbeitende Arbeit sollen sich gegenseitig besser abstimmen; so strebt das W. unter anderem auch an, dass am PC weniger unnütze Arbeiten anfallen: Untersuchungen sprechen von fünf Stunden pro Woche und Anwender für rein technisches «Dengeln»...

Workgroups, Workgroup Computing

Team(-arbeit) in der Arbeitsplatzinformatik (↗IDV) bzw. Klasse von ↗Anwendungsprogrammen (↗Groupware), welche diese Teamarbeit unterstützen sowie die Nutzung von gemeinsamen Ressourcen ermöglichen: Verwaltung von Aktivitäten (Sitzungen, Mailings), ↗Informationen (Termine, ↗Datenbestände, ↗Dokumente, Ideen) oder ↗Zugriff auf ↗vernetzte Geräteeinheiten wie Drucker

Workplace Shell

Grafische ↗Benutzeroberfläche; in der Literatur von ↗IBM der Name für den ↗Presentation Manager

Works
Produktename diverser Hersteller für ihre multifunktionalen ↗Applikationen in der Bürowelt

Workstation
↗Arbeitsstation

World Wide Web
Such- und ↗Navigationshilfe des Kernforschungslabors CERN für das ↗Internet; dank WWW ↗Hypertext können im Internet verstreute, inhaltlich zusammengehörende ↗Informationen in den unterschiedlichsten ↗Datenformaten zusammengetragen werden, den Zugang zu WWW eröffnet man sich mit einem ↗Browser

World Wide Web Consortium (W3C)
Konsortium zur Vergabe von Standards im ↗WWW

WORM
1. Write Once – Read Multiple (Times); optischer ↗Speicher zum anwenderseitigen Beschreiben und wiederholten Lesen; veraltete ↗Daten können lediglich als unbrauchbar markiert werden und verkleinern den noch verfügbaren Speicherraum; 2. ↗Wurm, einer der Typen pathogener Programme

Wort
Anzahl der in einem ↗Prozessor gleichzeitig verarbeiteten oder auf den ↗Bus gelegten ↗Bits; z.B. hat ein 16 Bit ↗Betriebssystem auf dem ↗Datenbus eine W.breite von 16 Bit

Wort, reserviertes
Klartextliches Wort oder Zeichenkette – also ein ↗Bezeichner – mit fester, nicht änderbarer Bedeutung in einer Programmier- oder ↗Skriptsprache

WOSA
Windows Open Services Architecture; ↗Spezifikation von ↗Microsoft, die ↗Anwendungen unter ↗Windows eine möglichst weitgehende ↗Kompatibilität innerhalb der Windows-Welt sowie den ↗Zugriff zu rückwärtigen Diensten (↗Datenbanken, elektronische Post usw.) in unternehmensweiten ↗Computersystemen ermöglichen soll

WPG
↗Dateiformat für ↗Vektorgrafiken von WordPerfect

WPS
Windows Printing System; Drucksystem unter ↗Windows, welches die Aufbereitung der Seite in den ↗PC verlagert und so dem ↗Drucker bzw. seiner evtl. fehlenden ↗Seitenbeschreibungssprache abnimmt; die grafische Leistung ist viel geringer als ↗PostScript

WRAM
Window RAM; dem ↗VRAM ähnlicher Grafikspeicher; zusätzlich zum VRAM (siehe auch dort!) hat das WRAM einen eingebauten, spezialisierten Befehlssatz zur Grafikaufbereitung

Wrap, wrapping, wrap around
Umfliessen, ↗umlaufen

Wurm
Form eines ↗Virenprogramms, starke Vermehrung im ↗Arbeitsspeicher, ohne Trägerprogramm

Wurzel
1. Als Wurzelverzeichnis (root directory) die Hauptebene der Ablagestruktur von ↗Dateien in einem hierarchischen ↗Dateisystem; 2. ↗Funktion in ↗Programmierwerkzeugen zum Ermitteln der Quadratwurzel einer positiven reellen Zahl; 3. Lösung, Nullstelle einer Gleichung

WWW
↗World Wide Web; humoristisch, aber zutreffend, ab und zu auch für «WeltWeites Warten» verwendet…

WYSBYGI
What You See Before You Get It; 1. Möglichkeit zum Vorvisionieren von Parameteränderungen, bevor diese verworfen oder endgültig akzeptiert werden (oft als ↗Schaltfläche « Zuweisen»); 2. Probesicht auf einen Text oder eine Grafik vor deren endgültigem Laden

WYSIWYG
What You See Is What You Get: Ausdruck im ↗Electronic Publishing, druckfertige Darstellungsmöglichkeit eines Dokuments auf dem ↗Bildschirm

x-Höhe

In der Typografie: Höhe eines Kleinbuchstabens ohne ↗Ober- und ↗Unterlänge

X-Server

↗Softwarestandard für die ↗Kommunikation zwischen ↗Servern und ↗Applikationen unter ↗Unix und ↗X-Windows: die Applikation heisst X-Client und das Protokoll X-Protokoll

X-Terminal

Halbintelligentes ↗Terminal für die ↗X-Windows-Umgebung

X-Windows

Herstellerunabhängige Norm des Massachusetts Institute of Technology für grafische ↗Benutzeroberflächen bei ↗Terminals oder ↗Arbeitsstationen in der ↗Unix-Umgebung

X.25

In der Schweiz: ↗Telepac; in Deutschland: ↗Datex-P

X.28

↗Zeichenorientierter Zugang zu einem Paketvermittlungsrechner, welcher seinerseits die Konversion in ↗X.25 bewerkstelligt; dies ist der normale Zugang eines ↗PCs in ↗Telepac, weil der PC die Pakete nicht selber herstellt

X.400, X.4xx

International als Norm anerkannte Sammlung von ↗ITU-TS-↗Protokollen für elektronischen ↗Datenaustausch und elektronische Mitteilungsdienste (Message Handling System, ↗MHS), für deren Benutzerschnittstellen, die ↗Codierung der Nachrichten usw.; auf der Basis von X.400 werden ↗kompatible ↗Systeme für elektronische Post (↗E-Mail) hergestellt; als Träger für X.400-Dokumente dient das X.25-Netz

X.500

↗ITU-TS-Empfehlung für Teilnehmerverzeichnisse in der ↗Telekommunikation (Telefonie, ↗E-Mail, ↗X.400 usw.) im Sinne einer standardisierten, verteilten Datenbank mit Konventionen für den internationalen Zugriff auf Objekte (z.B. einen Teilnehmernamen); X.500 ist als Empfehlung in der obersten ↗Schicht von ↗OSI anzusiedeln

X.75

↗Protokoll der ↗Datenübertragung zweier ↗ISDN-Gegenstellen, z.B. einer ISDN-↗Karte und einer ↗digitalen Telefonzentrale; die Transferrate beträgt 64 ↗kbps

X.nn

↗Schnittstellenkonzepte der ↗ITU-TS für ↗Datennetze

X/Open
Vereinigung grosser ↗Europäischer Computerhersteller mit dem Ziel einer ↗offenen, auf ↗Unix basierenden ↗System-↗Architektur; diese nennt sich Common Application Environment, CAE

xBASE
Sammelbegriff für alle ↗Datenbanksysteme, welche in der Entwicklungsumgebung (v.a. ↗Kommandosprache) ↗kompatibel sind mit ↗dBASE

Xenix
Von ↗Microsoft stammendes, auf kommerzielle Anwendungen mit ↗Mikrocomputern spezialisiertes ↗Unix-↗Derivat

XGA
Extended Graphics Array; Grafikmodus für ↗PC-↗Bildschirme von ↗IBM für ↗Mikrokanal und ↗EISA, typischerweise 1024x768 ↗Punkte und 256 aus 262144 Farben auf ↗Analog-↗Bildschirm; ↗Zeichenmatrix 9x16 Punkte; 64 ↗Graustufen in ↗monochromer Darstellung; in den meisten Belangen die gleichen Eigenschaften wie Vorläufer ↗8514/A, jedoch ↗noninterlaced; der Standard XGA-2 unterscheidet sich in der ↗Bildwiederhol- und ↗Zeilenfrequenz; Vorgänger: ↗8514/A

XMA
Expanded Memory Adapter; eigener Standard von ↗IBM für einen erweiterten ↗Speicher über 1 ↗MByte

XMODEM; XMODEM-CRC, XMODEM-1K, 1Kg
Transmit by ↗Modem; 1977 entwickeltes und heute quasi-standardisiertes, zusammen mit ↗Kermit ältestes ↗Protokoll zur Übermittlung von ↗Binär-↗Dateien in der Klein-↗Dfü; Blöcke zu 256 ↗Bytes, fehlerkorrigierend; siehe auch ↗YMODEM und ↗ZMODEM; in der Version ↗CRC wird ein etwas ausgereifteres Prüfverfahren eingeschaltet; die Terminalprogramme stellen beim Vorhandensein diesen Modus meist selbst ein; 1K hat die grössere ↗Blocklänge von 1024 Bytes; 1Kg meldet nichts zurück, sondern bricht bei falscher Übertragung einfach ab – die Fehlerprüfung wird in die schnellere ↗Hardware verlagert

XMS
Extended Memory Specification; Standard zur Nutzung des Speichers über 1 ↗MByte unter ↗MS-DOS; in der Funktion ähnlich dem ↗EMS, also mit einer ↗Paging-Technik; XMS erlaubt gewissen ↗Programmen, den erweiterten Speicher noch im ↗Real Mode anzusprechen; ab MS-DOS 6.0 besorgt der Treiber HIMEM.SYS die Verwaltung des XMS

XNS
Xerox Network ↗System; mehrschichtiges ↗Netzwerk-↗Protokoll von Xerox, z.T. adaptiert von ↗Novell

XON/XOFF
Start-Stop-Meldung der ↗Peripherie an den ↗Computer, z.B. seitens des ↗Druckers beim Ausdruck

XOR
Exclusive ↗OR; ↗logische Verknüpfung: C ist dann und nur dann wahr, wenn entweder A oder B aber nicht beide zusammen wahr sind

XT
Extended Technology; an sich unverbindlicher Name, der ab 1983 zum Begriff für ↗IBM ↗kompatible ↗PCs mit einer Festplatte, mehr Steckplätzen und einer ganz neuen ↗Mutterplatine wurde

Yahoo

Thematisch gegliederter ↗Index der Stanford University über die Themen im ↗World Wide Web; heute eine kommerzielle Suchmaschine im ↗WWW

Yellow Pages

Nicht mehr erlaubter, weil in Grossbritannien geschützter Begriff für einen ↗Network Informations Service, NIS oder ein Branchentelefonbuch

YMODEM, YMODEM-g

Quasi-standardisiertes ↗Protokoll zur Übermittlung von ↗Binär-↗Dateien in der Klein-↗Dfü; ↗Blöcke variabel bis 1024 ↗Bytes, fehlerkorrigierend, Mitgabe des Dateinamens, Verkettung von mehreren Dateien; in der Version g ohne Rückmeldung an den Sender, sondern mit Abbruch bei Fehler (die Fehlerprüfung wird in die Hardware verlagert)

Z-Puffer
↗Pufferbereich, in welchem bei «dreidimensionalen» Grafiken die Tiefendimension Z eines ↗Punktes verglichen und darüber entschieden wird, ob er angezeigt oder versteckt (↗Hidden Line) ist

Zeichen
Kleinste, einen Sinn ergebende und zu verarbeitende ↗Informationseinheit im ↗Computer wie: Buchstabe, Ziffer, Sonderzeichen usw.; der ↗Speicherbedarf zur internen Repräsentation eines Zeichens ist in der Regel ein ↗Byte: Wörter wie «Manuella» oder «Herz» brauchen demnach acht bzw. vier Bytes, eine Postleitzahl «5413» ebenfalls vier, es sei denn, sie würde ↗binär codiert, damit sie für mathematische Operationen zur Verfügung steht; siehe dazu ↗BCD und ↗Komplement

Zeichensatz
1. umgangssprachlich: Gesamtheit aller in einer Sprache benutzten Buchstaben, Zahlen und Symbole; 2. in der Textverarbeitung synonym zu ↗Font gebraucht; 3. bei ↗Grafikkarten das jeden Zeichen zugeordnete ↗Bitmuster

zeigen
Grundoperation mit der ↗Maus: den Mauszeiger auf ein ↗Objekt richten

Zeiger
1. Der zellenfüllende Balken in der ↗Tabellenkalkulation; 2. ↗logische Markierung auf ein ↗Byte des ↗Arbeitsspeichers oder ↗Massenspeichers; 3. logische, auf die derzeit bearbeitete ↗Anweisung eines ↗Programms weisende Marke; 4. logische Markierung auf Bereichen von Datenfeldern

Zeilenfrequenz
Mass für die Häufigkeit eines Zeilenaufbaus durch die Elektronenstrahlen in der ↗Bildschirmröhre (↗CRT); eine höhere ↗Auflösung, das ↗Noninterlacing und die Forderung nach Flimmerfreiheit (↗Bildwiederholfrequenz) verlangen eine hohe Zeilenfrequent

Zeit-Multiplex
Zuteilung zeitlicher Abschnitte an mehrere, den gleichen ↗Kommunikationskanal benutzende Geräte

Zeitscheibe

Im ↗Multitasking jeder beteiligten ↗Anwendungen zugewiesene ↗Prozessorzeit in Bruchteilen von Sekunden

Zelle

1. ↗Daten- Feld in der ↗Tabellenkalkulation; 2. Datenpaket in der Datenkommunikation, namentlich in ↗ATM und ↗DQDB

Zellular, Zellulare Telefonie

Mobiltelefonie ↗analog (Schweiz: Natel-C) oder ↗digital (Natel-D)

Zentraleinheit

Kernstück eines ↗Computersystems; bei Grossystemen: Gehäuse mit dem ↗Steuerwerk und ↗Rechenwerk sowie dem ↗Arbeitsspeicher; bei ↗Kleincomputern: Gehäuse mit dem Steuer- und Rechenwerk, dem Arbeitsspeicher und den ↗Plattenlaufwerken

ziehen

Grundoperation mit der ↗Maus: Ein Objekt bei gedrückter Maustaste bewegen

Zielwert, Zielwertanalyse

↗Iterative Veränderung von Bezugsdaten, bis ein bestimmter Sollwert erreicht ist; die Z. ist vor allem in der ↗Tabellenkalkulation bekannt

ZIF

Zero Insertion Force; ↗Prozessorsockel, dessen bauliche Eigenschaften dank eines Lockerungshebels einen auf fast null reduzierten Kraftaufwand beim Auswechseln des Bausteins erfordern; siehe auch ↗LIF

ZIP

1. ↗Dateinamens-↗Erweiterung für ↗Binärdateien, welche mit dem ↗Shareware-Programm ↗PKZip oder WINzip ↗komprimiert wurden; 2. junge ↗Speichertechnologie der Firma Iomega für magnetische, wechselbare ↗Datenträger mit erheblich höherer ↗Dichte (100 ↗MByte auf 3.25 Zoll)

Zirkelbezug

Direkter (Formel) oder indirekter ↗Bezug (via ↗Vorgänger und ↗Nachfolger) auf die eigene Zelle; gibt einen Fehlerzustand oder führt zu einer beabsichtigten ↗Iteration

ZMODEM

Quasi-standardisiertes ↗Protokoll zur Übermittlung von ↗Binär-↗Dateien in der Klein-↗Dfü; keine feste, sondern der Leitungsqualität angepasste ↗Blocklänge bis 1024 ↗Bytes; automatische Wiederaufnahme einer unterbrochenen ↗Kommunikation; das ↗Herunterladen kann selbständig eingeleitet werden

Zoll

Amerikanisches Längenmass: 1 Zoll = 2.54 cm

Zone

Grosses, in sich geschlossenes Segment eines ↗Lokalen Netzwerks; eine Z. enthält viele Teilnehmer/innen, Peripheriegeräte usw. und kann unabhängig von einer anderen Z. funktionieren bzw. sich von dieser abkapseln; in der Regel werden alle Z. durch einen ↗Dateiserver bewirtschaftet

Zone Bit Recording

Besonders leistungsfähiger ↗Algorithmus und platzsparendes ↗Modulationsverfahren für die ↗Datenspeicherung auf ↗Festplatten (↗IDE, ↗EIDE und ↗SCSI)

Zoom

Ausschnittvergrösserung in ↗CAD, ↗DTP usw.

Zufall, Zufallszahlen

In der ↗Programmierung sehr häufig beanspruchte Ausgangs- oder Zielwerte für speziell Verfahren: zufällige Auswahl aus einer Population, Flächenbestimmungen mit Zufallstreffern, stochastische Programmierung (siehe ↗Programmierung) usw.; da die «Zufallszahlen» jedoch immer einem ↗Algorithmus entspringen, sind sie gar nicht zufällig, sondern sie bilden eine gesetzmässige Folge; die entsprechenden ↗Algorithmen sind jedoch so ausgereift, dass sich eine sehr flache Verteilung der Zufallswerte ergibt

Zugriff

↗Adressierung und Lesen bzw. Schreiben von ↗Daten in einem ↗Arbeitsspeicher, ↗Festwertspeicher oder ↗Massenspeicher

Zugriffszeit

Verstreichende Zeit von der Ausgabe eines ↗Zugriffsbefehls bis zum Beginn des Lese- oder Schreibvorgangs

Zuordnungseinheit

Etwas zungenbrecherischer Name für einen ↗Cluster

Zwischenablage

↗Flüchtiger Bereich des ↗Arbeitsspeichers zum zwischenzeitlichen Kopieren von ↗Informationen zwischen zwei Dokumenten

Zylinder

Bezeichnung für alle übereinander liegenden ↗Spuren bei gestapelten ↗Plattenspeichern

ZZF

Zentralstelle für Zulassungen im Fernmeldewesen; früherer Name für die Prüfstelle für Geräte der ↗Telekommunikation in Deutschland

100Base-TX

↗Netzwerk, auch Fast ↗Ethernet genannt, das als Transport-Medium zwei Paar unabgeschirmte ↗verdrillte ↗Kupferleitungen benützt und mit dem ↗CSMA/CD-Protokoll arbeitet; Transferrate von 100 ↗mbps; Steckverbindungen: ↗RJ-45

100Base-VG

Voice Grade; ↗Netzwerk, auch Fast ↗Ethernet genannt, das als Transport-Medium zwei Paar unabgeschirmte ↗verdrillte ↗Kupferleitungen benützt und mit dem ↗Protokoll ↗CSMA/CD arbeitet; Transferrate von 100 ↗mbps; Steckverbindungen: ↗RJ-45

10Base-2

↗Basisbandiges ↗Netzwerk, das als Transport-Medium dünne (schwarze) ↗Koaxialkabel benützt; Ethernet mit ↗busförmiger ↗Topologie und einer ↗Transferrate von 10 ↗mbps; Steckverbindung: ↗BNC; maximal vorgesehene Länge: 200 m

10Base-5

↗Basisbandiges ↗Netzwerk, das als Transport-Medium ↗dicke (gelbe) ↗Koaxialkabel benützt; Ethernet mit ↗busförmiger ↗Topologie und einer ↗Transferrate von 10 ↗mbps; Steckverbindung: ↗AUI; maximal vorgesehene Länge: 500 m

10Base-T

↗Basisbandiges ↗Netzwerk, das als Transport-Medium ↗verdrillte ↗Kupferleitungen benützt, unter ↗IEEE-802.3 standardisiert; gewissermassen ein Kleinst-↗Ethernet mit fast immer sternförmiger ↗Topologie und einer ↗Transferrate von 10 ↗mbps; Steckverbindung: ↗RJ-45

3270

Familie von ↗Dialoggeräten in ↗vernetzten Umgebungen von ↗IBM Grossystemen; die entsprechenden Dialoggeräte haben dank dieser Norm Zugang zum ↗Mainframe ↗Host (↗Terminals, ↗Drucker, …)

3DO

↗Proprietäres ↗CD-ROM-Format und ↗Multimedia-Betriebssystem von Time-Warner und Matsushita für 32 Bit Multimedia

3W

↗World Wide Web

5250

Familie von ↗Dialoggeräten in ↗vernetzten Umgebungen von ↗IBM ↗Minisystemen, z.B. ↗AS/400; die entsprechenden Dialoggeräte haben dank dieser Norm Zugang zum Midrange ↗Host (↗Terminals, ↗Drucker, …)

680xx
↗Mikroprozessor-Familie von ↗Motorola mit einem internen ↗Datenbus von 32 Bit und einem externen von 16 oder 32 Bit sowie einem ↗Adressbus von 24 bis 32 Bit

802.x
Durch das ↗IEEE standardisierte ↗Protokolle in der ↗Netzwerktechnik; siehe IEEE

80286
↗Mikroprozessor-Familie von ↗Intel mit einem internen und externen ↗Datenbus von 16 ↗Bit sowie einem ↗Adressbus von 24 Bit

80386
↗Mikroprozessor-Familie von ↗Intel mit einem internen und externen ↗Datenbus von 16 bzw. 32 ↗Bit sowie einem ↗Adressbus von 32 Bit

80486
↗Mikroprozessor-Familie von ↗Intel mit einem internen und externen ↗Datenbus von 16 bzw. 32 ↗Bit, einem ↗Adressbus von 32 Bit sowie arithmetischem ↗Coprozessor und ↗RAM ↗Cache

8086
↗Mikroprozessor von ↗Intel mit einem internen und externen ↗Datenbus von 16 ↗Bit sowie einem ↗Adressbus von 20 Bit

8087, 80287, 80387, 80487
Arithmetischer ↗Coprozessor zu den ↗Intel ↗Mikroprozessoren ↗8088 / ↗8086, ↗80286 und ↗80386; der ↗80486 ist in den Versionen ↗DX, DX2 und DX4 bereits mit einem arithmetischen Coprozessor ausgerüstet, der 80487 dient lediglich der Nachrüstung der SX-Version des 80486

8088
↗Mikroprozessor von ↗Intel mit einem internen ↗Datenbus von 16 ↗Bit und einem externen von 8 Bit sowie einem ↗Adressbus von 20 Bit

8514/A
↗IBM ↗proprietärer Grafik-Modus für ↗PC-↗Bildschirme, typischerweise 1024x768 ↗Punkte und 256 aus 262144 Farben auf ↗Analog-Bildschirm; Nachfolger ↗XGA

A B C D E F G H I J K L M N O P Q R S T U V W X Y Z etc.

SmartBooks bringen Sie weiter!

Webphoning – Telefonieren im Internet

Weltweit zum Ortstarif!

Die Alternative zum Telekom-Monopol «Sprachvermittlung».

Wer im Internet surft, kann auch damit telefonieren – zu massiv niedrigeren Kosten! Die benötigte Hardware ist preiswert und oft bereits vorhanden; die Webphoning-Software ist als Shareware meist unentgeltlich oder günstig erhältlich. Das SmartBook «Webphoning» führt auch technisch nicht vorgebildete Leser Schritt für Schritt in die Geheimnisse ein und hilft bei Einrichtung, Konfiguration und Nutzung eines funktionsfähigen Webphoning-Systems bis hin zu Videoconferencing.

Die beigelegte CD-ROM enthält viel aktuelle Webphoning-Software, welche direkt ab CD-ROM zu installieren ist.

Autor: Oliver Pott • ca. 250 Seiten mit CD-ROM
ISBN 3-908488-21-4 • sFr. 55.– / DM 59.– / ÖS 440.–

Tausend Fragen & Antworten

zu • PC • Mac • Windows • Unix • Telekommunikation • Peripherie • Software • ...

Tausend Fragen drängen sich bei der Arbeit mit dem Computer auf – ebensoviele Antworten bietet dieses SmartBook an. Das grosse Nachschlagewerk der Computer-Allgemeinbildung lässt die Anwender nicht allein auf der Suche nach Lösungen.

Kompetente Auskünfte und allgemeinverständlicher Schreibstil machen das Buch «Tausend Fragen und Antworten» zum unentbehrlichen Weggefährten durch die manchmal unlogisch scheinenden Wirrnisse der Datenverarbeitung.

Dipl-Ing. Oliver Rosenbaum ist Fachautor und sammelt seit Jahren die Fragen von Computer-Anwendern – und natürlich auch die dazugehörigen Antworten.

Autor: Dipl-Ing. Oliver Rosenbaum
ISBN 3-908488-20-6 • sFr. 47.–/DM 49.– / ÖS 376.–

SMART BOOKS VERLAGSPROGRAMM

FileMaker Pro 3 für den Macintosh / für Windows 95

Das Power-Buch zum neuen FileMaker Pro 3!
Dieses Ideenbuch beginnt, wo das Handbuch aufhört, und zeigt Ihnen unzählige Einsatzmöglichkeiten, bietet stilvolle Vorlagen für schöne Layouts und behandelt auch Themen, die sich nicht nur auf den klassischen Einsatz im Büro beziehen. Ob Kochbücher, Vereinsverwaltung oder Video-Integration – das SmartBook zu FileMaker Pro 3 wird Sie auf viele neue Ideen bringen und die passenden Vorlagen gleich mitliefern. Lassen Sie sich inspirieren und holen Sie aus dieser Software alles heraus!
Dieses Buch ist in je einer eigenen Version für den Macintosh und für Windows 95 erhältlich!

Autor: Klaus Zellweger
FileMaker Pro 3 für den Macintosh • 416 Seiten mit CD-ROM
ISBN: 3-908488-07-9 • sFr. 65.–/DM 69.–/öS 609.–
FileMaker Pro 3 für Windows 95 • 400 Seiten mit CD-ROM
ISBN: 3-908488-11-7 • sFr. 65.–/DM 69.–/öS 609.–

Profibuch zu FileMaker Pro 3

Dieses Buch beginnt, wo «FileMaker Pro 3 für den Macintosh» endet! Wenn Begriffe wie «AppleScript», «Client/Server», «Portale» oder «m-zu-n-Beziehungen» eine magische Anziehungskraft auf Sie ausüben, dann sind Sie hier genau richtig!
Für anspruchsvolle Anwender und professionelle Entwickler – ob mit Windows oder Macintosh – ist dieses Buch ein «Muss»! Gehobene Funktionen, raffinierte Techniken und gewitzte Scripts unter Verwendung von AppleScript kommen genauso zur Sprache wie die komplette Planung und Umsetzung von professionellen Lösungen, die jedem Vergleich standhalten!
«Das Profibuch zu FileMaker Pro 3» wird Ihre Datenbank-Lösung in jeder Beziehung positiv prägen!

Autor: Dr. Christopher Busch • 440 Seiten mit CD-ROM
ISBN: 3-908488-13-3 • sFr. 75.–/DM79.–/ÖS 600.–

SmartBooks bringen Sie weiter!

S M A R T B O O K S V E R L A G S P R O G R A M M

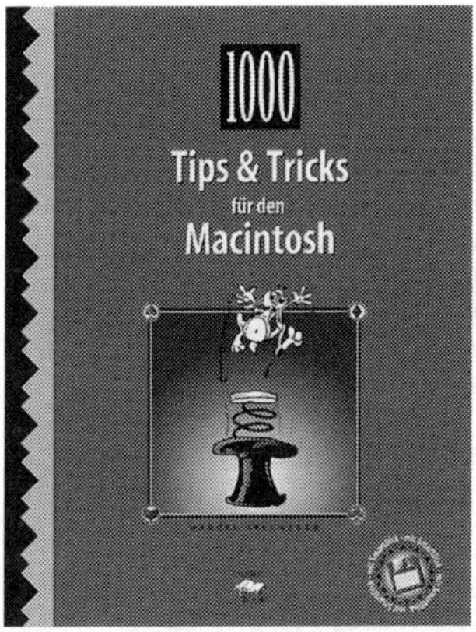

1000 Tips & Tricks für den Macintosh

Beeindrucken Sie Ihre Freunde! Dies ist die geballteste Ladung an Tips, die je für den Macintosh erschienen ist!
Seite um Seite reihen sich nützliche Kleinigkeiten aneinander und führen zu massiven Arbeits- und Zeiteinsparungen. Über 100 Seiten widmen sich allein dem System und dem Finder. Dazu kommen themenspezifische Tips zu Textverarbeitung und Desktop Publishing.
Ausserdem haben wir für Sie die besten Kniffs für populäre Programme wie Word, ClarisWorks, FileMaker, PageMaker und viele mehr zusammengetragen!
Die Standardlektüre für alle Anwender!

Autor: Marcel Zellweger • 432 Seiten
ISBN: 3-908488-01-X • sFr. 79.–/DM 89.–/öS 735.–

Macintosh zu Hause

Erfahren Sie, wie Sie zu Hause ohne Mehrkosten eigene Multimedia-Produkte erstellen, wie Sie schon fast zu symbolischen Beträgen Ihre Softwaresammlung mit Profiprodukten ausbauen, wie Sie eigene Spiele gestalten und vieles mehr! Erst dieses Buch macht den Macintosh zu dem, was er eigentlich ist: Der beste Computer für den Heimbereich!
Auf der CD-ROM finden Sie unter anderem eine Vollversion der Spitzensoftware ClarisImpact, über tausend Clip-Arts, hochwertige Schriften und die kostenlose Anmeldung für CompuServe. Dieses Buch ist ein Vielfaches seines Preises wert und sorgt dafür, dass Sie zu Hause und im Beruf mehr Spass Freude an Ihrem Macintosh haben und dass Ihre Kinder sinnvoll in die Welt der Computer eingeführt werden!

Autor: Klaus Zellweger • 454 Seiten
ISBN: 3-908488-02-8 • sFr. 69.–/DM 79.–/ öS 649.–

Kommunikation total mit dem Macintosh

Dank Apples Weitblick ist kein Computer für die Kommunikation besser geeignet als der Macintosh. Egal, ob es um E-Mail, den Datenaustausch zwischen Freunden und Geschäftspartnern oder um die Nutzung von Informationsquellen geht – «Kommunikation total mit dem Macintosh» bringt Sie weiter.
Das Buch enthält das Grundlagenwissen, das Sie für die Kontaktaufnahme mit dem Rest der Welt benötigen. Lernen Sie alles über: Modem, BTX, Videotext, CompuServe, Internet, E-Mail oder den Zusammenschluss von Netzwerken. Das Buch bietet Ihnen einen leichtverständlichen, fundierten Einblick in die Welt des elektronischen Datenaustausches.

Autor: Peter Fischer • 360 Seiten mit CD-ROM
ISBN: 3-908488-06-0 • sFr. 65.–/DM 69.–/öS 609.–

Macintosh und Musik

Möchten Sie in die Welt der elektronischen Musik einsteigen oder sind Sie bereits ein gestandener Anwender? Hier finden Sie in einem Werk alle Themen, die für Sie wichtig sind. Ob Sie sich nun für MIDI-Standards, für Notationsprogramme oder Harddisk-Recording interessieren.
Dieses Werk vermittelt Ihnen praxisorientiertes Know-how, das gleichermassen Anfänger wie Fortgeschrittene begeistert! Nebst unzähligen Hintergrund-Informationen bietet Ihnen Macintosh und Musik zudem Demoprogramme, hilfreiche Tips für die Anschaffung von Hard- und Software sowie alle wichtigen Sharewareprogramme.
Mit diesem Buch schaffen Sie den «sanften Einstieg» in die Welt der Musiziererei mit dem Macintosh!

Autor: Kalli Gerhards • 360 Seiten mit CD-ROM
ISBN: 3-908488-04-4 • sFr. 65.–/DM 69.–/öS 609.–